PRANAYAMA
LA DYNAMIQUE
DU SOUFFLE

Imprimé en Belgique

ANDRE VAN LYSEBETH

PRANAYAMA
LA DYNAMIQUE
DU SOUFFLE

PREFACE DE JEAN HERBERT

3e EDITION

FLAMMARION

1981

Du même auteur (collection ''YOGA'', Flammarion) :

J'APPRENDS LE YOGA
JE PERFECTIONNE MON YOGA
MA SEANCE DE YOGA

Vous pouvez consulter les sommaires de ces diffèrents ouvrages dans les dernières pages de ce livre.

TABLE DES MATIERES

Le prânayâma ésotérique, ses bases... et sa pratique

Préface

Dans ce troisième volet de son tryptique, le grand spécialiste qu'est André Van Lysebeth a le courage d'aborder un sujet aussi difficile que délicat, celui du prânayâma. Les auteurs occidentaux qui l'ont traité avant lui, n'ont fait preuve que d'une connaissance superficielle, et ce qu'ils ont écrit des possibilités d'utilisation pratique a souvent encouragé des lecteurs à se lancer dans des expériences fort dangereuses pour leur santé physique et mentale. Quant aux hatha-yogis hindous qualifiés qui ont écrit sur le sujet, ils s'adressaient à des lecteurs indiens ayant déjà une formation préalable et vivant dans un milieu favorable à la pratique des exercices décrits; les traductions faites de leurs ouvrages dans des langues européennes ne correspondaient certainement pas aux instructions qu'ils auraient données à des disciples occidentaux agréés par eux. Ceux qui ont écrit directement en anglais se sont prudemment bornés à des généralités. Ne parlons pas des textes sanskrits anciens sur lesquels s'appuie tout enseignement authentique du prânayâma, car ces textes sont intentionnellement hermétiques, afin qu'ils ne puissent être compris et appliqués qu'avec l'aide constante de maîtres techniquement et moralement compétents.
Dans le présent ouvrage, André Van Lysebeth traite à la fois de la théorie et de la pratique du prânayâma. En ce qui concerne la théorie, il donne pour la première fois dans une langue européenne une description authentique, structurée,

compréhensible pour nous et aussi complète que possible de ce qu'est le prâna, accompagnée de renseignements nécessaires sur les nâdis, les chakras, etc.
Comme il le dit fort justement dans le résumé de son introduction, le prâna peut être considéré comme l'origine et la somme totale de toutes les énergies de l'univers. Dans l'explication hindoue de la cosmogonie, d'où ce prâna tire son nom, il est complémentaire de l'âkâsha, que l'on pourrait aussi considérer comme l'origine et la somme totale de toute la matière dans l'univers. C'est de l'action du prâna primordial ou proto-énergie sur l'âkâsha primordial ou proto-matière que naît le monde de la multiplicité dans la conscience duquel nous vivons. Et puisque, toujours selon la conception hindoue, il y a identité, à la fois qualitative et quantitative, entre le macrocosme qu'est l'univers et le microcosme qu'est l'être humain, le prâna est aussi la somme totale de l'énergie qui anime l'homme, énergie dont la manifestation la plus facilement perceptible – et donc sur laquelle il est le plus facile d'agir – est le souffle, le "respir". C'est par conséquent sur son souffle que le hatha-yogi compte le plus pour maîtriser toutes les énergies qui existent potentiellement en lui, et ainsi se mettre en parfaite harmonie avec l'univers dans lequel il vit.
Etant donné qu'au stade actuel de son évolution, la science occidentale moderne a tendance à voir dans toutes les formes de l'énergie des manifestations de l'électricité ou de l'électromagnétisme, le meilleur rapprochement que l'on puisse faire de nos jours entre le prâna et un concept occidental moderne est évidemment celui qu'a fait André Van Lysebeth avec l'électricité. Et, comme tous les rapprochements, celui-ci peut être fructueux, le présent livre l'a démontré surabondemment. Toutefois, une comparaison, si frappante et probante soit-elle, ne prouve pas une identité, et il serait périlleux de s'y laisser prendre. Comme le note Shrî Râmakrishna, lorsqu'on dit qu'un homme est un tigre, cela ne signifie pas qu'il ait des griffes de tigre et une fourrure de tigre. Il est à mon avis vraisemblable que la science occidentale moderne, poursuivant et accélérant ses progrès, arrivera un jour à un concept d'énergie plus vaste encore, dont l'électricité ne sera qu'un cas particulier entre plusieurs autres. Et alors ce sera à*

**L'Enseignement de Râmakrishna (Paris, Albin Michel, 1949), para 1280.*

ce concept nouveau qu'il faudra comparer le prâna.
Ce rapprochement entre le prâna – ou plutôt un aspect du prâna – et l'électricité n'est d'ailleurs pas nouveau, même dans l'Inde. Il y a plus de cent ans, le très orthodoxe Swami Dayânanda Sarasvatî écrivait que le Dieu Indra – en qui Shrî Aurobindo voit la force mentale qui domine toutes les autres forces – est "l'électricité qui pénètre tout"**.*
En ce qui concerne l'utilisation pratique du prânayâma, André Van Lysebeth assortit – comme dans ses précédents ouvrages – chacune de ses indications de tous les garde-fous indispensables. Il souligne fort sagement, et avec toute l'insistance nécessaire, les conditions hors desquelles il est dangereux de pratiquer tel ou tel exercice. Il faut souhaiter qu'aucun lecteur, emporté par son enthousiasme de néophyte, ne néglige aucun de ces avertissements, car celui qui les oublierait courrait les mêmes risques redoutables auxquels se sont exposés ceux qui ont voulu pratiquer le prânayâma sur la foi de livres moins sérieux.

Jean Herbert

* *On the Veda (Pondichéry, 1956), pp. 302-312 et passim.*
***Satyartha Prakâsh (Paris et Neuchâtel, 1940), p. 216.*

le prāna... qu'est-ce ?

qu'en pense la science ?

le prâna 1

Le Prâna est au yoga ce que l'électricité est à notre civilisation. Imaginons que la machine à remonter le temps de Wells nous mette en présence d'un yogi, deux mille ans avant notre ère. Imaginons que nous lui décrivions notre civilisation, avec les avions, le téléphone, la radio, la télévision, les aspirateurs, les frigos, les voitures, sans oublier les satellites et les fusées spatiales, en passant par les lampes de poche, les cerveaux électroniques, les tramways et les mixers, mais en "oubliant" de lui parler de l'électricité : il aurait une vue bien faussée de notre civilisation. Il ne comprendrait rien à son moteur essentiel, cette énergie électrique qu'il nous arrive par ailleurs d'oublier, sauf en cas de panne de courant !

De même, ignorer ou méconnaître l'existence du Prâna, son action sur notre organisme, la façon de l'emmagasiner, de le diriger à volonté, c'est ignorer le véritable yoga. Sans doute est-il possible de pratiquer les âsanas sans se préoccuper du prâna, parce que, dans une certaine mesure, les postures assurent presque automatiquement l'équilibre prânique sans que l'adepte ait à s'en soucier. Mais après quelque temps de pratique, l'adepte plafonne. Une fois acquise la technique des poses, si l'on veut progresser, il faut dépasser le stade de l'exécution purement mécanique et matérielle des âsanas et autres exercices yogiques pour passer au stade du Prânayâma.

Mais imitons les philosophes indiens qui commencent par définir les termes qu'ils emploient.

QU'EST-CE QUE LE PRANA ?

Le Prâna qu'est-il donc ? S'agit-il d'une force occulte, mystérieuse, source de pouvoirs miraculeux ?
Swami Sivananda dit : "Prâna est la somme totale de toutes les énergies contenues dans l'univers." C'est vaste ! Pour les yogis, l'univers est composé d'Akasa, l'éther cosmique, et de Prâna, c'est-à-dire d'énergie. Lorsque Prâna agit sur Akasa, toutes les formes de la matière naissent. Cette conception correspond en somme à celle de notre physique nucléaire, qui considère toute matière comme de l'énergie "arrangée" de diverses façons. La science n'admet pas (ou n'admet plus) la notion d'éther... provisoirement du moins !
Lorsque nous écrivons Prâna avec majuscule nous désignons cette Energie Cosmique prise dans son ensemble, et prâna avec minuscule en indiquera les manifestations. Donc Prâna, c'est l'énergie universelle indifférenciée, et prâna l'énergie différenciée, manifestée sous quelque forme que ce soit. Le magnétisme est une manifestation du prâna, tout comme l'électricité et la gravitation. Tout ce qui se meut dans notre univers manifeste Prâna : grâce au prâna, le vent souffle, la terre tremble, la hache s'abat, l'avion décolle, l'étoile explose et le philosophe pense. Le prâna est universel. Nous existons dans un océan de prâna dont chaque être vivant est un tourbillon. Les yogis affirment que ce qui caractérise la vie, c'est sa capacité d'attirer du prâna en soi, de l'y accumuler et de le transformer pour agir dans le milieu intérieur et dans le monde extérieur.
Le lecteur pourrait se demander pourquoi j'utilise le terme "Prâna" plutôt qu' "énergie". Pour nous, Occidentaux, le terme "énergie" est un concept moins large et trop matériel. Pour le yogi, la pensée elle-même est une forme plus subtile de prâna, alors que pour l'Occidental, l'énergie est quelque chose de foncièrement différent. Notre "énergie" est, disons-le, trop industrielle. Selon les yogis, le prâna est présent dans l'air et pourtant il n'est ni l'oxygène, ni l'azote, ni aucun des constituants chimiques de l'atmosphère. Le prâna existe dans la nourriture, dans l'eau, dans la lumière solaire, et cependant il n'est ni les vitamines, ni la chaleur, ni les rayons ultraviolets. L'air, l'eau, les aliments, la lumière solaire véhiculent le prâna dont dépend toute vie animale ou même végétale. Le prâna pénètre tout le

corps, même là où l'air ne le peut. Le prâna est notre véritable nourriture, car sans prâna aucune vie n'est possible. Le dynamisme vital lui-même ne serait qu'une forme particulière et subtile du prâna qui emplirait tout l'univers. La vie latente imbiberait ainsi le cosmos tout entier et, pour se manifester sur le plan matériel, l'esprit se servirait du prâna pour animer le corps et ses divers organes. Jusqu'ici nous n'écorchons pas trop les théories occidentales modernes ! Toutefois, les yogis vont au-delà de l'affirmation de l'existence de cette énergie - qu'aucun physicien nucléaire ne nierait.
Les Rishis proclament - et cela forme la base même du yoga - que le prâna peut être stocké et accumulé dans le système nerveux, plus particulièrement dans le plexus solaire. Ils mettent en outre l'accent sur cette NOTION CAPITALE ET ESSENTIELLE que le yoga nous donne le pouvoir de diriger à volonté ce courant de prâna par la PENSEE. Le yoga donne ainsi un accès conscient et volontaire aux sources mêmes de la vie.

CONTROLE CONSCIENT DU PRANA

Déceler l'existence du prâna est remarquable. Découvrir qu'il est possible de le contrôler, déterminer les lois et les techniques propres à cette fin est merveilleux : les yogis ont fait les deux. La science du contrôle du prâna s'appelle le Prânayâma (ayâma= restreindre, maîtriser). Tous les exercices de yoga visent cet objectif et pas seulement les techniques respiratoires. Un seul exemple : c'est en contrôlant le prâna que les yogis arrêtent les battements du coeur.
Citons ici les expériences faites sur place, en Inde, avec enregistrement simultané au pneumographe et au cardiographe, par le Docteur Thérèse Brosse. Des arrêts du coeur ont été ainsi constatés objectivement. Voici un extrait du rapport publié par ce médecin :
"Au moment où le yogi annonce le contrôle du coeur, on n'aperçoit plus sur la ligne iso-électrique qu'une infime fibrillation, seul vestige de la contraction cardiaque qu'il est presque impossible de repérer. On pourrait, au vu de cette courbe, porter un pronostic des plus sévères si, dans les instants précédents et suivants, la silhouette électrique n'était, non seulement normale, mais exagérée même dans son voltage, au gré du yogi.

En présence de ces faits, peu importe que nos hypothèses les attribuent soit à une concentration anormale du gaz carbonique dans le sang, soit à un changement dans l'axe du coeur, soit à une modification de l'ionisation des tissus, soit à ces mécanismes combinés ou à d'autres insoupçonnés, puisque l'état actuel de nos connaissances ne nous permet pas encore de prendre parti. Quel qu'en soit le mécanisme, ce qui reste à bon droit stupéfiant, c'est que la chute extrême du voltage se produise précisément lorsque le yogi annonce qu'il va retirer de son coeur l'énergie vitale, et que le retour à un voltage normal ou même exagéré survienne lorsqu'il déclare contrôler le bon fonctionnement de son coeur. Or l'énergie vitale (prâna) est précisément dans l'esprit du yogi une énergie électrique qu'il dit être de la même nature que l'éclair. D'autre part, c'est par une science spéciale du souffle qu'il entend régler l'énergie vitale, celle du moins qui est puisée dans la nature. Or des travaux tout récents ont justement précisé le rôle du poumon en ce qui concerne la charge électrique sanguine, les alvéoles pulmonaires puisant dans l'air inspiré les ions négatifs qui conféreraient aux colloïdes leur vitalité.
Ainsi, nous nous trouvons en présence de praticiens d'une maîtrise aussi totale que possible des différentes activités humaines et qui, ignorant tout de la structure de leurs organes, sont cependant les maîtres de leurs fonctions. Ils jouissent d'ailleurs d'un état de santé magnifique qu'ils ne pourraient pas conserver s'ils violaient incessamment au cours de leurs exercices extraordinaires et prolongés les lois de l'activité physiologique. Et ainsi que nous venons de le voir, la théorie même sur laquelle sont basés certains de ces exercices semblent confirmée, non seulement par la réalité des résultats mais encore par de récentes découvertes de la science occidentale."
Traduire "Prânayâma" par "exercices respiratoires" serait une limitation lamentable de la portée de ces exercices et méconnaîtrait leur but véritable qui est la captation, l'accumulation et le contrôle conscient des énergies vitales prâniques dans notre corps. En dernière analyse, le prânayâma est aussi le but des âsanas, bandhas et mudras; entre le mental et le prâna, il existe une interaction qui fait que le hatha-yoga va bien au-delà du physique. En réalité, il n'existe aucune différence fondamentale entre le yoga mental ou raja-yoga et le hatha-yoga.

Résumons :
Prâna = la somme totale des énergies de l'univers. Prâna n'est ni le magnétisme, ni la gravitation, ni l'électricité, mais ces divers phénomènes sont des manifestations du prâna universel. Partout dans l'univers où il y a mouvement, Prâna se manifeste.
Les mouvements les plus ténus, comme ceux des électrons autour du noyau atomique, en passant par la force musculaire et le coup de poing de la brute constituent autant de manifestations du Prâna Universel.
La vie, la "force vitale", en est une manifestation comme les autres. Pour clore ce premier chapitre, voici quelques paragraphes extraits du livre de Hufeland, publié au début du 19e siècle, "L'art de prolonger la vie de l'homme", qui renferme des idées étonnamment proches des conceptions yogiques exposées ci-dessus :
"Qu'est-ce que la vie ? Qu'est-ce que la force vitale ? Ces questions sont du grand nombre de celles que nous rencontrons à chaque pas en étudiant la nature. Simples en apparence, elles ne roulent que sur des phénomènes fort ordinaires, sur des faits dont nous sommes témoins chaque jour, et cependant il est très difficile d'y répondre. Dès qu'un philosophe emploie le mot force, on peut être assuré qu'il se trouve dans l'embarras, car il explique une chose par un mot qui est lui-même une énigme. En effet, a-t-on attaché jusqu'à présent une idée claire à ce mot de force ? C'est pourtant ainsi qu'il s'est introduit en physique une infinité de forces telles que la gravitation, l'attraction, l'électricité, le magnétisme, etc., qui ne sont autre chose dans le fond que l'x des algébristes, c'est-à-dire la grandeur inconnue que nous cherchons. Cependant, il nous faut des signes pour représenter des choses dont on ne peut nier l'existence, mais dont l'essence est incompréhensible, j'emploierai aussi le mot force, prévenant toutefois que je n'entends en aucune manière décider si ce que nous appelons force vitale est une matière particulière ou seulement une propriété de la matière.
La force vitale est sans contredit une des plus générales, des plus puissantes et des plus incompréhensibles de la nature. Elle remplit et meut tout. Elle est probablement la source de toutes les autres forces du monde physique, ou au moins du monde organique. C'est elle qui produit, conserve et renouvelle tout, et qui, depuis tant de milliers d'années, fait reparaître à chaque prin-

temps la création aussi brillante et aussi fraîche que quand elle sortit des mains du Créateur. Vrai souffle de la divinité, elle est inépuisable et infinie comme elle. C'est elle enfin qui, perfectionnée et exaltée par une organisation plus parfaite, enflamme le principe de la pensée et de l'âme, et donne à l'être raisonnable non seulement l'existence mais encore le sentiment et les jouissances de la vie, car j'ai toujours observé que le sentiment qu'on a du prix et du bonheur de l'existence est en raison du plus ou moins d'énergie de la force vitale, et que, comme une certaine surabondance de vie dispose davantage à tous les plaisirs, à toutes les entreprises, et fait trouver plus de charme à la vie, de même rien n'est plus propre qu'un défaut de force vitale à produire ce dégoût et cet ennui de la vie qui malheureusement caractérise trop bien notre siècle. Quand on étudie avec soin les phénomènes de la force vitale dans le monde organisé, on arrive à reconnaître en elle les propriétés et les lois suivantes : la force vitale est l'agent le plus subtil, le plus pénétrant et le plus invisible que nous connaissions jusqu'à présent dans la nature; elle l'emporte même, à cet égard, sur la lumière, l'électricité et le magnétisme avec lesquels elle semble, d'ailleurs, avoir la plus grande analogie sous d'autres rapports. Quoiqu'elle pénètre tous les corps, il y a cependant des modifications de la matière pour lesquelles elle paraît avoir plus d'affinités que pour d'autres, elle s'y unit plus intimement et en plus grande quantité et s'identifie en quelque sorte avec elle. Nous appelons cette modification de la matière "structure organique", ou simplement organisation, et nous donnons le nom d'organisés aux corps qui la possèdent, c'est-à-dire aux végétaux et aux animaux. Cette structure organique semble constituée d'une certaine disposition, d'un certain mélange des particules les plus déliées, et sous ce rapport nous trouvons une analogie frappante entre la force vitale et le magnétisme... La force vitale peut exister à l'état libre ou à l'état latent, et sous ce rapport elle a beaucoup d'analogie avec le calorique et l'électricité."

Précisons que ces lignes sont extraites de la traduction française, éditée en 1838 !

le prâna de l'air 2

La source la plus importante de prâna vital est l'atmosphère. Plusieurs millénaires avant que la science ne découvre l'électricité, les yogis ont décelé que l'atmosphère vibre d'une énergie subtile et que celle-ci constitue la source principale de toutes les énergies en action dans le corps humain. A ce propos, une affirmation des plus significatives est celle qui est rapportée par le docteur Thérèse Brosse, citée au chapitre précédent, d'un yogi affirmant que *"l'énergie qui lui permet de contrôler son coeur et même de l'arrêter est de la même nature que l'éclair."* Il s'agit là d'une affirmation surprenante si l'on considère que la foudre a toujours été, et est encore pour les peuples primitifs, un phénomène terrifiant, surnaturel même, et qu'ils sont bien loin d'établir une identité de nature, voire une relation quelconque entre l'éclair et les énergies vitales permettant le fonctionnement de leur propre organisme !

En rapprochant les théories yogiques des observations et des découvertes de la science occidentale, nous pouvons affirmer que le prâna de l'atmosphère est constitué, sinon en totalité du moins en ordre principal, de particules électrisées, en l'occurrence les ions négatifs, et d'autre part qu'il existe dans notre corps un véritable métabolisme de l'électricité puisée dans l'atmosphère. Dans ce domaine, les sources occidentales sont de valeur, quoique relativement peu nombreuses, car nos savants s'intéressent bien plus à ce qui se passe dans la ceinture Van Allen qu'aux phénomènes d'ionisation dans l'atmosphère au ras

du sol... celle-là même où nous vivons, notre milieu vital ambiant ! Pour trouver des indications au sujet de l'électricité atmosphérique et de ses répercussions biologiques, notre choix a été limité d'abord à deux chercheurs œuvrant dans des pays différents, puisque l'un est Fred Vlès, professeur à la Faculté de Médecine de Strasbourg, directeur de l'Institut de Physique Biologique, et l'autre le Russe Tchijewski, de Kiev.
C'est surtout dans l'oeuvre de Fred Vlès que nous puiserons, et notamment dans son livre passionnant qui aurait dû révolutionner la biologie, mais qui n'a pas eu le retentissement mérité : "Les conditions biologiques créées par les propriétés électriques de l'atmosphère"*.

INN ET YANG

Il est surprenant de constater qu'à ces rares exceptions près, la science ne se soit guère préoccupée de l'influence de l'électricité atmosphérique sur l'être humain, et cela jusqu'à une époque toute récente. Les géophysiciens nous apprennent donc que la terre est un conducteur dont la surface est chargée négativement, tandis que la haute atmosphère est positive. L'atmosphère, notre milieu vital, se trouve comprise dans un champ électrostatique dirigé approximativement de haut en bas, avec des différences de potentiel de 100 à 150 volts par mètre d'altitude. L'existence de ce champ de forces dirigé de haut en bas est connue en Chine depuis l'antiquité.
Une digression nous amènera à examiner la conception chinoise Inn et Yang, et nous écouterons maintenant Soulié de Morant, qui introduisit l'acupuncture chinoise en Europe après la première guerre mondiale :
"Un des points les plus troublants de la science chinoise est l'importance primordiale qu'elle donne à la relativité inn-yang. Ce double terme est employé dans les sens les plus divers et déroute souvent les chercheurs. Le yang est ce qui est en haut, par rapport au bas, à l'inverse du inn. Depuis que l'électricité est connue, le pôle positif a été aussitôt appelé yang, le pôle négatif inn.

* Paris, Herman & Cie, 6, rue de la Sorbonne.

... Les docteurs E. et H. Biancini de Paris ont rassemblé en un article du plus haut intérêt les notions éparses sur les rapports de l'électricité atmosphérique et cosmique et de la physiologie humaine. Il est intéressant de faire la comparaison avec les notions chinoises à ce sujet.*
Pour l'existence et les signes de cette force, Beccaria avait démontré depuis longtemps que le signe normal des manifestations par ciel serein est positif.
Les Chinois constatent l'énergie positive yang et en attribuent l'origine au soleil et aux astres; l'énergie négative inn, et en attribuent l'origine à la terre. Un ouvrage chinois présente la question en ces termes (I Sio Jou Menn du XVIe siècle; p. 38) : "le yang est ce qu'il y a de léger, de pur. C'est l'énergie qui flotte en haut et dont le ciel est formé. Le inn est épais et lourd. C'est ce qui a pris forme et s'est concrétisé pour former la terre. L'énergie du ciel azuré se tient en haut, mais les végétaux en sont nourris ! ..."
Comment les Chinois de l'antiquité, car ces notions sont reproduites d'ouvrages du XXVIIIe siècle avant Jésus-Christ, ont-ils perçu ces forces et distingué sous le nom d'énergie yang, l'électricité atmosphérique positive, et énergie inn la charge négative de la terre ? On l'ignore."
La climatologie biologique permet de dégager des notions importantes pour la compréhension du yoga et de nos réactions dans diverses régions géographiques et conditions climatiques. Nous nous contenterons, pour l'instant, de retenir que le "gradient potentiel" de l'atmosphère diffère considérablement selon le site et l'époque (variations diurnes et saisonnières). Les événements cosmiques l'influencent : phases de la lune, activité du soleil, etc. Tous les facteurs météorologiques le modifient et, dans certaines circonstances, le champ électrique peut même s'inverser temporairement.

PRANA = IONS NEGATIFS

C'est l'ionisation de l'atmosphère qui retiendra pour l'instant notre attention. La foudre en constitue une des manifestations

* L'électricité atmosphérique, son rôle en biologie et en physiologie humaine. - Paris-Médical, 15.4.19.

les plus évidentes. Un seul éclair décharge dans l'air l'équivalent de la consommation totale d'énergie électrique de plusieurs jours d'une capitale telle que Paris par exemple ! Cependant l'électricité atmosphérique est importante en tout temps, même lorsqu'elle ne se manifeste pas sous la forme spectaculaire de la foudre.

Ce chapitre sera sans doute d'une lecture aride, mais vu l'importance essentielle des conclusions qui en découlent, nous ne pouvons nous y soustraire.

Tout d'abord, rappelez-vous qu'un ion est un atome ou fragment de molécule chargé électriquement, et que les ions sont les véritables ouvriers de la vie dans la cellule; ils constituent pour une bonne part son potentiel vital, c'est-à-dire prânique.

Dans l'atmosphère, nous rencontrons deux types d'ions.

a) les petits ions négatifs, ou ions normaux. Très actifs électriquement, ce sont de minuscules paquets d'énergie électrique à l'état presque pur. Dans l'air que nous respirons, ils sont en général constitués d'un ou de quelques atomes d'oxygène ou d'azote porteurs d'une charge qui correspond à un électron unique. Les petits ions négatifs apportent la vitalité à l'organisme, ils représentent le prâna atmosphérique sous sa forme active.

b) les gros ions, ou ions lents. Ceux-ci sont formés d'un noyau polymoléculaire, donc beaucoup plus gros, auquel s'est ajouté un ion négatif normal dont on devrait plutôt dire qu'il a été pris au piège du noyau précité.

Nous retiendrons donc que les petits ions négatifs vitalisants sont rapides, très mobiles, tandis que les gros ions lents jouent le rôle d'attrape-mouches en agglutinant les petits ions qu'ils attirent et captent au passage. La présence de nombreux gros ions lents, formés par captation de petits ions très mobiles, diminue la conductivité de l'air, ce qui se produit notamment quand il est pollué par des poussières, des fumées, du brouillard. Grosso modo, on peut dire que la concentration des petits ions dans l'atmosphère diminue quand celle des gros augmente et vice versa, ou que la concentration des uns est inversement proportionnelle à celle des autres. Voilà pourquoi il y a surabondance de gros ions dans l'atmosphère souillée des villes. A la campagne, où l'air est propre, on compte un, deux ou trois petits ions pour un gros, tandis qu'en ville la proportion est de 1 petit

contre 275 gros et dans certains cas même d'un petit seulement contre 600 gros ! Si nous considérons les ions négatifs comme les *"ouvriers de la vie à l'intérieur de la cellule"* (docteur Goust), on comprendra combien l'atmosphère des villes est pauvre en prâna, donc débilitante.
Ce qui précède explique et confirme les théories yogiques qui affirment que le prâna n'est ni l'oxygène, ni l'azote, ni aucun des constituants chimiques de l'atmosphère, car en ville aussi bien qu'à la campagne, la teneur en oxygène de l'atmosphère est en fait identique. C'est la prédominance des gros ions lents et l'absence des petits ions négatifs actifs qui rend l'air des grandes villes moins tonique et vivifiant que celui de la campagne. Par conséquent, les poussières sont aussi pernicieuses, sinon plus, que les gaz d'échappement des voitures et les émanations industrielles, car elles absorbent et neutralisent tout le prâna de l'atmosphère. N'allons pas en conclure qu'il suffit de conditionner l'air de nos appartements et de le dépoussiérer avant de le respirer. Le conditionnement d'air ne lui restitue pas les petits ions négatifs. La seule solution consisterait à mettre tout en œuvre pour empêcher que les poussières ne parviennent dans l'atmosphère avant qu'elles ne la vident de ses petits ions vitalisants. Les fumées ainsi que le brouillard jouent le même rôle. Souvent, dans nos villes, ces trois éléments se conjuguent. Faut-il donc s'étonner que la vitalité des Londoniens*, par exemple, baisse si fort en période d'hiver ?
Nous reviendrons sur ce point au chapitre suivant.

SOURCES DES PETITS IONS VITALISANTS

Ioniser négativement les atomes d'oxygène, c'est leur ajouter de l'énergie électrique. Cela ne se produit que sous l'influence d'importantes sources d'énergie. Lesquelles ? Les radiations telluriques, c'est-à-dire les émanations radioactives naturelles du sol par ailleurs si faibles qu'elles ne nous causent aucun dommage, à l'inverse de la radioactivité artificielle beaucoup plus

* Il faut reconnaître que l'air de Londres est beaucoup moins pollué actuellement grâce aux mesures énergiques qui ont été prises. Les hirondelles reviennent nicher dans la City : c'est un indice !

puissante sont un facteur important d'ionisation de l'air. (Certaines roches émettent des rayons gamma.) Toutefois, la source principale d'ions négatifs vitalisants est constituée par des radiations électromagnétiques de courte longueur d'onde, provenant du soleil, cet inépuisable générateur d'énergie.

Autre source : les rayons cosmiques; ceux-ci sont très importants, car si le rayonnement solaire est intermittent (alternance du jour et de la nuit, interposition de l'écran de nuages), par contre, les rayons cosmiques irradient de nuit comme de jour; ils percent les plus épaisses couches de nuages sans rien perdre de leur énergie : on en retrouve même dans le sol.

D'énormes quantités d'ions vitalisants sont produites par les grandes masses d'eau en mouvement ou en cours d'évaporation : voilà pourquoi l'air est si vitalisant au bord de la mer; et ce n'est pas seulement à cause de la présence d'iode, dont nous dirions même qu'il joue un rôle mineur. A la mer, toutes les conditions sont réunies pour une ionisation vitalisante maximum : grandes masses d'eau en mouvement et en évaporation, action du vent du large, absence de poussière, ionisation maximum par le soleil et les rayons cosmiques. A la côte et au large, nous baignons dans un océan de prâna, parfois même trop intense pour certains organismes ultra-sensibles, incapables d'absorber et de répartir cet afflux surabondant d'énergie. Certains enfants deviennent nerveux et irritables. Des adultes y perdent parfois le sommeil. Les techniques yogiques de prânayâma ont pour but, entre autres, de nous permettre d'en fixer une quantité accrue, de l'emmagasiner, de le répartir dans l'organisme et de l'y diriger où les besoins s'en font sentir.

Vous pressentez que ces considérations théoriques vont bientôt déboucher de plain-pied dans la pratique "Une once de pratique vaut mieux que des tonnes de théorie" (Swami Sivananda).

METABOLISME DE L'ELECTRICITE

Le terme métabolisme vous est familier. Il désigne habituellement la totalité des transformations que notre corps fait subir aux molécules des aliments, soit pour édifier nos structures cellulaires, soit pour libérer l'énergie vitale. Nous savons aussi qu'il y a un métabolisme de l'eau, qui dans le corps sert de bonne à tout faire.

Tour à tour elle constitue le liquide intra- ou extracellulaire, entre dans la composition du sang et de la lymphe, etc., s'en va dissoudre les substances toxiques pour les rejeter par les émonctoires (peau, poumons, intestins, reins). Par contre, nous ignorons généralement qu'il existe un véritable métabolisme de l'électricité : c'est l'immense mérite de Fred Vlès de l'avoir étudié. L'animal – et ce terme inclut l'homme – se charge négativement par absorption de petits ions négatifs. Ceux-ci suivent un cheminement compliqué à travers l'organisme en s'associant au phénomène d'oxydoréduction*. Tous les phénomènes vitaux sont accompagnés d'oxydations ou de réductions, sans parler d'autres rôles et actions beaucoup plus complexes à l'intérieur même de la cellule, de la cellule nerveuse en particulier. Les autres métabolismes dépendent en quelque sorte de ce métabolisme électrique. Le mammifère qui vit dans la nature ingère jusqu'à refus les charges négatives liées à l'oxygène respiratoire et en élimine l'excès par la déperdition générale qui a lieu par la peau. Comme la batterie de notre voiture, nous devons nous "charger" à bloc, pour nous saturer d'électricité négative et laisser la peau en évacuer l'excédent éventuel. Fred Vlès a constaté que, chargées au même potentiel, une souris morte se décharge très lentement, tandis qu'une souris vivante présente une forte déperdition d'énergie négative, indice d'une grande activité électrique vitale; c'est l'indice aussi que l'organisme est bien approvisionné en petits ions négatifs vitalisants. Ainsi donc, la science occidentale rejoint et confirme intégralement les théories yogiques relatives au prâna.
Fred Vlès a établi que les animaux homéothermes, donc tous les mammifères, ont une déperdition d'électricité plus grande que les poïkilothermes (c'est-à-dire à sang froid, telle la grenouille), chez qui elle est à peu près nulle. Chez le mammifère qui a acquis la régulation de la température, le régime des échanges électriques avec l'atmosphère est donc très important. La grenouille dépend moins que nous du prâna de l'air. Le métabolisme de l'électricité, mesurable et mesuré, explique bien des choses. Retenons tout d'abord que l'assimilation d'ions négatifs doit être très importante pour entretenir la machine vivante en activité maximum, donc pour charger nos accus à bloc, puis-

* L'apport d'un électron correspond à une réduction, son enlèvement à une oxydation.

qu'il faut assurer l'évacuation des ions utilisés, car l'organisme a besoin de renouveler constamment et activement ses charges électriques. Electriquement, l'organisme sain est comparable à un lac de montagne toujours alimenté en eau fraîche qui s'écoule aussitôt par le torrent, et l'organisme affaibli, malade, à un marais où l'eau stagne et croupit. Tout se passe comme si la déperdition d'ions était aussi importante que leur absorption, comme si elle la conditionnait, exactement comme l'expiration conditionne l'inspiration.

FAVORISER LE METABOLISME ELECTRIQUE

Fred Vlès a montré que cette déperdition d'électricité était favorisée par l'action photochimique de la lumière ultraviolette provenant notamment des rayons du soleil. Les bains de soleil nous vitalisent en activant notre métabolisme électrique. Cela explique pourquoi l'organisme ne doit pas être isolé électriquement, et qu'il doit être relié au sol, car il est ainsi l'objet d'une fuite électrique constante. Dans la nature, tous les animaux, suivant l'expression imagée de Fabre, sont "soumis à une électrothérapie permanente" sans pouvoir s'y soustraire. La fourrure retient l'air enfermé entre les poils, ce qui constitue le meilleur isolant thermique, sans que les poils fassent obstacle à l'évacuation de l'électricité. Au contraire, ils sont comme autant de paratonnerres à rebours. Ainsi nous avons tous remarqué les propriétés électriques de la fourrure du chat : lorsqu'on le caresse, il peut se produire un crépitement d'électricité statique. Par les pattes, les animaux sont en contact direct avec le sol. Leur organisme fonctionne "à la terre". Cette action est si importante que Fred Vlès se demande si beaucoup de recherches concernant le métabolisme des mammifères, par exemple effectuées sur des animaux en cage, sans se préoccuper des conditions électriques, ne nécessiteraient pas une révision de seconde approximation. Chez l'homme, les vêtements forment une couche isolante qui freine l'évacuation normale de l'électricité par la peau et réduit les échanges électriques avec l'air atmosphérique. En outre, ils arrêtent les rayons ultraviolets. Nos chaussures nous isolent, au sens électrique du terme, et contribuent ainsi à diminuer notre vitalité. Les peuples vivant nus, ou presque, ont toujours eu une vitalité beaucoup plus grande, et dès qu'ils s'habillent pour suivre l'exemple des Blancs, leur vitalité diminue. Les complets occidentaux dont s'affublent les Noirs d'Afrique pour singer le Blanc, sont un non-sens entraînant de graves répercussions sur leur santé.

Décidément, cette notion de prâna sous la forme d'électricité atmosphérique ainsi que la nécessité de son renouvellement constant éclairent bien des choses.

Elle explique pourquoi marcher pieds nus dans la nature procure une sensation d'euphorie particulière qui n'est pas ressentie sur le parquet d'un appartement où l'organisme fonctionne sans "prise de terre". Kneipp, ce grand intuitif, l'avait pressenti en recommandant la marche pieds nus dans l'herbe mouillée par la rosée du matin. La rosée permet une meilleure "mise à la terre" de l'organisme. La marche pieds nus dans une rivière ou un ruisseau produit des effets qu'un bain de pied dans une baignoire ne procure pas. En reconsidérant certains phénomènes sous leur aspect prânique, bien des faits mystérieux et inexplicables deviendront limpides et donneront lieu à des applications pratiques non seulement pour notre comportement en général, mais surtout pour la respiration yogique.

SAUNA ET PRANA

Un aspect inattendu du problème se présente maintenant sous la forme du sauna.

Fred Vlès admet en effet que l'animal qui se charge négativement en absorbant des ions négatifs par la respiration, peut éventuellement le faire aussi en émettant des ions positifs par évaporation d'eau. Or s'il est un endroit où l'on est soumis à une abondante évaporation, c'est assurément au sauna !

Après un bon sauna, l'homme se sent aussi dynamisé et "rechargé" qu'après une longue promenade dans la nature, et cela ne peut être uniquement la conséquence de l'élimination des toxines. L'ouverture des capillaires, l'activation de la circulation sanguine à travers tout le corps amène une tonification générale qui peut expliquer en bonne partie ces effets du sauna. Cependant ce sentiment de "recharge", de "dynamisme", peut provenir aussi d'une augmentation de la charge électrique de l'organisme.

RESUME

Le Prâna est la somme totale de toutes les énergies de l'univers. Le prâna, avec "p" minuscule, en est une forme particulière; dans l'atmosphère, il est représenté principalement par les petits ions négatifs.
La teneur en prâna de l'atmosphère est sujette à de très importantes variations saisonnières et géographiques.
Les gros ions lents sont sans intérêt au point de vue prânique; en tant que pièges à petits ions, ils sont même néfastes. Les poussières, les fumées, le brouillard enlèvent le prâna de l'air.
Le soleil, les rayons cosmiques, les masses d'eau en mouvement et en évaporation sont les facteurs principaux d'ionisation et chargent l'air de prâna.
Il existe un métabolisme de l'électricité. L'organisme absorbe de l'électricité atmosphérique, l'utilise et la rejette par la peau; plus ce métabolisme est actif par l'absorption d'ions négatifs et par l'évacuation de l'électricité excédentaire, plus l'être est "vivant" et en bonne santé.

prâna et climat 3

Chimiquement, l'air est un simple mélange gazeux composé en volume de 21 °/o d'oxygène, de 78 °/o d'azote et de 1 °/o d'argon et autres gaz rares. Tandis qu'à la surface du globe, sa composition est physiquement d'une constance remarquable électriquement, au contraire, il est d'une variabilité surprenante. D'un instant à l'autre, d'un endroit à l'autre, ses propriétés changent considérablement, s'inversent parfois.
Dans ce chapitre, nous nous préoccuperons de ses variations géographiques. Elles sont d'importance capitale, car elles peuvent influencer certaines de nos décisions, depuis le choix de l'endroit où nous passerons nos prochaines vacances jusqu'au choix du lieu où nous bâtirons notre maison.
L'atmosphère, un océan imprégné de prâna, n'en est pas uniformément imbibée. Cet océan a ses zones calmes et ses régions turbulentes, ses courants et ses lacs, ses orages visibles et invisibles, tels les orages magnétiques auxquels l'homme s'intéresse dans la mesure où ils perturbent ses liaisons radio plutôt que dans leurs répercussions sur son état de santé ! Dès qu'on étudie ces phénomènes subtils, prâniques, les considérations de pression barométrique, les précipitations (pluie, neige), la force et la direction du vent, le degré hygrométrique de l'air, tout cela passe au second plan au point de vue de la vitalité.
Il y a des différences importantes entre les diverses régions géographiques, et l'homme n'a pas attendu le XXe siècle pour

remarquer l'importance du climat de certains lieux (bord de mer, haute montagne) sur l'être humain, plus précisément sur sa vitalité et sa santé. Pendant longtemps, l'homme en a recherché l'explication dans les propriétés purement chimiques de l'atmosphère. L'effet revitalisant d'un séjour sur la côte atlantique, par exemple, était attribué à l'iode, au brome des effluves marins, à l'air salin, à la présence de silice sur les plages sablonneuses. Ces éléments agissent, sans aucun doute, et nous y ajouterons aussi la présence d'oligo-éléments dont l'importance au point de vue hygiénique et thérapeutique ne fait que se dessiner actuellement et ouvre de très vastes perspectives.
En fait, à mesure que notre recherche scientifique moderne avance, les PROPRIETES PHYSIQUES de l'air acquièrent une importance croissante. Les modifications physiologiques dues au climat se manifestent souvent dès les premières heures, voire dès les premières minutes du séjour. Il suffit au citadin de se rendre à la côte pour, selon le cas, y être assommé de sommeil ou, au contraire, surexcité au point de ne plus dormir du tout ! Les propriétés physiques de l'air n'y sont pas étrangères !

CHAMP ELECTRIQUE DE L'ATMOSPHERE

Le champ électrique de l'atmosphère – à ne pas confondre avec l'ionisation – n'était connu, jusqu'à une date fort récente, que des météorologistes : les biologistes s'en désintéressaient. Il ne faut pas confondre le "champ électrique" avec les "ions négatifs" étudiés précédemment. C'est la différence de potentiel par mètre d'altitude que nous allons étudier à présent : elle s'appelle le "gradient potentiel".
La terre est une sphère électrisée dont la tension varie dans d'énormes proportions, avec l'altitude, allant, pour 1 mètre de dénivellation, jusqu'à 100 volts et plus ! Dans certains cas, le gradient potentiel grimpe à plusieurs milliers de volts ! Or comme l'être humain a une taille généralement inférieure à 2 m., sa tête peut être soumise à une tension beaucoup plus élevée que les régions inférieures de son corps. Selon ces différences de potentiel, on peut classer les climats en quatre types principaux, dont trois seulement sont mentionnés et étudiés en biophysique :

1° ZONES DE GRAND CLIMAT

Ce sont des régions où le champ électrique atmosphérique est très élevé et où le voltage s'élève d'au moins 100 volts par mètre. Ces zones correspondent à ce que nous appelons les "stations de très grand air"; elles sont physiologiquement excitantes.

2° ZONES DE MOYEN CLIMAT

Dans ces zones, la différence de potentiel électrique varie entre 30 et 100 volts par mètre.
Ces "stations de grand air" sont vivifiantes, mais moins excitantes et moins tonifiantes que les zones de grand climat.

3° ZONES DE PETIT CLIMAT

Ici la différence de potentiel descend en-dessous de 30 volts. Ces régions ont une activité vitale beaucoup moins grande que les précédentes et elles exercent une influence sédative sur les grands nerveux.

4° ZONES DE CLIMAT ZERO

Nous devons malheureusement ajouter un quatrième climat, créé par l'homme, celui des locaux d'habitation où il vit environ 300 jours par an, dont le potentiel est voisin de zéro.
Normalement, le citadin vivant dans l'atmosphère polluée des bureaux et des appartements devrait aller se retremper, se revitaliser dans les zones de haut climat pour y recharger ses batteries nerveuses, à condition de pouvoir le supporter ! Pour choisir le lieu de ses vacances, il faut donc être capable de reconnaître les divers climats. Faut-il donc se promener avec un voltmètre en poche (en attendant de devoir emporter partout son compteur Geiger) pour mesurer la différence de potentiel de l'endroit où l'on décide de se fixer ? Non, bien sûr. Certains critères vont nous permettre de reconnaître aisément ces diverses zones, à l'aspect du paysage d'abord, au type de végétation ensuite,

celle-ci dépendant autant du type de climat que de la composition même du sol. En fin de compte, l'humus a été "fabriqué" autant par les plantes elles-mêmes que par le sous-sol minéral !

1° ZONES DE GRAND CLIMAT

Ce sont presque toujours de vastes plateaux, des plaines à larges horizons où rien n'arrête le vent qui les balaie; les côtes de la mer du Nord ou de l'Atlantique en sont l'exemple parfait. La végétation n'y est pas luxuriante; les grands arbres à feuilles caduques en sont absents. Les conifères peuvent s'y sentir à l'aise, notamment les pins. Il en est de même en altitude.

2° ZONES DE MOYEN CLIMAT

Ce sont des sites plus abrités, près des rochers ou dans les vallées, à proximité des bois et des forêts, dans les plaines, dans les baies profondes de nos rivages, à l'abri du vent de la mer.
La végétation y est nettement plus abondante que dans les zones de grand climat, sans cependant être luxuriante. Il y a beaucoup d'arbres à feuilles caduques, mais non touffus, des pâturages, des peupliers.

3° ZONES DE PETIT CLIMAT

Il s'agit entre autres, des vallées très profondes et des sous-bois, des bords de rivières encaissées. Ici la végétation est particulièrement luxuriante, riche en pariétaires, ces herbes qui croissent près des murs, et en asparaginées. Les fougères y abondent ainsi que les petits houx.
Donc, conifères sans fougères = grand climat; conifères avec fougères = petit climat.
Quant au 4e climat, aucune description n'est nécessaire...

VARIATIONS LOCALES

Qu'on ne s'y trompe pas ! Ces régions ne sont pas toujours de très vastes espaces. Dans une région de très grand climat, on rencontre des zones restreintes où le potentiel tombe en dessous de 100, voire en dessous de 30 volts ! Sur telle plage du Nord, le potentiel sera supérieur à 100 volts; cinquante mètres plus loin, au creux des dunes régnera un climat moyen; dans la cour de l'hôtel derrière les dunes, le potentiel sera celui d'un petit climat. Dans les chambres de l'hôtel aux fenêtres closes, il sera égal à zéro ! Quatre climats dans un rayon de quelques centaines de mètres !
Les villes sont insalubres, non seulement à cause de l'absence presque totale de petits ions négatifs actifs (même dans les zones de grand climat, les habitations à plusieurs étages transforment nos rues en canyons de petit climat), mais aussi à cause de l'accumulation des gaz d'échappement des voitures et à cause des bactéries véhiculées par les poussières du trafic. Cette connaissance vous permettra de sélectionner sur place des endroits correspondant à ce que vous cherchez, et vous évitera de commettre l'erreur de supposer qu'il suffit de résider dans une ville côtière pour y bénéficier automatiquement et partout des avantages du très grand climat.

SUCCESSIONS TROP RAPIDES

Signalons aussi une autre règle : il faut éviter à un organisme frêle une succession trop rapide de changements climatiques importants. Au cours d'une simple promenade à bicyclette, en suivant une vallée assez large, nous traversons une zone de moyen climat; la vallée devient encaissée, et nous roulons dans des sentiers sous bois, c'est-à-dire dans une zone de petit climat. Grimpons la côte pour admirer le paysage : nous voilà dans une zone de très grand climat. C'est le propre des moyens de transport que nous employons tous de nous mettre en mesure de changer très rapidement de climat. Or seuls des organismes parfaitement sains peuvent se permettre de passer sans transition d'un type de climat à l'autre. La nature a muni l'homme de deux jambes qui lui permettent de se déplacer, mais seulement à vitesse réduite. L'automobile, qui est en fait une cage de Faraday roulante, isole heureusement l'homme du champ électrique ambiant et lui évite de subir les conséquences de ces trop brusques changements de climat qu'il rencontrerait si, étant en plein air, il traversait en une seule journée toute la France, du nord au sud.

En observant vos propres réactions à ces divers types de climats, vous ferez des constatations intéressantes et vous saurez quels sont ceux qui vous conviennent le mieux. C'est tellement important à tous points de vue que, si nous étudions les cas de longévité exceptionnelle et leur répartition géographique, nous constatons que ces cas se rencontrent surtout chez les montagnards. Les Balkans sont le pays des centenaires, et le citoyen le plus âgé d'U.R.S.S., qui monte encore à cheval, n'a jamais quitté sa montagne natale. Indépendamment d'autres facteurs, les hounza se cantonnent dans leur minuscule territoire dans la montagne himalayenne. Il apparaît aussi qu'un équilibre s'établit entre le sol, le climat, la végétation et les autres êtres vivants d'un lieu donné, l'homme inclus. Il n'est pas souhaitable de perturber fréquemment cet équilibre. Les vieux et solides paysans de nos campagnes ont souvent vécu cinquante ans et davantage au même endroit, sur le sol de leur ferme, sans jamais quitter leur village.

Par contre, il est certain qu'un changement de climat radical mais temporaire peut être très favorable. Il est bon d'aller périodiquement dans une zone de haut climat à condition d'y rester le temps nécessaire pour que l'organisme s'y adapte et que le réajustement prânique s'effectue et se consolide. Le changement de climat est une "agression" qui peut être tonique.

SYNTHESE

Ainsi donc, l'homme est soumis en permanence à l'impact des énergies du cosmos qui déverse sur lui des torrents de prâna. Le soleil en est la source la plus proche, et les rayons cosmiques exercent sur les êtres vivants une influence encore mal déterminée, mais certainement très importante. D'autre part, la terre, qui absorbe et emmagasine ces énergies, constitue un second pôle. L'organisme humain, système électrique vibrant, est le siège d'échanges incessants avec les énergies cosmiques et telluriques qui l'entourent. Il doit éviter de s'en isoler jalousement derrière ces écrans que sont les murs, les fenêtres, les vêtements et les chaussures. Les poumons et la peau sont nos surfaces d'échange avec le monde extérieur. Echangeons du prâna par notre peau et par nos poumons, qui sont de véritables éponges à électricité, et conduisons ce prâna jusqu'à nos cellules.

Nous devons tenir compte de ce qui précède dans notre conduite de tous les jours; ce serait une grave erreur que de le méconnaître. Le prânayâma nous donne les techniques psychophysiologiques nécessaires au contrôle et à l'utilisation consciente de ces énergies pour notre épanouissement physique et psychique.

le prâna dans l'organisme

4

"Quand, à la lumière de la physique biologique, on considère la vie organique, on constate que les phénomènes électriques sont à la base de toute vie cellulaire et on arrive à cette conception que le terme de tout est une charge électrique." Dr. J. Belot.

L'étude des phénomènes bioélectriques, - c'est-à-dire prâniques -, dont notre organisme est le siège, revêt une importance particulière quand on envisage ses applications pratiques, dont le but est d'accumuler et de "manipuler" le prâna, car il est indispensable de comprendre pourquoi et comment le prânayâma agit sur notre corps par l'intermédiaire de ces énergies subtiles. A cet effet, nous citerons les travaux de plusieurs savants occidentaux qui étayent la thèse yogique avec la rigueur scientifique de l'Occident, et qui permettent de saisir le mécanisme d'action de l'acupuncture chinoise, cette médecine empirique à base énergétique, autrement dit prânique.
Les chapitres précédents nous ont montré que la conception yogique du prâna était confirmée par la physique moderne. Nous allons maintenant aborder un aspect du problème qui nous intéresse au plus haut point, celui du prâna dans le corps humain, et nous verrons qu'ici aussi les conceptions yogiques rejoignent l'avant-garde de la science.
Considérons d'abord la cellule, brique de l'édifice humain. Pour les yogis, dans l'immense océan prânique que constitue l'univers matériel, tout ce qui vit, de la plus humble cellule à l'être le plus

évolué, est un tourbillon organisé d'énergie. Le prâna est l'énergie de base qui anime toutes les formes de la vie. Le prâna n'est pas la matière dite "grossière", mais plutôt l'énergie qui l'actionne. Le prâna accompagne la vie dès son origine, l'entretient et la contrôle. Chaque cellule, considérée individuellement, est le siège d'importantes manifestations prâniques (les yogis pressentaient l'existence des cellules, les "petites vies") et l'organisme tout entier est contrôlé par le prâna. Voyons ces points en détail.

Le Dr. René Allendy écrit : *"Pendant longtemps, un certain scepticisme, réaction du mysticisme des âges anciens, une tendance excessive à l'objectivité tangible, dérivation abâtardie d'un esprit scientifique valable, ont détourné les médecins de l'étude des impondérables. C'est pourtant au niveau de l'infinitésimal, de l'impalpable, que les mécanismes vitaux prennent leur origine, aussi bien pour les phénomènes normaux que pour les manifestations morbides, aussi bien pour l'altération pathologique que pour la guérison. Déjà, beaucoup de ces impondérables sont entrés dans la science; c'est dans cette direction que devraient se porter avant tout les investigations du médecin.*

Longtemps la cellule a été considérée comme l'élément premier de la vie, et ramener à son niveau les considérations médicales paraissait le summum de la généralisation. Ce fut l'époque de l'histologie et de l'anatomie pathologique. Il semblait qu'il n'existait rien de vital à une échelle plus petite. Aujourd'hui la cellule nous apparaît au contraire comme un organisme extrêmement complexe."

"Il apparaît que les mécanismes vitaux, en particulier l'assimilation et la désassimilation dont l'ensemble constitue la nutrition, sont liées à des variations non plus seulement atomiques mais même électroniques, aux extrémités des longues chaînes de valences emboîtées de la molécule organique. Une modification infinitésimale d'ions, d'atomes ou d'électrons provoque la fixation à cette extrémité d'un atome nouveau (absorption) ou, au contraire, le détachement de la chaîne (élimination). La molécule elle-même se maintient dans un état d'équilibre relatif ou de conservation par d'incessantes variations de ce genre. "C'est dans la disposition des molécules et des atomes, dans leur nature, dans leurs niveaux électroniques et dans leurs quanta qu'il faut pénétrer pour essayer de découvrir le principe de ces

processus, de ce métabolisme qu'est la vie". Ainsi s'exprime Robert Tournaire dans son ouvrage remarquable sur 'La Naissance de la Vie' (Paris 1938, p. 136). Autrefois médecine et biologie voyaient dans la vie une simple réaction chimique, c'est-à-dire, un échange tout mécanique d'atomes et de molécules. Sans cesser d'être vraie, cette conception prête aujourd'hui à une interprétation plus fine, car on comprend maintenant que ces échanges dépendent d'un potentiel électrique, de sorte que l'essentiel du phénomène se trouve reporté de l'atome à l'électron. En somme, la nutrition, tout comme les échanges gazeux du poumon, est un phénomène électrique. Le professeur Pech de Montpellier (Siècle Médical, juin-novembre 1927) définit un indice de nutrition qui serait la différence de potentiel électrique soit entre deux tissus d'un être vivant, soit entre un tissu d'un être vivant et un corps chimiquement défini ou non avec lequel il est en contact, soit entre un tissu d'un être vivant et le milieu extérieur ou intérieur par rapport auquel il se nourrit. L'indice est positif ou négatif par rapport au tissu de l'être vivant envisagé, l'eau de mer aurait un indice négatif pour l'homme, mais l'eau artificiellement salée aurait un indice positif. Ainsi le problème de la nutrition passe de la chimie à la physique et se trouve rattaché aux influences les plus subtiles que nous puissions connaître. De même, la floculation des colloïdes à laquelle Auguste Lumière attribue le vieillissement et un grand nombre de maladies, serait due au fait que les micelles perdent leur charge électrique".

Pour résumer citons le Dr. Goust : *"Dans les cellules, l'ionisation est d'importance capitale. C'est par leur ionisation que les électrolytes ont une activité biologique. Dans l'organisme, les ions sont les véritables ouvriers des cellules et des tissus."*

Ainsi, on peut en quelque sorte considérer chaque cellule comme une dynamo, et le corps humain dans son ensemble comme une vaste synthèse bio-électrique.

Notre première impression pourrait nous amener à supposer que seul le système nerveux serait le siège de manifestations électriques : ses fibres et son organisation évoquent singulièrement nos réseaux électriques et téléphoniques, et le cerveau évoque un ordinateur chargé d'en coordonner le fonctionnement. Les phénomènes bioélectriques contrôlent tous les phénomènes vitaux, à tous les niveaux. Certes, ce sont les variations de potentiel électrique – donc prânique – qui, se propageant le long des nerfs, constituent "l'influx nerveux", mais ces circulation et transmission de bio-énergie ne sont pas limitées au seul système nerveux ! Fred Vlès nous a montré que notre organisme est le siège d'un véritable métabolisme de l'électricité, le corps absorbant de l'énergie cosmique, l'utilisant dans le milieu intérieur pour assurer tous les processus vitaux puis en en rejetant une partie, par une déperdition constante d'électrons. Mentionnons ici que Wilhelm Reich a prouvé, à l'aide des appareils de mesure qu'il a mis au point, que la transmission de la bio-énergie ne saurait se limiter au seul système nerveux. Il faut plutôt admettre qu'elle suit toutes les membranes et tous les fluides du corps. Cette hypothèse vérifie la théorie de Fr. Kraus de Berlin qui trouva que le corps était "régi par des processus électriques". Le corps est constitué d'innombrables "surfaces limites" entre les membranes et de fluides électrolytiques de densité et de composition variées. Selon une loi de physique bien connue, les tensions électriques s'établissent aux frontières entre les fluides conducteurs et les membranes. Les différences de densité et de structure des membranes se retrouvent dans les tensions et dans les surfaces limites, et entraînent par conséquent des différences de potentiel. Ainsi notre corps se compose d'innombrables surfaces intérieures avec des potentiels d'énergie différents. Dans notre organisme, l'énergie bio-électrique est en mouvement perpétuel, circulant des lieux de potentiel plus élevé aux lieux de potentiel moindre, à la recherche d'un équilibre jamais atteint. Ces charges électriques en processus continuel d'égalisation sont véhiculées par les particules des fluides corporels, les ions, c'est-à-dire des atomes porteurs d'une charge électrique. Selon qu'ils se meuvent vers le pôle négatif ou le pôle positif, ils sont appelés "cations" ou "anions". Nous comprendrons l'importance particulière de cette notion lorsque, dans le cours de cette étude, nous verrons que, selon les théories yogiques, le corps est capable d'emmagasiner cette énergie et DE LA DIRIGER A VOLONTE. Toujours selon les yogis, le prâna imbibe tout le corps humain, qu'il faut considérer comme un véritable accumulateur et un transformateur, et en fin de compte, notre vitalité dépend d'une assimilation suffisante de prâna et de son utilisation correcte. Nous aurons l'occasion de citer de nombreuses sources occidentales, ce qui nous permettra d'asseoir solidement l'édifice des théories yogiques sur des bases scientifiques.

Ecoutons d'abord le Dr. Biancini :

"En biologie, les phénomènes électriques ont une importance capitale. Tout acte de nutrition ou de mouvement est producteur d'électricité. Aux actes nutritifs correspondent des courants continus appelés courants de repos; au fonctionnement des organes sont liés des courants passagers appelés courants d'action.

Les courants de repos (par acte nutritif) proviendraient des actions chimiques qui se déroulent au sein du protoplasma; à ce point de vue, les tissus vivants pourraient être assimilés à une infinité de piles parcellaires.

Les courants d'action que l'on peut mettre en évidence au niveau des muscles, des nerfs, des glandes, des téguments, s'expliquent par les relations qui unissent les phénomènes électriques et les actions capillaires. Les variations de potentiel électrique donnent naissance à des variations de la tension superficielle et à des phénomènes d'osmose, comme les variations de la tension superficielle et les phénomènes d'osmose déterminent des variations du potentiel électrique.

Or des variations de la tension superficielle et des déformations mécaniques sont constamment réalisées dans les tissus vivants, d'où la constante production d'électricité. Ces données nous expliquent que, dans un organisme, les différences de potentiel sont en fonction des manifestations vitales. Les régions les moins actives étant électronégatives par rapport aux régions les plus actives.

Des recherches avaient été faites, il y a déjà plusieurs années, par le regretté Docteur Dimier, électrologue des hôpitaux, et nous, sur l'existence et la mesure de l'électricité humaine; un galvanomètre ultra-sensible avait permis de percevoir cette électricité et de constater que les points chinois avaient une puissance particulièrement puissante d'émission. Il avait même été possible, en reliant par un fil de cuivre les deux points Sann-li de jambe d'un même individu, de constater, par le bruit de l'onde dans un amplificateur, la présence d'un courant continu entre les deux côtés du corps. Les nombreuses observations faites avaient permis de constater que, chez les êtres en santé normale, la charge électrique atteignait une moyenne de huit millièmes de milli-ampères (micro-ampères); le chiffre, pour les gens fatigués, étant à peine de un ou deux micro-ampères; et pour les surexcités ou contracturés, montant jusqu'à quinze micro-ampères."

"Nous sommes en droit de nous demander si ce qu'on appelle la "force vitale" ne serait pas représentée surtout par ce potentiel électrique et quand nous disons, lorsque nous nous sentons las, "mes batteries sont à plat" cette expression peut être prise presque au sens littéral. La vitalité et la santé, sans vouloir les réduire à de l'électricité, se manifestent par la présence d'une abondante charge bio-électrique, l'activité des échanges ioniques, la tension du potentiel et l'harmonie de toutes les fonctions, c'est-à-dire que la santé dépendrait bien plus d'une répartition et d'une diffusion harmonieuse de ces "courants" qu'on ne le croit habituellement. Et les chiffres de 15 micro-ampères relevés chez les gens surexcités montrent que ceux-ci vivent réellement en "court-circuit" perpétuel et "claquent leurs accus". Wilhelm Reich a écrit les mots suivants, lourds de sens et de conséquences, qu'il faut méditer : *"Comme départ fondamental de l'organisme, une approche nouvelle de la compréhension des maladies organiques s'ouvre devant nous. Maintenant les névroses nous apparaissent dans un éclairage totalement différent de celui des psychanalystes. Elles ne sont pas seulement le résultat de conflits psychiques non résolus ou de fixations infantiles, ou plutôt ces fixations et ces conflits causent des troubles fondamentaux dans l'économie bio-électrique et s'ancrent ainsi somatiquement. Voilà pourquoi nous tenons pour impossible de séparer les processus psychiques des processus somatiques."*

Il est donc clair que l'homme qui serait capable d'emmagasiner cette énergie bio-électrique, de la diriger et de la répartir à volonté dans son organisme, posséderait la clé de la santé physique et mentale. Ceci est d'ailleurs le premier objectif du prânayâma.

Ce qui précède permet de mieux comprendre comment l'acupuncture chinoise peut agir sur le corps. Si l'on n'avait découvert cette production, cette ingestion et cette circulation d'énergie électrique dans les fluides et les tissus du corps humain

ainsi que son organisation en courants, l'action de l'acupuncture nous demeurerait incompréhensible.
Soulié de Morant a écrit : "*L'opinion de plusieurs électrologues est que les aiguilles d'acupuncture produiraient une décharge électrique du corps dans l'air. J'ai pu constater bien souvent que, sur une aiguille d'argent plantée dans un point voulu d'un muscle contracturé, un amplificateur entendait le tacata rapide d'une onde; dans certains cas, le doigt pouvait en percevoir autant, et l'on sent à ce moment une véritable décharge remonter la main et le bras et les engourdir.*
Entre notre corps, chargé négativement, et la charge généralement positive de l'air s'établissent des courants de sens permanent dont l'action intime est peu connue, mais qui paraissent bien déterminer une excitation du système nerveux périphérique et central, secondairement de tout l'organisme.
Or le potentiel électrique de l'atmosphère en un même point, même par beau temps et en l'absence de toute cause pouvant à priori les expliquer, subit des variations incessantes et souvent très marquées (le quart ou le tiers de sa valeur) particulièrement le jour. Ces variations accidentelles diffèrent considérablement d'un point à un autre, même voisin. Par temps troublé, nuages orageux, pluie ou neige, brouillard, ces variations sont beaucoup plus considérables et peuvent atteindre de 3.000 à 5.000 volts et passer en moins d'une minute de milliers de volts positifs à des valeurs négatives de même ordre. Un vent fort diminue le potentiel parfois jusqu'au changement de signe.*
Tonifier, disperser : ce sont là des expressions qui ne disent rien de très précis à la plupart des Européens, et qui sont au contraire très claires pour qui connaît l'énergétique. Tonifier, c'est faire vers une partie de l'organisme un appel d'énergie empruntée à la partie opposée en yin-yang. L'énergie conduisant le sang et l'animant, il y a généralement irrigation sanguine plus énergique, trophisme accru, vitalité réveillée. Disperser, c'est éparpiller un amas d'énergie concentrée dans une partie d'organisme, la faire passer en général dans la partie opposée en

*Ces chiffres peuvent paraître énormes et le sont en effet. Il faut cependant tenir compte de l'extrême faiblesse de l'ampérage, qui fait que nous pouvons supporter ces tensions élevées sans être électrocutés, mais celles-ci agissent néanmoins en profondeur sur notre équilibre biologique.

yin-yang; atténuer l'excès de vitalité, l'excès de sang, décongestionner, enlever la douleur.

Les moyens employés pour tonifier ou disperser dépendent encore du yin-yang. Un passage du Nei Tsing (XXVIIIe siècle) raconte comment, avant la découverte du cuivre et des aiguilles fines au XXXe siècle, avant même l'emploi des poinçons de pierre, on avait remarqué que les blessures faisaient pâlir et déprimaient; que les brûlures excitaient chaleur et vie. C'était de là que venait l'invention, pour disperser, d'abord des poinçons de pierre, puis des fines aiguilles de cuivre; pour tonifier, d'abord des brandons rougis au feu, puis des "tsiou" que nous appelons moxas, d'un mot japonais (mogusa) venu à nous par les Hollandais. A cette époque, les aiguilles étaient censées ne pouvoir que disperser, ou tout au moins disperser facilement; tandis que les moxas tonifiaient toujours, et mieux que les aiguilles.

Assez vite cependant, l'esprit observateur des Chinois nota que les piqûres ou les brûlures faites en certains points du corps n'avaient pas seulement une action générale, mais aussi une répercussion sur l'un ou l'autre des organes. Plus tard, mais sans doute avant le XXVIIIe siècle, on constata que certains points avaient une action toujours tonifiante, et d'autres une action toujours dispersante. Dès cette époque presque tous les points étaient connus. Ce fut alors qu'apparut la découverte des "méridiens", ces lignes sur lesquelles se trouvent situés les points; chaque organe ayant sa série de points résonateurs et excitateurs, et son méridien. En même temps, il fut reconnu que ces méridiens communiquaient entre eux par leurs extrémités. Enfin de nombreux malades avaient signalé qu'au moment de la piqûre, ils sentaient "quelque chose" passer tout le long du méridien, et tous indiquaient que ce quelque chose passait toujours dans le même sens, dans le méridien traité, pour passer de là dans le méridien lié. La circulation d'énergie était découverte, irriguant alternativement le yin et le yang.

Les méridiens de cette circulation d'énergie ne suivent aucun des vecteurs connus : artères, nerfs, etc. Les Chinois estiment que cette circulation est en communication par le haut (point Trong-t'iènn) avec l'énergie yang cosmique et par le bas (point Traé-tsri) avec l'énergie yin de la terre. L'organisme serait ainsi comme un accumulateur- transformateur du yin-yang."

prâna et cosmonautes 5

En diffusant le yoga et ses techniques, je m'efforce... de ne rien inventer et j'essaie de serrer d'aussi près que possible l'esprit et la lettre du yoga, puisant aux sources les plus authentiques, auxquelles il m'arrive d'avoir accès, en y ajoutant le produit de ma propre expérience s'étendant sur plus de 25 ans. Ma contribution se situe donc surtout dans le domaine de la "cuisine" : le yoga me fournit la matière première que j'accommode aux goûts et aux besoins de l'Occident pour la rendre appétissante. C'est tout.
Un de mes apports personnels : j'ai bien l'impression d'avoir été le premier à établir une corrélation entre certaines découvertes scientifiques et la théorie yogique du prâna. M'appuyant sur des recherches occidentales, effectuées sans aucun lien avec le yoga, j'ai la conviction qu'une des formes, sinon LA forme principale du prâna atmosphérique est constituée par les ions négatifs libres, ces minuscules paquets d'énergie électrique véhiculés par les atomes d'oxygène de l'air, et que cette énergie est assimilée par notre organisme*. Un auteur a cru pouvoir identifier le prâna à l'ozone, voire même aux gaz rares (néon, argon, etc.). C'est une opinion que je ne partage pas, car ces gaz sont, comme l'oxygène et l'azote, des composants *chimiques* de l'air, or les textes yogiques sont formels : le prâna est une énergie subtile

*J'ai publié des articles à ce sujet dans la revue mensuelle YOGA que j'édite et cela depuis 1965.

"de la même nature que l'éclair", mais distincte de l'air lui-même. Je tiens à compléter ici ce que j'ai exposé auparavant, car il s'agit d'un aspect fondamental du prânayâma et même du yoga tout entier.

Les pages qui suivent montrent à quel point l'intuition géniale des Rishis et des Sages de l'Inde ancienne est confirmée par notre science occidentale et mettent en évidence l'ENORME IMPORTANCE du "prâna" dans la biologie humaine. Je suis persuadé que la médecine de l'avenir sera "prânique" !

Je cite en premier lieu un article publié dans "le Monde" des 24-25 mars 1968 à la rubrique "l'Actualité médicale et scientifique" sous le titre "Les influences de l'électricité atmosphérique sur la santé étudiées par des spécialistes à Briançon" :

"Briançon mars.– Station climatique importante par ses installations et son équipement, Briançon a reçu les congressistes d'une journée d'étude sur l'ionisation atmosphérique organisée par le Centre briançonnais de recherches bioclimatiques.

De ce congrès ressort la nécessité d'entreprendre de véritables recherches dans le domaine de l'électricité atmosphérique. Les travaux exposés, quelquefois contradictoires, ont mis en évidence un besoin d'obtenir une collaboration étroite entre physiciens et médecins. La nécessité d'une diversité des points de mesures, d'une méthodologie de recherche, d'une information sérieuse centralisée, est également apparue pour éviter un travail souvent trop isolé dans ce domaine où l'on étudie les répercussions qualitatives et quantitatives sur les êtres vivants des particules chargées d'électricité dans l'atmosphère.

Les travaux entrepris au laboratoire de recherches sous-marines de Toulon, présentés par le Dr. Vogt, ont retenu l'attention des participants à cette journée, dirigée par le professeur Bricart, de la faculté des sciences de Paris. Les expériences du laboratoire de Toulon portent notamment sur les effets des ions atmosphériques en excès. De leur étude, il ressort que, sous l'action des ions négatifs, on assiste à une modification des constantes respiratoires (augmentation de la pression partielle alvéolaire de l'oxygène et diminution de la pression partielle alvéolaire du az carbonique), alors que sous l'action des ions positifs se produit le phénomène inverse."

Ce dernier paragraphe est crucial : il fait apparaître qu'au niveau des poumons, les ions négatifs facilitent le filtrage de l'oxygène

à travers la fine membrane alvéolaire, lequel oxygène est mieux absorbé par le sang. Inversement, le rejet du CO^2 est favorisé. Résultat : une fixation accrue de l'oxygène, un rejet plus facile et plus complet du gaz carbonique excédentaire. Poursuivons : *"D'autre part, l'excès d'ions positifs est à l'origine d'une réduction de la capacité respiratoire vitale et du volume expiratoire maximum. Sur l'appareil circulatoire, il ne semble pas y avoir d'altération notable, alors que d'autres tests tendent à prouver que les ions positifs peuvent être à l'origine d'une détérioration des performances psychophysiologiques."*
Les chapitres précédents consacrés au prâna atmosphérique ont précisé que notre industrie projette dans l'atmosphère de nos villes des milliers de tonnes de poussières dont chacune est un piège à ions négatifs vitalisants. Il en résulte une raréfaction catastrophique des ions négatifs libres, happés par ces poussières, et une augmentation alarmante des ions positifs, nuisibles à la santé. Cela éclaire le problème de la pollution atmosphérique sous un angle inattendu. Nous considérons que la pollution de l'air de nos cités est due surtout aux gaz et aux résidus nocifs (oxyde de carbone, gaz sulfureux, nitreux, etc. rejetés par les usines, le chauffage et les autos), et les poussières nous paraissent assez anodines. Sans doute, ces gaz toxiques rongent les voies respiratoires et intoxiquent l'organisme, mais la suppression quasi totale des ions négatifs par les poussières et l'augmentation du nombre des ions positifs qui sapent directement notre vitalité, nous atteignent insidieusement dans nos forces vives. Nos émonctoires (reins, foie, etc.) peuvent, dans une certaine mesure, neutraliser les toxines absorbées et les éliminer, sauf l'oxyde de carbone qui détériore irréversiblement l'hémoglobine. Par contre, RIEN ne compense la perte de vitalité dont sont victimes les citadins forcés de respirer un air privé de prâna. Cette baisse de vitalité sape notre immunité naturelle aux germes pathogènes, qui ne deviennent virulents qu'en présence d'un terrain affaibli, suivant la thèse défendue par Claude Bernard. La lutte antipollution devrait donc viser les poussières au même titre que les autres polluants.

L'AIR CONDITIONNE

Nous nous flattons en Occident d'avoir "amélioré" l'air que

nous respirons. Nos spécialistes ont déterminé son degré hygrométrique, sa température, etc., et d'après les normes théoriquement "idéales" de l'air, de nombreux bâtiments publics et privés ont été équipés, à grands frais, d'installations de conditionnement d'air, censées représenter le nec plus ultra en matière de confort vital et d'hygiène.
Toutefois, les humains "privilégiés" qui bénéficient – souvent contre leur gré – de ces installations, semblent beaucoup moins enthousiastes que les inventeurs (et les vendeurs) de ces systèmes de conditionnement d'air. Il est fréquent que les hommes condamnés à vivre dans ces bureaux à air conditionné regrettent les anciens bâtiments : "On pouvait au moins ouvrir les fenêtres."
Tout s'explique par le prâna de l'air : après son passage dans l'installation de conditionnement où tous les ions négatifs vivifiants ont été happés au passage, l'air est devenu un gaz inerte, privé de tout pouvoir vitalisant. Les êtres humains forcés de respirer cet air se sentent "à plat", le soir, en rentrant chez eux, souffrent souvent de migraines, leur rendement au travail est médiocre, la concentration mentale diminuée. L'air est devenu invivable, et les êtres humains qui respirent cet air privé de tout son prâna vivent sur leurs réserves, et avec les rares autres sources de prâna (la nourriture, par exemple), elles aussi fortement atteintes dans leur intégrité. Le conditionnement de l'air actuel est un conditionnement à rebours !
Mais même aujourd'hui, qui prête l'oreille à de pareilles affirmations ? Peu à peu cependant la vérité perce. Lisons :
"Ionisation artificielle et air conditionné".
"Ingénieur à la faculté des sciences de Paris, M. André Langevin a présenté le problème, un peu délaissé semble-t-il, du conditionnement de l'air. Actuellement, il faut considérer comme incomplète une installation de conditionnement d'air lorsqu'elle assure une température constante, un degré hygrométrique compris entre 40 et 70 et un dépoussiérage de l'air neuf introduit. M. Langevin voit la nécessité, pour parfaire ces installations, de faire appel à une méthode de production d'ions atmosphériques artificiels.
D'autres travaux importants ont montré que les ions intervenaient dans toutes les fonctions vitales. Il s'avère particulièrement opportun, par exemple, d'étudier plus à fond le processus

de l'action des ions oxygène négatifs sur l'organisme, afin de déterminer si ces ions n'agissent pas comme de véritables catalyseurs lors de l'oxygénation du sang.
Mais en attendant, suggère M. Langevin, il semble utile de signaler aux utilisateurs d'air conditionné la nécessité de ne pas négliger une certaine ionisation, facteur jusqu'ici pratiquement ignoré. La pratique de l'ionisation artificielle devrait apporter une amélioration des conditions de vie anormales auxquelles sont généralement soumis les citadins."
Ces phrases condamnent donc toute installation d'air conditionné telle qu'elle est conçue actuellement.
On pourrait rétorquer que le dépoussiérage réalisé par le conditionnement de l'air est un facteur positif important. Oui, il est indispensable de dépoussiérer l'air, mais c'est à l'émission des poussières qu'il faut agir en les captant dès l'usine productrice; à l'arrivée, c'est trop tard, le mal est fait. Il faut empêcher ces pièges à ions de dévitaliser complètement l'air que nous respirons et ne pas les laisser s'échapper dans l'air : tout le reste est illusoire.
Les paragraphes qui précèdent confirment aussi que "les ions interviennent dans TOUTES LES FONCTIONS VITALES". Cette phrase devrait être publiée à des millions d'exemplaires et obséder les responsables. "LES IONS NEGATIFS INTERVIENNENT DANS TOUTES LES FONCTIONS VITALES. Ils sont de véritables catalyseurs lors de l'oxygénation du sang." En éliminant ces ions négatifs, on porte atteinte à toutes les fonctions vitales et par conséquent à la santé de populations entières.
Mr. Langevin a fait allusion à l'ionisation artificielle. Ce sujet fait actuellement l'objet d'études serrées dans plusieurs pays. Comment et pourquoi ?
Ce sont surtout la recherche spatiale et la biophysique appliquée aux futurs voyages interplanétaires qui ont déclenché ces recherches. S'il est des hommes qui font l'objet d'une sélection draconienne, ce sont assurément les cosmonautes ! Ils constituent une élite humaine sur les plans physique, psychologique et mental. Le cosmonaute doit être en parfaite santé, robuste, capable de résister aux épreuves du lancement, du vol en orbite et du retour au sol d'une capsule spatiale, et disposer du courage et de l'énergie psychique nécessaires pour surmonter l'épreuve

redoutable pour les nerfs que représentent l'attente du lancement dans sa capsule exiguë, le sentiment d'être isolé du monde, le manque d'espace, l'air confiné. Au surplus, on exige de lui – exigence qui se renforcera encore dans l'avenir – qu'il soit à la fois physicien, mathématicien, astronome, ingénieur, mécanicien et que sais-je encore, car il ne pourra guère compter que sur lui-même pour dépanner ses appareils durant les longs voyages interplanétaires qui sont d'ores et déjà envisagés. Or on a constaté que ces hommes d'élite, aux muscles d'acier, aux réflexes prompts et sûrs, au système nerveux équilibré, bien entraînés et bien nourris, se fatiguent anormalement vite dans leur capsule spatiale. Très vite, leur pouvoir de concentration décline, leurs réflexes deviennent moins prompts, moins précis, ils se plaignent d'une indéfinissable sensation d'épuisement. On aurait pu mettre tout cela sur le compte de l'apesanteur, mais comme cela se produisait même pendant les séances d'entraînement où la capsule restait très prosaïquement au sol, il y avait là un mystère.

Il ne serait – bien entendu – venu à l'idée d'aucun biophysicien de consulter un yogi et pourtant on eût été bien inspiré de le faire ! ... Ce yogi aurait aussitôt mis le doigt au noeud du problème. "Il n'y a pas de prâna dans cette capsule, aurait-il dit, donc l'être humain n'étant plus relié à la grande dynamo cosmique, à l'inépuisable réservoir de prâna universel, vit sur ses réserves qui, faute de se reconstituer au fur et à mesure, s'épuisent nécessairement très vite." Il faut reconnaître que les recherches se sont assez rapidement orientées vers les propriétés électriques de l'air, et actuellement il existe des appareils permettant de recréer dans les capsules spatiales, les conditions électromagnétiques de l'air libre. Ces recherches furent longtemps considérées comme "top secret". Aux Etats-Unis, elles furent cataloguées "Titre 35, Code U.S. – 1952, Sections 181-188." Aujourd'hui, le secret est levé, car il est apparu que le "concurrent" russe avait rencontré les mêmes problèmes et qu'il semblait les avoir résolus !

Nous sommes redevables des renseignements suivants à la firme américaine qui produit ces générateurs d'ions négatifs :

"Il est établi de manière indiscutable qu'un champ électrique existe entre la terre et l'atmosphère. Ce champ électrique naturel est normalement positif (relativement à la terre) et sa

puissance est ordinairement de l'ordre de plusieurs centaines de volts par mètre."

Nous suggérons au lecteur de relire le chapitre 3 où il est question du gradient potentiel. Dans ce chapitre, pour simplifier les choses, nous n'avons pas évoqué la notion du champ électrique, ce sont surtout les ions négatifs qui ont retenu notre attention. Quel est le rôle du champ positif ? Les ions négatifs flottent, si l'on peut dire, à haute altitude, où ils sont produits notamment par l'effet ionisant des radiations solaires. Ils y resteraient indéfiniment, puisque la terre est chargée négativement. Cependant, à proximité du sol, il existe un champ électrique positif. Il ne faut pas confondre le "champ électrique" et les "ions". Ayant une direction, le champ est une grandeur vectorielle; il n'est pas matérialisé sous la forme d'ions. Les *ions* sont porteurs d'énergie électrique, tandis que le *champ électrique* agit comme une force qui déplace ces ions, en les attirant ou en les repoussant selon le cas. Les ions se comportent comme la limaille de fer, attirée par le champ magnétique d'un aimant. Ainsi donc le courant d'ions négatifs ne descend vers la terre que si un champ électrique positif l'attire. Ceci précisé, nous comprenons mieux la suite du texte :

"... Dans les habitations, qui sont isolées et qui ont les propriétés d'une cage de Faraday, il n'existe pas de champ électrique. C'est d'ailleurs ce que j'avais précisé en disant que dans certains appartements le gradient potentiel est nul.

",,, Le champ électrique de la terre est une force électrique naturelle qui produit des effets bénéfiques sur les organismes vivants et à laquelle l'homme s'est adapté depuis plusieurs millénaires. En effet, l'évolution a, sans le moindre doute, tenu compte de ce facteur. Des expériences qui ont été effectuées montrent que le champ électrique produit, à l'intérieur même du corps, un courant électrique qui excite tout l'organisme et son système nerveux, ce qui, en retour, accroît le rendement cérébral..."

Mais nous allons bientôt retrouver les ions négatifs qui nous sont familiers : *"Les effets bénéfiques attribués au champ électrique sont dus à l'action combinée du champ électrique positif et des ions négatifs suspendus librement dans l'atmosphère, action par laquelle le champ électrique est à l'origine du mouvement mais où les ions sont les porteurs de la charge*

électrique." Ceci est parfaitement clair. *"Ainsi donc, un courant électrique continu traverse l'atmosphère et le corps humain tout entier. Dans les conditions atmosphériques normales, ce courant électrique continu est de l'ordre de 10-12 amp. par seconde à travers le corps pris dans son ensemble, soit approximativement 10-16 amp./seconde par cm^2."*
Ces courants sont extrêmement faibles, mais cela n'empêche pas qu'ils soient d'une importance vitale. Considérée au niveau d'une goutte d'eau, l'attraction de la lune est une force absolument négligeable. A l'échelle des océans, elle anime un des phénomènes cosmiques les plus importants à la surface de notre globe, l'alternance des marées, qui déplace des milliards de tonnes d'eau !
"Comme il y a toujours des ions en suspension libre dans l'air, (n.d.l.r. attention : la quantité varie dans des proportions énormes, et dans certains cas on peut dire qu'il n'y a presque plus d'ions négatifs favorables) *c'est la présence du champ électrique positif et son intensité qui sont les facteurs les plus importants dans la genèse de ce courant électrique continu à travers le corps humain, et qui sont par conséquent à l'origine des effets physiologiques bénéfiques produits. Sans la présence de ce champ électrique comme force motrice, les ions resteraient immobiles et il n'y aurait pas de courant, donc pas d'effets physiologiques..."*
"...Le courant électrique causé par la présence d'un champ électrique traverse toutes les cellules, les organes et le système nerveux tout entier, stimule le métabolisme, ainsi que toutes les autres fonctions physiologiques des organismes vivants..."
"...Si l'organisme demeure dans un local ou espace où il n'existe pas de champ électrique positif (dans une cage de Faraday) voire même si ce champ est trop faible, on constatera de la fatigue, de l'indolence, un manque de vitalité. C'est là que se situe la cause majeure de la fatigue et de l'engourdissement produits dans les automobiles, les avions, les chars d'assaut, les sous-marins, les trains et maintenant aussi, dans les capsules spatiales. Dans tous les cas, les expériences indiquent que la production d'un champ électrique artificiel contrôlé est probablement le seul moyen efficace, infaillible et complètement inoffensif pouvant considérablement retarder l'apparition de la fatigue, de l'épuisement et de la somnolence. Les effets

physiologiques des champs électriques artificiels sont identiques à ceux du champ électrique naturel..."

Notons à nouveau que ce sont avant tout les conditions très particulières qui règnent dans une capsule spatiale qui ont révélé l'importance de ce facteur; le rapport cité précise :

Etant entièrement métallique, chaque capsule spatiale constitue une cage de Faraday absolument idéale, dans laquelle même le pilote spatial le plus entraîné donne vite des signes de perturbations physiologiques (par exemple dans le fonctionnement cardio-vasculaire, le métabolisme, l'équilibre électrolytique, etc.) et en particulier une fatigue et un épuisement prématurés. Ces perturbations physiologiques ont été établies au-delà de toute contestation lors des vols orbitaux américains et établies d'une façon tout aussi compétente et ouvertement admise par les Russes. Glenn aussi bien que Carpenter se fatiguèrent très vite et la fatigue aussi bien que l'épuisement et les perturbations physiologiques furent tels chez le pilote spatial Titov qu'il eut réellement le mal de l'air après six révolutions seulement. Ces phénomènes gênants qui se sont manifestés dès le début de l'exploration spatiale, furent discutés avec insistance lors du Symposium tenu au Centre de Vol Spatial de Houston le 21 septembre 1962.

D'une façon surprenante toutefois, les deux pilotes russes Nikolajev et Popovitch ne montrèrent aucun signe de fatigue lors de leurs vols jumelés en août 1962, bien que ceux-ci aient duré respectivement 96 et 72 heures. Les deux pilotes firent preuve d'une vitalité peu commune, ce fait est indéniable. Vouloir expliquer cette vitalité extraordinaire par leur entraînement préalable serait une erreur absolue. On pourrait encore moins prétendre que la vitalité significative des deux pilotes russes ait été rendue possible par l'absorption de drogues. La seule explication possible et digne de foi pour cette vitalité si remarquable est d'admettre qu'à cette époque déjà, les Russes employaient avec succès la même technique que celle de l'appareil américain baptisé "anti-fatigue unit".

Les recherches dans ce domaine furent effectuées aux U.S.A. avec une rigueur scientifique dont je vous épargne le détail, car ce sont les faits et les résultats qui nous intéressent. Les recherches ont également porté sur l'influence des courants

électriques (traduisez "prâniques") dans le domaine médical.
"...Le Dr. Daniel a établi que les accès de toux prolongés diminuaient de façon spectaculaire chez ceux de ses patients traités par les champs électriques. Cela s'éclaire et se comprend électrophysiologiquement à la lumière des dernières recherches concernant la conversion de l'oxygène inhalé et fixé par les cellules du corps qui le transforment, en particulier celles du coeur.
L'importance de ce principe par son application à des domaines extraordinairement vastes devient évidente si l'on considère les dernières découvertes du Prof. Wartburg en Allemagne, concernant les cellules cancéreuses. Lorsque des cellules saines sont placées dans un état où il leur est impossible de respirer normalement, elles passent à un stade de "fermentation" et deviennent ensuite de véritables cellules cancéreuses.
L'énergie nécessaire pour l'assimilation par digestion est obtenue par l'intermédiaire de l'air atmosphérique au moyen de processus électriques extrêmement complexes. Au cours de ces processus, l'acide adénosine-tri-phosphorique, particulièrement riche en énergie, paraît être le porteur de cette énergie. Dans la nature, le champ électrostatique exerce une influence importante sur la chaîne "respiration-phosphorisation" au cours de laquelle l'oxygène de l'air atmosphérique devient "actif" à un degré correspondant.
Par conséquent, l'application de champs électrostatiques est entrée effectivement dans le domaine de la thérapeutique pour le traitement des occlusions cardiaques (infarctus) en puissance ou angines de poitrine. Tous les patients du Dr. Daniel soumis à cette thérapeutique en retirèrent des bénéfices incontestables."

QUELQUES CONCLUSIONS

Les mêmes auteurs signalent les répercussions qu'entraîne l'absence de champ et de courant électrique :
"L'absence de courant électrique est TOUJOURS désavantageuse et a TOUJOURS des effets négatifs sur la vitalité de l'être humain et peut même influencer dangereusement sa fécondité :
– la longévité de l'homme civilisé dépend à un degré très élevé de la présence permanente et en puissance suffisante, du champ électrique;

– les fonctions physiologiques les plus importantes – l'activité cardiaque, respiratoire, la digestion, le métabolisme, etc. – sont tres favorablement influencées et stimulées par ce champ électrique;
– un grand nombre de prétendues "maladies modernes" sont à rattacher à l'absence ou à la réduction considérable de l'intensité des champs électriques naturels dans les grandes villes;
– les êtres humains forcés à vivre dans des bâtiments ou des espaces qui sont blindés et qui ont par conséquent les propriétés physiques d'une cage de Faraday, d'où tout champ électrique est exclu, se fatiguent et s'épuisent rapidement."

Il est heureux que l'absence de prâna... influence l'activité productrice de l'être humain, car dans notre civilisation de producteurs-consommateurs, la santé a moins d'importance que la productivité !

Tout ce qui réduit la productivité devient ipso facto important ! Il y a donc des chances qu'au nom de la productivité des recherches soient poursuivies et des mesures prises pour préserver ou reconstituer le champ électrique naturel (prânique) là où c'est nécessaire !

LES CHAMPS ELECTRIQUES NEGATIFS

Nous avons vu que, dans la nature, l'élément porteur d'énergie électrique active, l'ion négatif, est attiré vers la terre par l'existence, au niveau du sol et des couches basses de l'atmosphère, d'un champ électrique positif. Ainsi se crée un courant permanent dirigé de haut en bas entre les couches hautes de l'atmosphère, ionisées négativement, et ce champ électrique positif dans lequel l'être humain vit et se déplace lorsqu'il se trouve dans la nature. Nous avons vu les conséquences désastreuses qu'entraînent la suppression de ce champ électrique et la captation des ions négatifs par les poussières, fumées, etc., en suspension dans l'atmosphère, spécialement au-dessus des grandes agglomérations industrielles.

Voyons maintenant ce qui se produit en cas d'inversion des charges, c'est-à-dire quand le champ électrique devient négatif et les ions positifs.

Dans la revue "Product Engineering" du 13 février 1967 publiée aux U.S.A., on lit notamment :

"Champs négatifs : Certains espaces constitués de plastique tels que des carrosseries de voiture peuvent même produire des champs électriques négatifs (n.d.l.r.: qui repoussent les ions négatifs et attirent les ions positifs). *Le mobilier en plastique ainsi que les recouvrements de sièges, les recouvrements muraux en plastique accélèrent la fatigue mentale chez les occupants de la pièce ou du véhicule.*
Les objets et recouvrements en polyéthylène, par exemple, produisent des champs électriques négatifs de 5.000 à 10.000 volts/mètre : dans un espace complètement clos par du polyéthylène, le champ négatif peut atteindre 100.000 volts/mètre."

Cela prouve que nous devons être très circonspects, même dans le choix des matériaux dont nous nous entourons, voire de nos vêtements. Qui n'a utilisé des sous-vêtements (chemise d'homme, etc.) qui plaquent à la peau et sont attirés par le corps lorsqu'on les ôte ? Parfois même des étincelles jaillissent des poils de la peau, qui se hérissent au contact d'une chemise qu'on vient d'ôter. Un autre article, publié en janvier 1964 dans "Aerospace Medecine", dit expressément :
"Les vêtements ont leur importance pour la même raison. Certains tissus synthétiques produisent assez de charges électriques statiques négatives pour repousser les ions négatifs de la personne qui les porte..."
Donc, même si l'on se rend dans une atmosphère correctement ionisée, ces vêtements peuvent annuler partiellement les effets bénéfiques de ce courant d'ions négatifs favorables à la santé. Heureusement que nous pouvons capter du prâna directement par les muqueuses du nez et l'absorber ainsi sans aucun intermédiaire. Les vêtements de coton sont recommandés, car ils ne modifient pas le champ électrique ni les courants d'ions. Vivons donc aussi souvent que possible à l'air extérieur, loin des villes pour refaire le plein de nos batteries prâniques. Condamnés que nous sommes à passer une bonne partie de notre existence dans des conditions prâniques défavorables, les procédés yogiques pour fixer le prâna nous seront d'autant plus utiles !

les organes d'absorption du prâna 6

"Le premier but de la méthode du yoga est le contrôle des énergies vitales, ou prânas (ainsi nommées parce que le souffle vital, prâna, est le plus important et le plus directement contrôlable de tous les rythmes vitaux). A cette fin, il nous faut d'abord établir le contrôle de notre conscience mentale sur toutes nos réactions vitales et émotives. Cette absorption par le conscient des énergies infra-mentales nous donne la force qui permet au conscient de s'élancer dans la région de la conscience supramentale"...

......

On donne le nom de Hatha-Yoga aux pratiques et aux disciplines qui permettent le contrôle du corps et des énergies. Bien qu'il ne soit que l'un des moyens du yoga, il constitue la première préparation sur le chemin de la réintégration, le point de départ nécessaire pour une réalisation ultérieure."

Alain Daniélou, Méthode de réintégration, pp. 21 et 30.

Dans les chapitres précédents, nous avons fait appel à la science moderne pour nous éclairer. En fait, le prâna et les techniques du prânayâma n'auraient nul besoin d'être étayés par la science. Pour les yogis, l'essentiel est que le système fonctionne et produise les résultats prévus. Or, dans ce domaine, ils ont au moins quatre à cinq mille ans d'expérience et d'avance sur nous ! Toutefois, il est rassurant pour les lecteurs cartésiens de constater que dans le domaine du prâna, quand la science occidentale s'est occupée de la question, les théories yogiques se sont trouvées confirmées, consacrées.

Que signifie exactement le mot "prânayâma" ?

Le mot prânayâma se compose de "prâna", et de "ayama" qui veut dire longueur, expansion, rétention, mais aussi contrôle.

"Prânayâma " est donc la science yogique du contrôle du prâna dans l'être humain. Vous remarquerez que nous n'avons pas écrit "corps humain", car le prânayâma vise plus que le physique. Le prânayâma est la plus vitale des sciences, car en fin de compte toutes les énergies qui se manifestent sous forme de vie sont d'ordre prânique : consciemment tout être vivant manipule du prâna, depuis sa naissance jusqu'à sa mort, sans cependant faire du prânayâma. Le but du yoga est d'intensifier et de contrôler CONSCIEMMENT ce métabolisme prânique pour décupler les énergies physiques, mentales et psychiques de l'adepte. Traduire prânayâma par "exercices respiratoires" ou "contrôle du souffle" donnerait une vision étriquée de la question, car le contrôle du souffle n'est pas le but, il n'est qu'un moyen, particulièrement efficace, certes, pour arriver à contrôler et à répartir les énergies vitales.
Notre organisme se trouve en rapport constant avec le cosmos imprégné de vibrations énergétiques, prâniques. La différence essentielle entre un objet inanimé - que ce soit une chaise ou le robot le plus perfectionné -, et un être vivant depuis l'amibe jusqu'à l'homme réside en ceci, que le premier est soumis passivement à l'action des forces cosmiques, tandis que l'être vivant s'empare du prâna, le tranforme et l'utilise à ses fins propres. Nous n'existons qu'en puisant sans cesse du prâna dans le cosmos, et cette extraction s'effectue par l'intermédiaire d'organes spécialisés. Pour les yogis, et par ordre d'importance, les principaux points d'absorption du prâna sont :
1) les terminaisons nerveuses des fosses nasales,
2) les alvéoles pulmonaires,
3) la langue,
4) la peau.
Nous les examinerons successivement en commençant par les moins importants en ce qui concerne le contrôle du prâna.

LA PEAU

Il est superflu de préciser que la peau est plus qu'une simple enveloppe : c'est un des organes les plus volumineux et les plus importants du corps. Sans elle nous ne pouvons pas vivre, l'exemple des grands brûlés le prouve. Mais ce sont surtout ses fonctions en tant qu'émonctoire qui sont connues du grand

public, et non son rôle d'appareil à absorber de la vitalité.
Par les pores, nous rejetons des toxines qui sinon s'accumuleraient dans l'organisme, mais ce qui est beaucoup moins connu et qui nous intéresse particulièrement, c'est le rôle prânique de la peau. Elle est – ou devrait être – en contact avec l'air vibrant d'énergie, car elle peut absorber directement des quantités importantes de prâna solaire, les théories yogiques l'affirment. Cela éclaire l'héliose sous un autre jour. Elle dépasse chez les yogis, le simple objectif de se tanner la peau, d'autant qu'en Inde cette ambition de bronzer est inexistante, au contraire, c'est un teint clair que l'on y recherche. Pour les yogis, ensoleiller la peau, c'est absorber de l'énergie solaire radiante. En Occident, nous considérons que la peau réagit automatiquement à l'action des rayons solaires. C'est vrai, mais les yogis affirment qu'il est possible d'influencer activement cette absorption d'énergie, de l'accroître et de la contrôler volontairement. Bien que le rôle principal de la peau soit d'absorber du prâna, elle est aussi un organe de rejet de prâna : dans les chapitres précédents, nous avons appris qu'elle était le lieu d'une importante émission d'énergie électrique. La connaissance des lois du contrôle du prâna, exposées plus loin, nous permettra de faire de l'héliose active, de valoriser notre temps d'exposition à l'air et à la lumière. Cela nous sera d'autant plus précieux que les occasions sont plus rares. Quand donc aurons-nous des vêtements qui nous protégeront des intempéries sans nous isoler du prâna cosmique ? En attendant, exposons notre peau au soleil et à l'air chaque fois que l'occasion s'en présente.

LA LANGUE

"Tu es ce que tu manges" ! Nous sommes du soleil condensé ! Ce grain de blé, cette feuille de salade, cette pomme, n'est-ce pas de l'énergie solaire concentrée ?
Pour les yogis, la langue est un important organe d'absorption du prâna. Une partie non négligeable de l'énergie du corps est extraite des aliments. Pour l'Occidental, homme de solide bon sens, elle semble même être la seule source d'énergie et elle constitue notre vrai "carburant". Si nous considérons le corps comme une simple machine thermique sans pousser plus loin

l'examen, cette vue semblerait justifiée et nous ne nierons pas l'importance de la diététique (cf. "J'apprends le Yoga", p. 301 et suivantes).
Mais cela n'est valable que pour les particules denses, solides du corps. Dès que nous abordons le domaine des énergies subtiles, vitales, prâniques par définition, ces constituants physiques deviennent moins importants. Du point de vue prânique, c'est moins par l'estomac et l'intestin que se fait la fixation du prâna, que par la langue.
Les yogis lient le prâna au goût : aussi longtemps qu'un aliment dégage une saveur, c'est qu'il reste encore du prâna à en extraire. (Entendons-nous : la saveur n'est pas le prâna, elle en indique la présence.) Ils mastiquent donc leur nourriture jusqu'à ce qu'elle devienne insipide; à ce moment – après absorption du prâna subtil –, elle est avalée et le système digestif peut l'assimiler comme matériau de construction du corps. L'importance de la mastication apparaît ainsi sous une optique bien différente de celle qui considère ladite mastication uniquement comme un moyen de faciliter la digestion dans l'estomac et dans l'intestin. Si nous ne mâchons pas les aliments jusqu'à ce que tout le goût en ait été extrait – vu que, selon le yoga, il n'y a plus d'autres organes d'absorption du prâna dans le tube digestif –, la nourriture peut sans doute reconstituer notre corps physique, mais non refaire le plein de nos batteries prâniques, énergétiques. A la réflexion, nous pouvons admettre les théories yogiques. Lorsque nous sommes épuisés, fatigués, et que nous prenons de la nourriture, nous nous sentons presque aussitôt revigorés, nous avons l'impression que nous avons restauré notre dynamisme et nous voilà prêts à reprendre le collier. Or, physiologiquement, l'effet revigorant d'un repas ne pourrait se faire sentir au plus tôt que deux ou trois heures après, et non dès l'ingestion, puisque la digestion n'a même pas encore commencé ! Au contraire, avant qu'un aliment n'apporte de l'énergie, il en dépense puisque la digestion, processus très complexe, accapare jusqu'à 70 pour cent de l'énergie nerveuse disponible.
La théorie yogique explique tout cela si, en ce qui concerne l'alimentation, on admet que l'énergie prânique est absorbée par la langue, donc sans aucune digestion. Ne convient-il pas de rappeler ici que l'homéopathie prescrit de conserver très

longtemps les médicaments sous la langue ? L'homéopathie n'est-elle pas, en fin de compte, une médication plus "prânique" que chimique, voire presque exclusivement prânique ?

LE NEZ

Quelque important que soit le rôle de la peau et de la lanque, c'est le nez qui, pour les yogis, représente le principal organe d'absorption du prâna. L'air est notre principal aliment : sa privation nous fait passer en quelques minutes de vie à trépas, son insuffisance provoque des troubles physiologiques graves. A raison de 18 inspirations d'un litre d'air par minute en moyenne, notre nez livre passage dans les deux sens à environ treize mille litres par vingt-quatre heures ! Comparés à ce volume, deux litres d'eau et un kilo de nourriture solide font piètre figure !

L'air étant donc notre nourriture principale, le passage de cet élément vital est étroitement surveillé; c'est pourquoi les cornets du nez sont tapissés d'une infinité de récepteurs nerveux ultra-sensibles pouvant déceler toutes les variations qualitatives de l'air.

Le nez ne se contente donc pas de conditionner l'air, de le débarrasser des poussières, de le réchauffer, de l'humidifier, mais en outre il en mesure les qualités subtiles. Une mauvaise odeur déclenche aussitôt des mécanismes physiologiques importants : le corps est mis en état d'alerte, toute mauvaise odeur étant aussitôt suspectée d'être nocive. La sensibilité des récepteurs nerveux de l'odorat est incroyable. Songez un instant à tout ce qui se passe lorsque vous respirez le parfum d'une rose. La quantité de matière qui émane de la fleur est si minime, si diluée – presque atomisée –, que seuls les instruments de mesure ultra-perfectionnés de la physique nucléaire seraient capables de la détecter et de la mesurer, et cependant notre appareil olfactif y réagit aussitôt, et d'une façon perceptible à notre conscience.

Nous ne nous contentons pas de percevoir un parfum, nous l'identifions avec précision : nous reconnaissons aussitôt le parfum de la rose, du muguet ou du lys qui embaume l'atmosphère.

Ouvrons une parenthèse. L'humanité a toujours accordé une

place importante aux parfums : dès l'antiquité, l'homme a su extraire des plantes et fleurs des essences balsamiques IONISEES ET IONISABLES. Les parfums naturels sont porteurs de prâna, de bio-électricité. Le parfum est un élément capital – et capiteux,– de la vie de la plante

Son rôle est double : d'une part, il attire les insectes hyménoptères qui vont butiner le nectar et assurent la fécondation, et d'autre part, il agit négativement, c'est-à-dire repousse, voire même détruit certains micro-organismes ou insectes parasites, parfois à grande distance. Un parfum agréable nous incite à respirer profondément, sans doute parce que notre organisme "sait" qu'il nous est favorable. Humer le parfum des fleurs, c'est communier avec la nature. Celui qui a senti, ne fût-ce qu'une fois dans sa vie, le parfum du maquis corse, nous comprendra !

L'aromathérapie, c'est-à-dire le traitement de certaines maladies par les odeurs balsamiques, connaît actuellement une vogue renouvelée. C'est en quelque sorte une super-homéopathie ! D'ailleurs, si nos souvenirs sont exacts, à la fin de sa vie, Hahnemann, le fondateur de l'homéopathie, utilisait des dilutions de plus en plus élevées : il en était arrivé à faire flairer le produit au malade. Notons que seules les essences balsamiques naturelles sont actives, les essences de synthèse ne produisant pas ces effets. Selon les promoteurs de l'aromathérapie, l'essence végétale naturelle diffuse rapidement ses vertus à travers tout l'organisme, grâce à sa subtilité et à sa vie électrique (nous citons les termes mêmes employés par les défenseurs de cette thérapeutique).

"Transportée dans le courant sanguin, l'essence aromatique végétale ionisée imbibe et imprègne les moindres recoins organiques, vitalise puissamment les cellules polarisées et dépotentialisées, comble les carences électroniques en rechargeant les "accumulateurs" bio-électromagnétiques, défloccule par résonance vibratoire la galaxie cellulaire en dissolvant les substances visqueuses et morbides des humeurs. Elle oxyde les déchets toxiques des métabolismes, augmente le BILAN ENERGETIQUE, débloque le mécanisme des oxydations organiques et de l'autorégulation, et parvient ainsi aux poumons et aux reins où elle est respectivement exhalée et excrétée SANS LAISSER DE TRACE. En lessivant la cellule, les puissantes charges électrolytiques de l'arôme relancent par induction les ondulations

vibratoires et rétablissent les échanges électrosanguins extra et intratissulaires". (Dr. Jean Valnet, Revue "L'Hôpital", Paris. 1961).

L'aromathérapie est par définition, basée sur l'absorption d'éléments volatils, ionisés, prânaïsés, par la muqueuse du nez. De plus, en agissant sur les terminaisons nerveuses des cornets du nez, qui sont en relation par voie réflexe avec des centres nerveux situés dans la moelle épinière (notamment dans le bulbe), on peut provoquer des réactions profondes et immédiates sur toutes les fonctions de l'organisme.

Un exemple familier va nous le démontrer : en présence d'une personne en état de syncope, quelle est votre réaction ? Vous cherchez aussitôt le flacon d'ammoniaque sauveur et vous le faites "respirer" à la personne évanouie. En fait, puisqu'elle est en syncope, elle ne respire pratiquement pas. A quel niveau agit le gaz irritant ? Dans les poumons ? Non, car seule une infime fraction pénètre jusque dans les alvéoles pulmonaires ! C'est donc sur les terminaisons nerveuses des cornets du nez que le gaz agit. Bientôt, la victime respire à nouveau, le coeur accélère ses battements, le visage livide rosit, les yeux s'ouvrent et, tout étonnée, cette personne se demande ce qui lui est arrivé. Cela nous démontre à quel point les cornets du nez sont en rapport avec des centres nerveux vitaux*. Citons encore la réflexothérapie endonasale, cette technique thérapeutique qui a suscité de grands espoirs, mais n'a pas survécu à ses inconvénients d'ordre pratique. En titillant des points précis dans les fosses nasales, on déclenche, par voie réflexe, des réactions de viscères éloignés : estomac, foie, reins, rate, etc. L'utilisation thérapeutique de ce phénomène a donné naissance à la réflexothérapie endonasale. Mais il y a un mais ! La zone correspondant à un organe déterminé est forcément minuscule et l'emplacement exact varie pour chaque individu, car tout comme il n'y a pas deux empreintes digitales identiques, la "géographie" nerveuse des cornets du nez de chacun est "unique". Il faut donc des recherches individuelles poussées et patientes pour dresser la "carte" nasale avant d'entreprendre un traitement ! De plus, cette thérapeutique ne s'appliquait qu'aux perturbations fonctionnelles récentes, non ancrées dans le soma sous forme de

*Nous reportons le lecteur au chapitre 24, pp. 199 et suiv.

lésions organiques. Voilà pourquoi cette méthode a succombé à ses inconvénients d'ordre pratique. Néanmoins, elle nous confirme que les cornets du nez sont en rapport réflexe avec toute la mécanique nerveuse qui règle le fonctionnement de notre corps. Ces conclusions sont très importantes pour nous permettre de comprendre les lois de l'accumulation de l'énergie prânique définies par les yogis.

LES ALVEOLES PULMONAIRES

Si les cornets du nez sont l'organe principal d'absorption du prâna, les poumons sont aussi le siège d'importantes manifestations prâniques. Le passage d'oxygène de l'air alvéolaire dans le sang dépend étroitement des qualités physiques, c'est-à-dire bioélectriques du sang.

LE PRANA OBEIT A LA PENSEE

Une des découvertes les plus remarquables des yogis, qui justifierait à elle seule la pratique et l'étude du yoga, est que le PRANA OBEIT A LA PENSEE. Autrement dit, la pensée concentrée permet d'absorber une quantité accrue de prâna.
Ici, le Hatha-Yoga, dont la pratique du prânayâma constitue une des clés de voûte – avec les âsanas et la relaxation –, rejoint le Raja-Yoga – le yoga du contrôle du mental –, puisque c'est le mental qui peut diriger volontairement et consciemment l'absorption, le stockage et la distribution du prâna dans le corps humain.
Retenez donc cette règle : l'absorption et l'accumulation du prâna sont sous le contrôle de la pensée, car c'est elle qui régit la pratique de prânayâma.

prendre l'air 7

Tout comme les dictons et les proverbes, les locutions les plus banales cèlent souvent une sagesse insoupçonnée de ceux qui s'en servent. C'est ainsi qu'en disant qu'on va "prendre l'air", on indique seulement qu'on s'en va respirer l'air pur du dehors, par opposition à l'air confiné des locaux habités. Or cette expression devrait s'entendre au sens littéral, car nous devrions vraiment PRENDRE l'air au lieu de nous contenter de l'inspirer presque passivement comme c'est généralement le cas chez "l'homo domesticus" que nous sommes (connaissez-vous tant de specimens d'homo sapiens ?)
Pour nous, civilisés sédentaires, même lorsque nous nous trouvons à l'air pur de la campagne et que nous respirons ou nous efforçons de respirer à la façon des yogis, autrement dit pendant les respirations complètes, nous INSPIRONS l'air, certes, mais nous ne le PRENONS pas.
Quelle différence y a-t-il entre les deux ?
Pour l'animal sauvage vivant dans la nature, de même que pour l'homme primitif, l'air ambiant est comme pour nous un élement indispensable à la vie, mais en outre il véhicule une infinité d'informations et de messages venant du monde extérieur. En fait, comparé à celui des animaux, notre sens olfactif est atrophié. En ce qui concerne les animaux, sans citer le chien policier, dont le flair nous émerveille toujours, l'air renferme un monde de sensations et de messages. Il est tout vibrant d'effluves : l'odeur de la proie tapie dans l'herbe haute

de la savane, ou celle de l'ennemi aux aguets. Les chasseurs de fauves d'Asie ou d'Afrique savent bien que le vent porte leur odeur au gibier et lui donne l'alerte; aussi pour s'approcher de leur victime tiennent-ils compte de la direction du vent.
Quant à nous, notre sens olfactif ne nous sert plus guère qu'à flairer les odeurs de cuisine ou les parfums artificiels, rarement les fleurs !
Vous objecterez que, dans le métro, il est préférable que le sens olfactif ne soit pas trop développé : c'est un point de vue qui se défend ! Mais revenons à notre "PRENDRE l'air". En inspirant l'air, l'animal en prend possession par les narines, qui sont souvent très mobiles. Observez les narines du rhinocéros du zoo ou celles de l'humble lapin de clapier : elles captent l'air activement. Certaines peuplades demeurées proches de la nature (en Afrique, par exemple,) montrent que l'homme "naturel", lui aussi, CAPTE et PALPE l'air avec ses narines, et cela très activement.
Les ailes du nez comportent de petits muscles qui, chez nous, demeurent inactifs mais qui possèdent une grande mobilité chez ces hommes dits sauvages. A chaque inspiration, leurs narines s'écartent pour réaliser une véritable PREHENSION de l'air.
Faisons donc l'essai de cette respiration. Respirons d'abord normalement, que ce soit en respiration ordinaire ou en respiration yogique complète. Les narines demeurent pratiquement immobiles. Puis, inspirons profondément et énergiquement en relaxant les ailes du nez; nous constaterons que la succion de l'inspiration a tendance à rapprocher les ailes du nez et à réduire ainsi le passage offert par les narines à l'entrée de l'air. Il arrive même qu'une narine se bouche entièrement sous l'effet de cette succion.
Essayons maintenant de "prendre" l'air.
Inspirons en écartant les ailes du nez par une traction des muscles prévus à cet effet (à l'expiration, il faut les relâcher).
Quelques inspirations effectuées de cette manière vous permettront de constater que l'air entre beaucoup plus facilement, en plus grande quantité et d'une manière plus équilibrée (donc par les DEUX narines, ce qui du point de vue de l'absorption du prâna est extrêmement important : cf. Ida et Pingala, chap. 24 p.199). Prendre l'air en écartant les ailes du nez facilite non seulement l'entrée d'une quantité d'air accrue, mais dirige

activement le courant d'air qui pénètre dans les cornets du nez vers les zones tapissées des terminaisons nerveuses les plus sensibles.
Bien qu'atrophiées par rapport à celles de l'animal qui vit dans un monde de sensations olfactives diverses, les terminaisons nerveuses des cornets de notre nez chargées d'analyser et d'identifier les odeurs, demeurent malgré tout d'une étonnante sensibilité. Nous en avons d'ailleurs parlé à propos de l'aromathérapie, dans le chapitre précédent.
Notre nez est une véritable antenne prânique. L'écartement des narines modifie la forme de l'entonnoir constitué par la partie inférieure de notre appendice nasal et guide l'air inspiré vers les zones des fosses nasales où ces terminaisons nerveuses sont les plus nombreuses, là où les yogis situent notre principal captateur de prâna.
Il semblerait que cette disposition particulière des narines déclenche, par voie réflexe, une modification de proche en proche de tout l'appareil respiratoire à partir des narines, peut-être même jusque dans les bronches, sans qu'il soit exclu que l'influence ne s'étende même aux alvéoles pulmonaires. L'appareil respiratoire, intimement connecté au système nerveux, constitue à beaucoup d'égard un TOUT organique. Tout comme le fait de mordre dans un fruit provoque dans la bouche un jet de salive et déclenche, de proche en proche, des réactions dans tout le tube digestif, même là où la nourriture n'a pas encore pénétré directement*, de même l'admission active d'air déclenche des mécanismes nerveux qui influencent l'absorption d'air à tous les niveaux de l'appareil respiratoire : c'est ainsi qu'une odeur nauséabonde bloque aussitôt les mécanismes respiratoires.
A défaut de données scientifiques récentes et précises dans le domaine particulier de ces réactions en cascade, à partir des fosses nasales, nous disposons, pour étayer cette affirmation, d'un exemple très connu : l'éternuement. Une irritation somme toute minime des terminaisons nerveuses des fosses nasales (poussière, gaz irritant), provoque par voie réflexe une réponse globale de

*L'étude des réflexes conditionnés, par l'école pavlovienne dont chacun connaît les expériences sur le chien, a montré que les sucs gastriques sont secrétés en même temps que la salive.

tout l'appareil respiratoire. Une fois le mécanisme nerveux mis en branle, rien ne peut le stopper. Cette réaction implique une brusque contraction du diaphragme, et une participation de certains muscles du visage : pour s'en convaincre, il suffit d'observer la grimace de quelqu'un qui va éternuer. Cela prouve qu'une stimulation locale très faible suffit à provoquer, de proche en proche, une réaction globale de tout l'appareil respiratoire, cette réaction étant hors de proportion avac le stimulus. Dans le cas de l'allergie, l'agent de déclenchement peut être encore plus ténu (pollen de certaines fleurs, par exemple). Dans la préhension active de l'air pur par les narines, il ne s'agit pas d'une réaction brutale, mais au contraire d'une sensation euphorique d'ouverture sur le monde extérieur, ouverture qui se fait en acceptant l'élément vital que constitue l'air ambiant qui constitue notre véritable milieu vital, nous l'oublions trop souvent et c'est bien regrettable !

Tout se passe comme si l'écartement des narines conditionnait la réceptivité de tout le système respiratoire durant l'inspiration. Entraînez-vous donc pendant vos exercices respiratoires et pendant la pratique du prânayâma, à inspirer activement en écartant les ailes du nez. Ce conseil vaut pour TOUS les exercices de prânayâma, y compris la respiration alternée : dans ce cas, évidemment, seule la narine non comprimée par le pouce se dilate pour livrer passage à l'air.

La perception du passage de l'air frais dans les narines devient ainsi bien meilleure et favorise incontestablement l'indispensable concentration du mental sur le processus d'absorption d'air et de prâna.

Il va de soi qu'il est impossible de respirer ainsi toute la journée, mais en s'exerçant régulièrement à PRENDRE l'air de la sorte, l'entraînement aidant,les ailes du nez retrouveront leur mobilité. Avec le temps, l'habitude ancestrale, perdue dans le processus de domestication que nous appelons pompeusement "civilisation", se rétablira au moins partiellement à tout moment de la journée, et même de la nuit.

Même si la modification est imperceptible, elle peut entraîner – sans vouloir être trop optimiste – un accroissement de 10 pour cent de la quantité d'air inspiré. Or, à raison de 18 respirations par minute, à la fin de l'année cela représenterait 500.000 litres d'air supplémentaires qui auraient pénétré dans

les poumons pour y vivifier nos cellules*. Faites des essais contradictoires en alternant la façon normale de respirer et la respiration avec préhension active de l'air et vous serez bientôt convaincu de l'efficacité de ce type de respiration.
Vous vous apercevrez aussi que seule cette préhension active de l'air rend la respiration aisée, harmonieuse et équilibrée, ce qui est à souhaiter en toutes circonstances, mais particulièrement pendant les exercices de prânayâma.
Si la nature nous a dotés de ces muscles, c'est certes pour que nous nous en servions.
Et c'est ainsi qu'en pratiquant le yoga, on peut se ... muscler le nez, et même dire : "J'ai trop respiré, je me suis fatigué le nez ! "

*Même dans le cas d'une respiration très superficielle (500 cc par inspiration), au bout d'un an, ce sont quelque 5.000.000 de litres qui pénètrent dans les poumons.

la zone olfactive — 8

Dans ce chapitre, nous allons nous intéresser d'un peu plus près à cet organe sous-estimé, le nez, et plus particulièrement à l'odorat, dont il est le siège.
Précédemment, nous avons évoqué le rôle du nez dans l'absorption du prâna, sans entrer dans le détail. Maintenant, il est opportun d'y revenir en abordant la question sous un angle différent, c'est-à-dire en partant de l'odorat.
L'odorat est un sens très particulier ! Chez l'être humain il semble n'avoir qu'une importance très secondaire, surtout lorsqu'on le compare avec celui des animaux.
La vie sensorielle de la fourmi, et par conséquent le contenu de son psychisme, est presque exclusivement composée de sensations olfactives. Ses antennes, spécialisées dans la perception des diverses odeurs, lui permettent de suivre des traces; sa route est balisée d'odeurs. C'est à l'odeur aussi qu'elle identifie ses amies et qu'elle repère ses ennemis, qu'elle flaire les oeufs et qu'elle reconnaît son nid. Certes, le cerveau d'une fourmi est primitif, mais chez beaucoup de mammifères, dont certains nous sont fort proches, nous trouvons un odorat très développé. Vous pensez aussitôt au chien et vous avez raison : il est un animal "olfactif" !
L'importance du rôle des sensations olfactives d'un animal est fonction de la surface de perception réservée à ce type de sensations. Or, la muqueuse olfactive du chien tapisse pratique-

ment l'entièreté du labyrinthe compliqué que constitue le nez et en fait, sa surface déployée correspondrait presque à la moitié de la surface de son pelage ! Chez l'homme au contraire, cette zone est minuscule : à peine la dimension d'un timbre-poste !

Chez l'homme civilisé, le rôle de l'odorat paraît s'amenuiser de plus en plus. Il semble qu'à mesure que l'homme s'intellectualise et se civilise, la vue et l'ouïe acquièrent une importance croissante au détriment des autres sens et particulièrement de l'odorat. L'importance du verbe "sentir" dans notre langue française n'en est que plus remarquable : le mot "sentir" sert aussi bien à désigner la perception consciente d'une odeur que le fait d'éprouver des sensations en général. "Sentir" s'applique aux sentiments autant qu'aux sensations viscérales : "Je me sens bien". Nous verrons que les centres cérébraux correspondant au sens olfactif ont des répercussions viscérales et influencent le comportement et le psychisme. Le verbe "sentir" est relié à l'intuition : "Je sens que cela va mal tourner". Ne dit-on pas de quelqu'un il a "du nez" ou "du flair" pour dire qu'il a de l'intuition, et "avoir quelqu'un dans le nez". Chez l'animal, l'odorat sert à la recherche de la proie, évente l'ennemi, et déclenche le réflexe sexuel. L'odeur dégagée par la femelle de certains papillons attire le mâle, parfois à des kilomètres de distance ! Cela nous donne une idée de la sensibilité que peut atteindre l'odorat chez certaines espèces vivantes. Bien que l'importance du sens de l'odorat ait régressé chez l'homme, ces liens profonds continuent d'exister et sont inscrits dans la structure même de notre cerveau. Il est indispensable d'en tenir compte dans l'étude et la pratique des techniques du prânayâma.

Au cours de l'évolution, notre cerveau a grandi comme une ville qui s'est développée progressivement. Il y a la vieille cité qui englobe les anciens quartiers (paléocortex) et la ville neuve (néocortex). Or, les terminaisons nerveuses très sensibles qui tapissent la zone relativement restreinte où est situé l'appareil de l'odorat dans le nez, sont en rapport direct avec la "vieille cité", les structures cérébrales héritées de nos plus lointains ancêtres. Par voie réflexe nous touchons le "cerveau viscéral", et de là, des organes tels que le coeur, les vaisseaux sanguins, la vessie, l'intestin, la vésicule biliaire, la pupille, etc.; par d'autres

connexions, nous influençons l'hypophyse et ainsi, par voie hormonale, tout le système endocrinien, notre "système nerveux chimique".
Pour respirer correctement pendant le prânayâma, il faut connaître les particularités "aérodynamiques" de notre nez !
Le courant d'air qui pénètre dans notre nez se partage, dans chaque narine, en trois "couloirs" (voir illustration). Dans la région olfactive, située au sommet du dôme nasal, l'air inverse la direction de son flux et vient alors en contact avec les zones capables de percevoir les odeurs. Dans la respiration normale, seule une infime partie du volume d'air inspiré vient frôler la zone olfactive. Par la volonté, il est possible de diriger consciemment un courant d'air important vers les zones olfactives sensibles. Pour fixer un maximum de prâna et accroître l'efficacité des exercices de prânayâma, il est indispensable de diriger consciemment l'air vers ces zones.

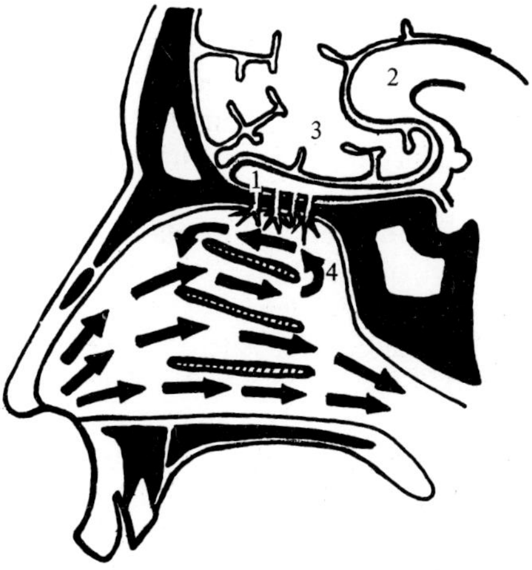

1. pédoncule olfactif
2. corps calleux
3. cerveau
4. fibres olfactives

Les flèches indiquent la direction du courant d'air inspiré, partagé en trois. Remarquer aussi que la direction du flux d'air s'inverse dans la région tapissée par les fibres olfactives. Observer aussi la "prise directe" de ces fibres sur le cerveau.

Nous connaissons déjà l'exercice où l'on inspire en imaginant que l'on hume une rose : automatiquement, le flux de l'air est ralenti et dirigé vers cette zone ultrasensible.
C'est ce qui se passe dans tous les exercices de prânayâma avec ralentissement de la respiration.

Mais il est un autre moyen d'intensifier le flux de l'air, et par conséquent l'absorption de prâna et l'efficacité du prânayâma. Que fait le chien qui flaire ? Il renifle ! Par petites aspirations successives, il dirige un flux d'air chargé d'effluves, infiniment plus important vers la zone où ces odeurs sont captées par des cellules nerveuses (qui ont des terminaisons en forme de poils de brosse, ou de minuscules antennes).

Kapâlabhâti et Bhastrika ont un effet similaire. L'inversion rapide et l'augmentation du débit respiratoire créent une turbulence accrue dans la zone stratégique et il en découle une stimulation, une tonification de tout le "cerveau viscéral". Toutefois, il faut freiner l'air à la glotte afin qu'il n'y soit pas projeté brutalement, et même l'y diriger consciemment; il y produit d'ailleurs un son caractéristique. Nous comprenons encore mieux l'importance de la respiration alternée destinée à stimuler aussi bien la partie située dans la narine gauche (Ida) que celle de la narine droite (Pingala).

L'odorat ouvre une porte vers les couches psychiques les plus profondes et il est utile de mentionner ici l'usage de certains parfums pour créer des "états d'âme". Depuis des millénaires la femme se sert de parfums pour se rendre attirante ! En Inde, les bâtonnets de bois de santal (dhoop) brûlent dans tous les temples et accompagnent nécessairement la méditation et le prânayâma.

Une des meilleures façons de stimuler Ida et Pingala consiste à se servir du dhoop, ou tout simplement à pratiquer la respiration alternée en humant une vraie fleur, rose ou muguet de préférence. Il suffit de se concentrer sur l'odeur pour absorber entièrement le mental dans l'acte respiratoire. Ainsi l'intellect se "déconnecte", lui qui est si lié aux impressions visuelles et auditives. C'est pourquoi il est préférable de pratiquer le prânayâma avec les yeux clos, si possible dans le silence.

Il est très facile de modifier par la volonté, le partage de la circulation d'air dans les cornets du nez et d'en diriger une fraction beaucoup plus importante vers la zone olfactive.

La position des narines permet non seulement de mieux équilibrer le flux d'air dans les narines, mais aussi de le diriger vers la zone olfactive, vers notre accumulateur de prâna. Reprenons notre rose : par la volonté nous pouvons réduire son odeur en dirigeant le courant d'air vers les "couloirs" inférieurs, ou au contraire l'augmenter en l'amenant vers le sommet du dôme. Un autre facteur s'y ajoute : la concentration mentale. En se concentrant, en s'intériorisant dans cette zone, l'on perçoit les odeurs avec beaucoup plus de netteté. Lorsqu'on se concentre en cette zone, le moi conscient est en rapport direct avec elle, et des voies nouvelles de pénétration s'ouvrent dans notre système nerveux végétatif.

Cette façon de respirer en dirigeant l'air vers la région olfactive peut se pratiquer aussi pendant les exercices de relaxation. Pendant la relaxation sur le côté gauche, l'adepte se concentre dans la narine droite et y dirige un maximum d'air. Il fait de même à gauche couché sur le côté droit.

le pranayama...

principes et pratique

la longueur du souffle 9

A chacune de nos activités correspond un type de respiration qui lui est propre. Il n'est pas nécessaire d'être yogi pour savoir qu'en courant nous respirons autrement qu'assis dans un fauteuil, que notre rythme respiratoire de veille diffère de celui qui s'établit pendant le sommeil.

Toutefois les yogis ont observé cela de plus près et ils ont discerné des corrélations subtiles entre le souffle et toutes les activités humaines, non seulement physiques mais aussi intellectuelles et émotives, ce terme étant pris au sens le plus large. L'homme en colère respire autrement que l'anxieux; la respiration de l'homme heureux et épanoui est très différente de celle du névrosé. Pour les yogis, il suffit d'observer attentivement comment une personne respire pour connaître son état physique et psychique.

Les Rishis de l'Inde ancienne ont étudié les modalités du souffle: longueur, rythme, durée, amplitude, centre de gravité, etc. C'est la longueur du souffle qui va nous intéresser maintenant. Comment se mesure-t-elle ? La méthode la plus simple consiste à humecter la paume et à la placer, tournée vers le haut, sous les narines. Pendant l'expiration, vous percevrez le courant d'air projeté sur la paume et l'évaporation de l'humidité produira une sensation de fraîcheur. Eloignez lentement la paume jusqu'à ce que vous ne sentiez plus le courant d'air. En mesurant la distance à laquelle la paume se trouve de vos narines, vous obtenez la longueur approximative de votre souffle. Une plus

grande précision s'obtient à l'aide d'un flocon de coton suspendu à un fil de soie, tenu devant les narines et éloigné progressivement jusqu'à ce qu'il reste immobile.
Les yogis ont mesuré ainsi les "longueurs" moyennes du souffle, exprimées en "doigts"*, pour les activités humaines les plus variées, allant de la course à pied au samadhi.
Dans la Gheranda Samhita, un des traités classiques du yoga, le Rishi Gherand dit (versets 84-96) : "Le corps mesure 96 doigts (1 m 80 environ). Le courant d'air émis normalement à l'expiration est de 12 doigts (ce qui correspond à neuf pouces anglais, soit une vingtaine de centimètres); si l'on chante, sa longueur passe à 16 doigts; si l'on marche, elle a 24 doigts; pendant le sommeil, 30 doigts; pendant l'acte sexuel, 36; pendant l'exercice physique intense, plus encore. En raccourcissant progressivement la longueur naturelle du courant d'air expiré, on augmente la vitalité, tandis que l'allongement du souffle réduit la vitalité. En outre, les Rishis ont observé que plus le mental est absorbé, concentré, plus le souffle est court; dans l'état de samadhi, il devient imperceptible.
Pour parvenir à l'état de concentration maximum, le yoga nous recommande de devenir conscient du souffle et de réduire progressivement sa longueur.
En pratique, asseyez-vous dans votre pose favorite, la colonne vertébrale droite et verticale, la tête en équilibre. Relaxez-vous et immobilisez-vous comme une statue. Prenez conscience du souffle; seconde par seconde, sans distraction, suivez son entrée et son expulsion. Pendant l'inspiration – qui doit être complète et profonde –, sentez l'air pénétrer dans les narines, dans le larynx nasal, dans la gorge, vers les bronches, le plus loin que vous pourrez. A l'expiration, freinez le courant d'air qui sort des narines, raccourcissez la longueur du souffle. La respiration doit devenir de plus en plus silencieuse et douce, de plus en plus lente, tout en restant profonde. Qu'aucune saccade ne heurte ni l'expiration, ni l'inspiration. C'est dans ces conditions que les échanges gazeux et prâniques s'effectuent dans les meilleures conditions.
La concentration est l'élément essentiel : ne laissez pas vos soucis vous distraire ! Vous objecterez avec raison que c'est difficile.

*Ne pas confondre avec le pouce anglais. Le "doigt" correspond à plus ou moins 2 cm.

Ayez recours à la répétition d'un mantra. Pour l'Occidental, je recommande le prânava, c'est-à-dire la répétition mentale, silencieuse du OM. Vous pouvez d'abord l'émettre cinq fois d'une façon audible, en faisant vibrer le "Ô..." dans le thorax et la gorge (la moitié du temps de l'expiration) et le "m..." dans le crâne (cf. "J'apprends le Yoga" p. 57), en decrescendo jusqu'à ce qu'il se "subtilise" c'est-à-dire qu'il soit répété mentalement. Le "OM" mental a des effets psychiques et prâniques plus intenses que le "OM" émis à haute voix.
Poursuivez ainsi pendant quelque temps le raccourcissement du souffle. Parfaitement concentré, laissez votre mental s'absorber de plus en plus dans la prononciation mentale du "OM"; laissez le souffle, le "OM" et le mental se confondre, se mêler, s'unifier. Ne placez aucun temps d'arrêt notable entre l'inspir et l'expir, sauf peut-être une légère césure d'une seconde environ. Si vous prolongez l'exercice, une somnolence peut se manifester. Vous pourriez vous assoupir, ce qui constitue un "incident technique" sans conséquence mais à éviter. Un des buts de l'exercice est de provoquer un affleurement contrôlé de l'inconscient. En fait, il faut passer à un état de sommeil apparent, mais insensiblement, sans solution de continuité dans la conscience.
Parfois apparaissent alors des couleurs, des tourbillons de lumière. Que cela ne vous surprenne ni ne vous inquiète : ces phosphènes résultent de l'activité de l'inconscient. Il ne faut ni les rechercher, ni les refuser, mais rester neutre à leur égard. Ces manifestations sont assez rares, mais il faut les signaler afin que les personnes chez qui ces phénomènes se produiraient ne s'en inquiètent pas !
A poumons vides, stoppez calmement le souffle et dirigez votre attention concentrée vers la base de la colonne vertébrale, vers le sacrum. Pendant la rétention, il vous sera assez facile de focaliser votre conscience sur cette zone. Vous pourrez y percevoir des vibrations.
Quoi qu'il en soit, imaginez que vous dirigez vers cet endroit un courant de prâna, que vous concrétisez en l'imaginant sous forme de lumière et de chaleur. Effectivement, après quelque temps de pratique, vous éprouverez nettement une sensation de chaleur dans cette région, voire un picotement. Si aucune sensation particulière n'est perçue, cela ne signifie pas que l'exercice soit sans effet : ceux-ci se produisent infailliblement. Continuez

votre pratique avec persévérance !
Pendant l'inspiration, faites remonter votre conscience le long de la colonne vertébrale; représentez-vous que cette chaleur se déplace de bas en haut dans l'épine dorsale. Ainsi vous guiderez le prâna – qui obéit au mental, ainsi que nous l'avons vu précédemment – le long de votre colonne vertébrale.
Sauf en cas de force majeure, n'interrompez pas brusquement l'exercice. Pratiquez, si possible, dans un endroit retiré où vous ne risquez pas d'être dérangé.
Le retour à l'état de conscience de veille normale s'effectue en parcourant le cycle en sens inverse, c'est-à-dire en repassant par la prononciation intérieure du "Ô...m...", puis par son émission à haute voix, enfin par l'allongement progressif du souffle.
Cet exercice est très efficace et sans danger, les rétentions de souffle à poumons vides ne présentant pas de risque. Ses effets sur le psychisme sont profonds. L'absorption du mental conscient met l'intellect en veilleuse, et parallèlement l'intuition se développe.
Une pratique régulière de cinq minutes chaque jour, de préférence au lever et au coucher du soleil, apaisera le mental et une sérénité nouvelle illuminera votre journée; en outre, d'importants effets prâniques se feront sentir. Le prâna libéré à la base de la colonne vertébrale et guidé le long de celle-ci vitalise les centres nerveux vitaux et les dynamise d'une façon permanente, sans choc en retour.

jala neti 10
la douche nasale

Neti, la méthode décrite pour se nettoyer les narines en y aspirant l'eau d'un simple bol, se rapproche certes le plus des techniques d'origine du yoga. Vivant près d'un cours d'eau ou d'une source, les yogis et rishis de l'Inde antique ont fort probablement commencé par aspirer dans les narines de l'eau pure tenue dans le creux de la main. Puis ils se seront servis d'un bol et auront inauguré la technique décrite dans "J'apprends le Yoga" pp. 51 et 52. Enfin à mesure que le yoga s'est perfectionné, les techniques sont devenues plus élaborées. Tout laisse supposer que c'est seulement plus tard que, pour exécuter Jala Neti, les yogis ont eu recours à un récipient ad hoc nommé "lota", ressemblant à une théière.
En lui-même le procédé est très facile à réaliser et même agréable.

TECHNIQUE

Le lota se remplit d'eau salée. Certains yogis utilisent de l'eau aussi chaude que l'adepte peut le supporter, d'autres se servent d'eau à la température de la pièce, voire même d'eau froide. Chaque procédé a ses avantages. L'eau très chaude détache mieux et plus vite les mucosités qui adhèrent dans les narines, tandis que l'eau froide tonifie et endurcit : à chacun de choisir selon ses préférences.

La quantité de sel est d'environ une cuillerée à café (arasée) pour un lota normal (1/2 litre).
Pour exécuter Jala Neti, introduire l'embout du lota dans la narine gauche, par exemple. Incliner la tête vers la droite et laisser l'eau entrer dans le nez : elle s'écoulera toute seule par l'autre narine. Pour cela il faut que l'embout obture la narine gauche d'une manière assez étanche, c'est-à-dire qu'il soit conique de préférence.
Important : pendant toute l'opération la bouche doit rester ouverte, que l'on respire ou non.
Lorsqu'une moitié environ du contenu du lota aura coulé de la narine gauche vers la droite, procéder à la même opération dans l'autre narine.

A défaut de disposer d'un lota comme ci-dessus, il est possible d'effectuer Jala Neti avec... une vraie théière ! Dans ce cas, l'embout n'est pas introduit dans la narine mais contre l'orifice de la narine. C'est un peu moins pratique mais cela fonctionne aussi bien. Les instillateurs utilisés en clinique peuvent aussi convenir.

L'angle d'inclinaison de la tête est important pour la réussite de Jala Neti.

SECHAGE DES NARINES

Il est important de bien sécher les narines et les cornets du nez après Jala Neti. Pencher d'abord la tête vers l'avant et laisser le restant d'eau s'écouler de lui-même hors des narines. Le séchage se fait par ventilation. A cet effet, incliner le buste vers l'avant, la main gauche saisissant le poignet droit derrière le dos. Puis expirer puissamment par les deux narines en inclinant la tête vers le bas... Ensuite, inspirer et expulser aussitôt l'air avec force par les deux narines en levant la tête... Idem en inclinant la tête à gauche. ... et ainsi de suite.
Respecter la séquence : tête penchée, tête levée, tête à gauche, tête à droite. Poursuivre ainsi pendant une ou deux minutes, jusqu'à ce que les narines soient parfaitement sèches. Faut-il préciser que ce système de séchage peut s'utiliser avec n'importe quelle forme de neti.

Le séchage
des
narines est
très important :
chasser l'air
avec force
en
levant la tête...

...
puis
en la penchant...

...
ensuite
à gauche
(et tant pis
pour la
grimace !)...

... enfin
à droite, et
recommencer
ainsi
pendant
au moins
une minute...

avons-nous un corps prânique? 11

Avons-nous un corps subtil ou prânique ?
Dans la littérature ésotérique et yogique, nous rencontrons fréquemment des expressions telles que "corps astral", "corps éthérique" et autres expressions hermétiques qui plongent le lecteur non initié dans la perplexité, car il est bien rare d'en trouver une définition précise.
Je vais pourtant me hasarder à en donner une, mais j'écarterai d'office des expressions telles que "corps astral", qui est très imprécise, évoquant quelque fantôme évoluant parmi les astres. "Double fluidique" n'est guère mieux et, à ces mots, le lecteur positiviste et rationaliste fronce les sourcils et se hérisse. La supposition qu'il serait doté d'un "double" lui paraît incongrue, et par surcroît "fluidique" ou "éthérique" ne lui dit rien qui vaille.
A tout prendre, je préfère l'expression "corps prânique", car "corps" implique une notion de composé matériel et "prânique" nous ramène au plan des phénomènes physiques eux aussi. Cette expression "corps prânique" n'est certes pas parfaite, mais nous l'adopterons, faute de mieux.
Avant de poursuivre, jetons un regard en arrière et résumons ce que nous avons pu établir ensemble dans les chapitres précédents.
Le Prâna englobe la somme totale de toutes les énergies manifestées dans l'univers; le "prâna" en représente les manifestations spécialisées et limitées. Nous avons décelé certaines

formes de prâna, notamment celle de l'air. Nous savons que notre organisme est le siège de manifestations prâniques variées, en particulier l'énergie nerveuse - de nature électrique -, et qu'il existe des courants d'énergie qui parcourent notre corps sans suivre le trajet des nerfs*. Il est probable que ces lignes de force correspondent aux méridiens de l'acupuncture, thérapeutique dont l'efficacité n'est plus guère contestée. Quant au corps prânique, il se compose de la TOTALITE des énergies subtiles produites, assimilées et véhiculées dans notre organisme physique. Voyons ceci en détails.

Nous imiterons les penseurs de l'Inde qui ont souvent recours à des comparaisons pour préciser les idées abstraites. En effet, ces comparaisons nous donnent souvent une idée intuitive sufisamment précise de certains phénomènes qui autrement seraient peu compréhensibles.

Comparons l'être humain à un sous-marin. Le blindage, c'est notre peau; la machinerie, ce sont nos organes; le poste de commande, c'est notre cerveau. Les nerfs sont les fils électriques qui serpentent à travers tout le vaisseau. Le navire, c'est la matière, et la solidité de son acier nous en garantit la réalité. De même, notre corps physique dense (nos os, notre chair, etc.) est formé de particules solides, matérielles. Mais le sous marin possède aussi un "corps prânique" ! ...

Réduit à ses seuls constituants solides, le redoutable engin ne forme qu'une masse inerte, immobile. Il ne devient "opérationnel" que lorsque des énergies circulent à travers lui et que que des courants électriques vont de la génératrice aux moteurs pour actionner les hélices, ou le long des fils téléphoniques intérieurs qui relient les divers postes et parties du navire, pour transmettre les ordres ou orienter le gouvernail. L'ensemble de ces énergies (ici principalement de nature électrique pure) qui "doublent" le vaisseau, constitue son "corps prânique", qui est presque immatériel. Le "double prânique" du sous-marin n'est pas équivalent à son "corps matériel", pas plus que le courant électrique ne peut s'identifier à ses fils conducteurs, mais il existe cependant un lien entre les deux, une interaction. Les fils agissent sur le courant, car le courant suit les conducteurs, mais tandis que le "corps physique dense" du

*Le sujet est traité en détail dans le chapitre 23, p. 188, consacré aux nâdis.

cuirassé peut être touché, vu, pesé, son "corps prânique" n'est pas perçu directement par les sens : il ne devient visible qu'à travers ses manifestations sous la forme de mouvements, ou se révèle grâce à certains appareils (voltmètres, ampèremètres, etc.). Ce corps "subtil" ou "prânique" manipule réellement le corps "dense" dont il est cependant issu en partie, puisque ce sont les génératrices (elles sont bien "matérielles") qui produisent le courant grâce au mazout - bien tangible et visible lui aussi.

Il en va de même dans notre corps. La nourriture se transforme en prâna, ou plutôt constitue une des sources de prâna, et l'ensemble des énergies circulant dans notre corps constitue notre "corps" subtil ou prânique qui manipule réellement notre corps dense, parfois qualifié de "grossier". Entre le corps "grossier" et le "corps prânique" il n'y a pas identité, mais interpénétration, interaction.

Par l'intermédiaire de son "corps prânique", le navire entre en rapport avec l'univers qui l'entoure. Grâce au radar (nos organes des sens) sur l'écran de notre conscience, apparaissent des images du monde extérieur : obstacles, navires ennemis, avions amis, dont l'officier de quart (le moi vigile) prend connaissance; d'après l'ensemble de toutes ces données, il détermine les actions et réactions du vaisseau. Les appareils de radio émetteurs et récepteurs le mettent en contact avec d'autres navires et avec l'état-major général.

Quelque part aussi veille le capitaine du navire, le "moi profond", instance suprême de notre individualité. Nous pourrions pousser la comparaison plus loin, évoquer l'amiral et le chef d'état, parler du "soi suprême" etc., mais cela nous entraînerait dans des méandres philosophiques où nous ne désirons pas nous égarer, surtout à partir d'une simple comparaison.

C'est le moi conscient ou vigile qui, sur l'ordre du moi profond et en accord avec lui, ordonne tous les mouvements du bâtiment de guerre, décide s'il doit rester au port, s'il doit appareiller et dans quelle direction.

De même notre corps prânique et notre corps physique s'interpénètrent. Le premier en est le véritable animateur mais il demeure, quoique subtil, un instrument au service du "moi".

Une question se pose ici :

Existe-t-il des maladies d'origine prânique ? S'il existe un corps prânique dans le sous-marin, ce corps ne peut-il pas présenter des troubles ? Une chute de potentiel électrique peut réduire considérablement la puissance des moteurs, dérégler le radar ou les appareils de radio. Les causes peuvent être physiques : fils en court-circuit par exemple, combustible non approprié qui ne permet pas à la génératrice de fonctionner normalement et de produire tout le courant (prâna) nécessaire.
De même une alimentation insuffisante, en qualité sinon en quantité (alimentation étant pris au sens le plus large, l'air étant un de ses constituants principaux), peut agir sur notre "corps prânique" et dérégler le fonctionnement du corps physique. Mais certains dérèglements peuvent être d'ordre purement prânique.
Dans ce cas, les médicaments à effet physique n'auront aucun effet, sinon parfois de déplacer le mal. Combien de maladies guéries par un médicament chimique déterminé réapparaissent ailleurs sous une autre forme ! Nous disons : ce sont "les nerfs". Ne devrions-nous pas envisager des dérèglements d'ordre prânique et leur appliquer des remèdes prâniques ? N'est-ce pas en agissant sur le corps prânique que les aiguilles de l'acupuncteur "dispersent" ou "tonifient" l'excès de yang ou de yin et remédient à des troubles ayant résisté aux autres médications ?
Les dérèglements prâniques peuvent aussi provenir d'erreurs ou de fausses manoeuvres de l'officier de bord. Les troubles mentaux peuvent agir sur la santé du corps, toute la psychosomatique nous le confirme. Quoi qu'il en soit, le but du prânayâma n'est pas thérapeutique !
Son but réel est de garantir l'intégrité du corps prânique, son équilibre, de lui assurer à tout moment la provision de prâna nécessaire, de le contrôler, de l'accumuler. En fin de compte, de transformer le complexe "corps dense-corps subtil" en un instrument de réalisation de soi. Les exercices décrits précédemment avaient cet objectif et vous voyez qu'ils dépassent – et de loin ! – la simple hygiène respiratoire destinée à garantir seulement un approvisionnement suffisant en oxygène. Mais au-delà de cet équilibre "énergétique", il y a aussi la mise à la disposition du moi de tous les leviers de commande de la machinerie extraordinairement complexe qu'est un organisme vivant, du plus simple au plus compliqué, de l'amibe à l'homme.

C'est par l'intermédiaire du corps prânique ou subtil que nous devons contrôler le corps physique et le faire agir en concordance non seulement avec les volontés du moi profond mais aussi du soi. Chez le yogi, cela se produit consciemment et avec une efficacité accrue, grâce aux techniques du prânayâma et de la concentration. L'unité profonde du yoga se révèle en considérant les répercussions prâniques de la pratique des âsanas, car les exercices de contrôle du souffle ne sont pas seuls à agir sur le corps prânique ! Les âsanas, elles aussi, ont une action sur le corps prânique, et lorsqu'un yogi veut marquer la différence entre la gymnastique et les sports d'une part et le yoga d'autre part, il dit tout simplement : "La gymnastique constitue une dépense de prâna, tandis que les âsanas accumulent et régularisent le flux de prâna dans le corps humain."

Et de fait, après une séance d'âsanas exécutées correctement, l'on DOIT se sentir reposé, plein de dynamisme et d'entrain, sinon c'est qu'il y a une erreur dans la pratique. Les postures agissent directement sur le corps prânique et c'est ce qui explique leur extraordinaire efficacité, alors qu'extérieurement rien de spectaculaire ne semble se passer, puisque le corps n'effectue que de lents mouvements, et même demeure immobile. C'est pourquoi les exercices de prânayâma n'acquièrent toute leur signification et leur efficacité qu'alliés à la pratique des postures yogiques.

Lorsque le prânayâma a provoqué des inconvénients, dans les cas heureusement rares que j'ai connus, il s'agissait de personnes qui s'étaient lancées dans le prânayâma sans pratiquer les postures et qui, en outre, avaient forcé la dose.

nâdi sodhana 12
le souffle purifiant

Dans le chapitre précédent, nous avons précisé la notion de "corps prânique", constitué par l'ensemble des énergies subtiles (nerveuses et autres) agissant dans notre corps. Ce "corps énergétique" assure la cohésion des particules matérielles plus denses de notre corps visible. C'est notre "force vitale".
Poursuivons notre comparaison avec le cuirassé. Nous savons que l'énergie électrique circule dans le navire de guerre en suivant des conducteurs matériels (les fils électriques et téléphoniques); parfois elle se passe même de tout conducteur, dans le walkie-talkie, le radar ou la radio de bord, par exemple.
D'une façon similaire, dans notre corps l'énergie ne vogue pas au hasard, elle suit des circuits bien déterminés, elle est canalisée et guidée. Mais de même qu'il ne faut pas confondre les conduits (fils électriques ou téléphoniques) avec l'électricité elle-même, il ne faut pas identifier les énergies circulant dans notre propre corps avec les conducteurs; il ne faut donc pas confondre le "prâna" et ses conduits, les "nâdis".

NADIS

Quels sont ces conduits ?
Selon l'anatomie yogique, notre corps est sillonné par un réseau complexe de 72.000 nâdis – littéralement "tubes, en sanscrit –, dans lesquels circule l'énergie.
Certains auteurs identifient ces "nâdis" à nos nerfs physiques,

alors que d'autres affirment que ces conduits sont eux-mêmes exclusivement subtils, c'est-à-dire non visibles à nos sens, mais matériels quand même. Les défenseurs de la théorie "nâdis = nerfs" font observer que les anciens traités classiques des Rishis décrivent les nâdis comme étant des tubes composés de trois couches. La couche interne s'appelle sirâ, la couche intermédiaire damâni, la couche externe nâdi. Ce nom sert aussi à désigner l'organe dans sa totalité. Les fils électriques et les nerfs ont d'ailleurs une structure semblable : avec des gaines superposées. Pour plus de détails, reportez-vous au chapitre 24, p. 195.

Les yogis affirment que chez l'homme ordinaire, nombre de ces conduits ne sont pas perméables aux énergies prâniques, et que par conséquent l'énergie circule mal dans l'organisme. Comme le prâna est le moteur essentiel de toute notre vie physique et mentale, cette situation entraîne divers déséquilibres psycho-physiologiques.

Assurer la libre circulation des énergies prâniques à tous les niveaux est un des objectifs initiaux du yoga. C'est pourquoi les Rishis ont proclamé la nécessité d'une nourriture appropriée, des âsanas qui gardent ouverts un maximum de nâdis, d'une vie saine et simple, si possible au grand air, chaque fois que les circonstances le permettent. La pratique du yoga telle qu'elle est décrite dans "J'apprends le Yoga" et "Je perfectionne mon Yoga" permet à l'Occidental de conserver la perméabilité d'une quantité suffisante de nâdis, assure un métabolisme énergétique correct et suffisant aux besoins ordinaires. Toutefois, pour atteindre à l'état de santé dynamique sur le plan mental aussi bien que sur le plan physique, le prânayâma est indispensable. La première condition à remplir est de s'assurer que le réseau de distribution est en état de jouer son rôle.

IDA ET PINGALA

Parmi ces conduits subtils, les yogis distinguent les deux principaux dont nous reparlerons à loisir et qui s'appellent Ida et Pingala. N'entrons pas ici dans le détail. Il nous suffit de savoir maintenant qu'Ida est le conducteur d'énergie dont l'originc est la narine gauche, et Pingala son homologue de droite, qu'à partir de chaque narine, ces "conduits", ces "nâdis" rejoignent et longent la colonne vertébrale. Selon certaines

traditions yogiques, ces nâdis s'entrecroisent à plusieurs reprises en descendant vers le bas de la colonne vertébrale, traversant sur leur parcours quelques-uns des principaux "Chakras", dont nous n'avons pas encore à nous préoccuper pour l'instant. Chaque narine joue un rôle particulier. Elles ne sont pas "interchangeables". Il est indispensable qu'elles soient toutes les deux bien libres et dégagées. Voilà pourquoi, avant d'entamer les exercices de prânayâma, il faut pratiquer "néti", la douche nasale, dont la technique est détaillée au chapitre10, p. 84.
Malgré ce lavage, il est fréquent qu'une narine soit bouchée, et en fait c'est normal. Les yogis, fins observateurs, ont remarqué que ce n'était pas toujours la même narine qui était bloquée, et que, de plus, à un intervalle périodique de deux heures environ, il y avait inversion du blocage.
Notre médecine connaît bien ce phénomène dénommé "rhinite à bascule" parce qu'une narine se bouche quand l'autre se débouche. Cette alternance se produit constamment au cours de la journée, d'une façon plus ou moins forte selon l'état d'équilibre vital et, en particulier, selon l'état du foie. La "rhinite à bascule" n'est donc que l'amplification morbide d'un phénomène normal qui passe généralement inaperçu.
Même en l'absence de "bouchage", il y a presque en permanence une narine plus libre que l'autre. Pour savoir quelle narine prédomine à un moment donné, utilisez le système indiqué au chapitre 9 ,p. 80 , pour mesurer la longueur du souffle: humectez la paume et placez-la sur la trajectoire de l'air expulsé par une narine puis par l'autre. Vous percevrez nettement la différence dans l'intensité du courant d'air. Un autre moyen très simple permet de VOIR la différence entre les deux courants d'air sortant des narines non seulement par temps froid, quand la vapeur d'eau de l'haleine devient visible, mais en approchant le nez d'un miroir. Expirez normalement et examinez les deux auréoles inégales de buée qui se sont formées sur la glace.
Comment procéder pour dégager les narines ? Sauf dans les cas d'obstruction mécanique, tels que des mucosités (que Néti doit suffire à éliminer), des polypes ou des déviations importantes de la cloison nasale, il existe de nombreux procédés yogiques pour débloquer une narine (j'en connais au moins huit !). En pratique, il suffit d'en connaître deux ou trois. Si le premier procédé est un peu plus lent que les deux autres que nous

examinerons plus bas, il a, par contre, l'avantage d'être simple, facile et infaillible. Il consiste, si la narine gauche est bouchée, à se coucher sur le flanc droit et à se relaxer. Après un temps qui varie entre une et trois minutes, on sent la narine se dégager et l'air passer librement, sans que l'autre se referme pour autant. En se concentrant sur la narine bouchée, on accélère le processus de décongestion. Notons au passage qu'Ida est la narine lunaire, rafraîchissante, tandis que Pingala est la narine solaire, réchauffante. Suivant la tradition yogique, la nuit il est recommandé de respirer par la narine droite (Pingala). Pour cela il faut dormir sur le côté gauche. Beaucoup de personnes hésitent à le faire, craignant de comprimer le coeur. Cette crainte n'est pas fondée, car le coeur occupe une position sensiblement centrale dans le thorax. Swami Sivananda précisait qu'ainsi la nourriture se digérait beaucoup mieux; médecin, il n'avançait pas de telles affirmations à la légère, mais en se fondant sur la réalité physiologique. En effet, dans la position couché sur le flanc gauche, la poche de l'estomac est mieux soutenue et fonctionne plus normalement que dans la position couché sur le flanc droit. Le second procédé pour débloquer une narine bouchée consiste à comprimer avec le pouce un point situé dans la nuque, le long des cervicales, près de la base du crâne. En tâtonnant un peu, chacun peut le localiser. Une pression douce mais ferme en ce point débouche aisément les narines, même au début d'un rhume de cerveau, auquel les exercices de prânayâma et les douches nasales nous rendent d'ailleurs invulnérables. Ce deuxième procédé a l'avantage de la rapidité, mais ne fonctionne évidemment que si l'on presse ou masse le point exact.

Le troisième procédé est le plus rapide de tous. En Inde, l'attirail du parfait yogi comprend une courte béquille terminée par une fourche. Pour déboucher une narine, le yogi place l'aisselle opposée dans la fourche et s'y appuie pendant quelques secondes. Cela suffit pour libérer la narine. En Occident, faute de disposer de cet instrument, on peut presser (fermement) l'aisselle sur le dossier d'une chaise. L'endroit exact se repère aisément, car il est beaucoup plus sensible.

Pour la purification des nâdis, l'exercice classique le plus efficace s'appelle Nâdi Sodhana Prânayâma. C'est une respiration alternée, SANS rétention de souffle, dans le but d'équili-

brer, d'égaliser le courant prânique passant par les deux narines, mais principalement de purifier tout le réseau de nâdis, sans quoi les exercices de prânayâma perdent une bonne partie de leur efficacité. Il n'est pas indispensable qu'au début de l'exercice le courant d'air soit rigoureusement identique des deux côtés. Seul un blocage important vous empêche – évidemment – de l'exécuter et il faut, dans ce cas, d'abord déboucher cette narine à l'aide de l'un des procédés indiqués ci-dessus.
Avant de décrire l'exercice proprement dit, il faut savoir comment régler l'alternance de la respiration, et après avoir appris à débloquer les narines, il faut apprendre à les ... boucher correctement pour pratiquer la respiration alternée ! Commençons par la façon de disposer les doigts.
Ouvrez la main droite, puis repliez l'index et le médius contre la paume. Le pouce, demeuré libre, servira à boucher la narine droite. L'annulaire et l'auriculaire s'occuperont de la gauche.
La première photo montre comment s'y prendre. (Cf. p. 101).
Il faut presser un endroit précis sur le nez pour boucher la narine désirée : vous le trouverez sans peine. A cet effet, disposez vos doigts comme indiqué ci-dessus, placez-les contre le nez près des sourcils; puis glissez-les lentement le long de l'os nasal que vous percevez sous la peau, mince en cet endroit. Quand les doigts arriveront au bord inférieur de l'os nasal, ils rencontreront le tissu mou des ailes du nez, qui cède à la moindre pression du doigt et bouche l'orifice d'entrée de l'air. C'est à cet endroit qu'alternativement vous ferez pression sur le nez pendant l'exercice. Recommandation importante : seule la pulpe des doigts touche le nez, mais jamais les ongles ne peuvent entrer en contact avec lui !
L'exercice peut commencer maintenant.
Posture : comme d'habitude: la colonne vertébrale sera droite, l'attitude aisée, relaxée. Concentrez-vous.

1) EXPIREZ LENTEMENT ET A FOND, sans boucher les narines, mais soyez prêt à le faire;

2) INSPIREZ LENTEMENT et SILENCIEUSEMENT par la narine gauche en bouchant la narine droite avec le pouce;

3) A LA FIN DE L'INSPIRATION, BOUCHEZ LES DEUX

NARINES. Bloquez le souffle durant une ou deux secondes, pas plus !

4) La narine gauche restant bloquée, EXPIREZ PAR LA NARINE DROITE, A FOND, LE PLUS SILENCIEUSEMENT POSSIBLE;

5) Quand les poumons sont vides, INSPIREZ AUSSITOT PAR LA NARINE DROITE, lentement et silencieusement;

6) Bouchez les deux narines, attendez une seconde, puis débouchez la narine gauche, par laquelle vous expirerez toujours lentement et à fond;

7) Inspirez à nouveau aussitôt par la même narine et ainsi de suite.

Pour résumer :
1) expirer à gauche
2) inspirer à gauche
3) expirer à droite
4) inspirer à droite
5) expirer à gauche
6) inspirer à gauche, etc.

CONCENTRATION

Au début, l'attention sera accaparée par les mouvements des doigts, l'alternance des narines à boucher ou à déboucher. Ce qui paraît d'abord compliqué devient bientôt simple et logique. Lorsque vous n'aurez plus à vous préoccuper de vos doigts, concentrez-vous sur le passage de l'air dans les narines et, éventuellement, représentez-vous le prâna comme indiqué précédemment.

MOMENT FAVORABLE

Le matin et le soir conviennent aussi bien l'un que l'autre. Règle absolue : ne jamais pratiquer aussitôt après un repas, attendre au moins une demi-heure.

DUREE

Vous pouvez prolonger l'exercice à volonté, pourvu que vous n'éprouviez aucune fatigue. Ce ne sont pas les poumons qui se lasseront, mais... le bras ou le mental ! Pour éviter que le bras ne se fatigue trop vite, pressez-le contre le thorax. Vous trouverez bien vite la position la meilleure, celle qui permet de pratiquer sans lassitude. Après deux ou trois minutes, si vous sentez une chaleur au visage, c'est l'indice que la respiration cellulaire a été stimulée et que l'exercice a atteint un de ses buts : recharger vos batteries cellulaires avec du prâna frais. La pratique régulière de cet exercice purifie les nâdis en peu de semaines. L'on sent, dès les premiers essais sérieux et réguliers, les bienfaits de cet exercice qui est sans danger s'il est pratiqué à l'aise, sans hâte et dans le calme.

PROPORTION ENTRE EXPIRATION ET INSPIRATION

Au début, ne vous préoccupez pas d'établir une proportion entre l'inspir et l'expir, veillez seulement à ralentir la respiration. Après quelque temps, quand l'exercice vous sera devenu familier, EGALISEZ la durée de l'expir et de l'inspir.
Pratiquez cet exercice avec persévérance jusqu'à ce que l'équilibre entre l'INSPIR et l'EXPIR devienne automatique et facile, et alors seulement, passez à des exercices plus poussés.

RESUME

Pour résumer, il s'agit d'un exercice sans rétention visant à équilibrer le souffle pour :
a) purifier les nâdis et assurer l'efficacité des autres exercices de prânayâma;
b) arriver à ce qu'un flux identique d'air (donc de prâna) passe de chaque côté grâce au blocage alternatif des narines;
c) égaliser la durée de l'expiration et de l'inspiration.
Evitez toute crispation musculaire du visage, spécialement autour des yeux, au front, aux lèvres, au menton; ne pas serrer les dents, relâcher les mâchoires, la langue, la gorge et le cou. Les lèvres, relaxées et épanouies, restent closes. Fermez les yeux pendant l'exercice.

Pour pratiquer les exercices de respiration alternée, replier l'index et le médius. Le pouce sera utilisé pour boucher la narine droite, l'annulaire et le petit doigt obtureront la gauche.

La respiration alternée est un exercice de base du prânayâma. Pratiquez-le quotidiennement !

kumbhaka la rétention du souffle 13

"Tsâmin sâri svâsa prasvasa yorgati viccedha prânayâma". Prânayâma est la cessation de l'inspiration et de l'expiration quand cela (l'Asana) est acquis. (Patanjali : "Aphorismes sur le yoga" - cf. "Les yogas pratiques" par Vivekananda, Albin Michel - Paris).

Cette citation situe l'importance capitale de la rétention du souffle dans le praṅayâma, au point que celui-ci en constitue l'essence même, les autres techniques servant à la préparer et à l'encadrer. C'est aux conditions essentielles de cette rétention que ce long et peut-être indigeste chapitre sera consacré.

S'il est un chapitre à connaître à fond, c'est bien celui-ci, car en exposant les répercussions de la rétention du souffle, il permet de l'inclure sans danger dans sa pratique personnelle afin d'en retirer d'immenses bénéfices, tant sur le plan de la santé physique que pour son dynamisme psychique.

Les yogis sont capables de bloquer leur souffle durant de longues minutes (une demi-heure et plus) sans effets néfastes, bien au contraire. Ce fait pose une énigme troublante pour nos physiologistes. Comme on s'en doute, ce n'est pas pour épater les physiologistes que les yogis réalisent ces prouesses, mais dans le but de contrôler le prâna et d'agir sur leur mental. Ces techniques sont si peu axées sur le "spectacle" que, durant des millénaires, leur existence même est restée secrète. Pour les yogis donc, le prânayâma commence (nous n'avons pas dit "s'identifie") avec les rétentions du souffle ou du moins avec les exercices respiratoires impliquant des arrêts plus ou moins prolongés du souffle. C'est aussi pour l'Occidental le moment de

ne pas s'emballer ! Il faut se préparer sérieusement aux rétentions, et les exercices des chapitres précédents constituaient la base de cette préparation. Vu les importantes réactions psychophysiologiques que déclenche la pratique des rétentions de souffle (Kumbhaka, en sanscrit), la prudence est de rigueur, sans doute, mais non la pusillanimité. Il est nécessaire, surtout en l'absence d'un guide qualifié, de savoir très exactement ce qui se passe quand on bloque le souffle.
Voyons d'abord les répercussions purement physiologiques de ces rétentions, en interviewant d'abord les grands champions de la spécialité, capables de retenir leur respiration pendant trente minutes et plus : nous avons nommé les phoques et les morses ! Ces animaux vont nous intéresser prodigieusement, car... en dépit des différences de forme extérieure, de mode de vie, etc., il s'agit de mammifères dont la physiologie peut se comparer à la nôtre .
Dans ce cas, comment se fait-il que, normalement, nous soyons à peine capables de retenir notre respiration de 25 à 75 secondes excepté les plongeurs entraînés, ou les pêcheurs d'éponges ou de perles qui atteignent 3 à 4 minutes, soit 10 pour cent seulement de la capacité d'un morse ? Un seul autre mammifère arrive à concurrencer le phoque : le paresseux. Nous ne visons pas ici un type bien particulier d'être humain – en voie progressive de disparition, paraît-il –, mais bien ce mammifère édenté des forêts du Brésil, qui n'a que deux doigts à chaque main et vit suspendu aux branches, redevable de son nom à la lenteur de ses mouvements. Ceci intrigue les biologistes, suscite leur curiosité et leurs recherches à propos de ce qu'ils appellent le "réflexe de plongée". L'éléphant de mer (ou phoque à trompe) est venu à leur aide et a permis d'éclaircir quelque peu ces phénomènes. Cet animal qui peut atteindre jusqu'à 6 mètres de long et pèse une tonne, figure parmi les plus grands mammifères vivant sur notre planète. Il vit au large des côtes du Mexique ainsi qu'à la Guadeloupe. C'est là qu'une équipe de savants américains s'attaqua au problème. Elle comprenait le célèbre physiologiste Per Scholander de la Scripps Institution of Oceanography, son collègue Merrill Spencer, ainsi qu'un ingénieur, Marcos Intaglietta. En février 1964, l'expédition se rendit donc au large de la Guadeloupe pour y capturer des éléphants de mer aux fins d'expérimentation. Lors des expériences, les

animaux capturés furent ligotés à une planche lestée, tandis qu'à l'artère de leur nageoire, des instruments étaient fixés pour permettre de contrôler leurs réactions physiologiques. Après quoi ils furent plongés dans des bassins remplis d'eau. L'équipe a étudié les réactions de douzaines d'animaux, tant mâles que femelles. En faisant varier le temps de plongée forcée de 10 à 20 et jusqu'à 30 minutes, on constata tout d'abord que le réflexe ne se déclenchait pleinement qu'après quelques plongées. Selon toute apparence, disait Spencer, il fallait aux phoques un certain temps pour comprendre que l'expérience ressemblait à une vraie plongée. Les instruments ont montré qu'aussitôt que le "réflexe" se déclenche (c'est-à-dire dès l'instant où le nez du phoque est plongé dans l'eau), les pulsations cardiaques se ralentissent brutalement. Alors qu'en dehors de l'eau leur pouls bat normalement entre 80 et 90 à la minute, il tombe aussitôt à 12 pulsations/minute, ce qui correspond à un coup de frein brutal sur la circulation pour économiser l'oxygène transporté par le sang. Un tel ralentissement de la circulation pourrait être néfaste au cœur et surtout au cerveau, pour lequel une privation quelque peu prolongée d'oxygène entraîne des lésions souvent mortelles, toujours irréversibles. Les recherches ont montré que, dans l'organisme du phoque, les capillaires de la queue et des nageoires se ferment virtuellement afin de ne diriger le sang riche en oxygène que vers les organes qui en ont le plus besoin : le coeur et le cerveau. Pour alimenter les extrémités, le phoque libère l'oxygène stocké dans ses muscles, où il dispose habituellement d'une réserve importante. Autre constatation capitale : le phoque en plongée modifie son métabolisme en décomposant partiellement les sucres pour produire de l'énergie sans entamer sa réserve limitée d'oxygène. La science occidentale étudie ce "réflexe de plongée" en vue d'applications chez l'homme. De nos jours, ce ne sont plus seulement les pêcheurs de perles et d'éponges qui voient leur approvisionnement en oxygène réduit dans l'exercice de leur profession. Les équipages de sous-marins, les pilotes d'avions à réaction supersoniques et stratosphériques, les cosmonautes, dans certaines circonstances, courent le risque de voir leur approvisionnement en oxygène coupé brutalement. Si l'homme disposait, lui aussi, du réflexe de plongée, en cas d'accident il gagnerait de précieuses minutes qui peuvent alors représenter la marge entre la vie et la mort. Or les recherches ont établi l'existence, chez l'homme, d'un réflexe de plongée rudimentaire, peut-être atrophié par non-emploi. Présent chez tout être humain, ce réflexe peut donc être amplifié par l'entraînement. Les savants demandèrent à un vieux pêcheur de perles de plonger la tête dans un seau d'eau; aussitôt, chez lui aussi, le pouls tomba à 12 à la minute, au point que l'expérimentateur le tira par les cheveux pour lui ôter la tête de l'eau afin de savoir s'il se sentait bien ! Par contre, si le plongeur se bouchait les narines pour retenir son souffle hors de l'eau, la diminution du nombre de pulsations était moins importante. Les chercheurs en ont conclu que les facteurs psychologiques jouaient un rôle important dans le déclenche-

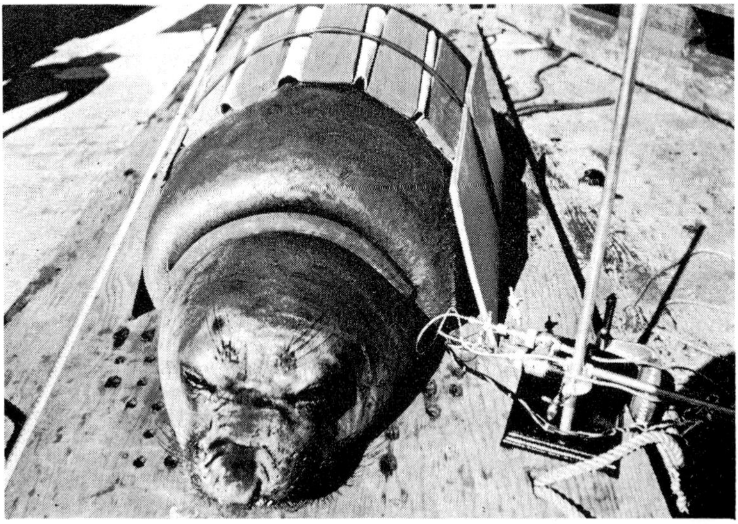

ment de ce réflexe puisque, même chez l'éléphant de mer, il ne fonctionnait que quand l'animal savait qu'il devait se comporter comme dans une plongée véritable.

Nous allons pour l'instant laisser les éléphants de mer plonger en paix – nous les retrouverons plus tard –, et revenir à notre prânayâma. Première conclusion : les longues rétentions de souffle des yogis s'expliquent biologiquement. Retenons ensuite

que la rétention de souffle met en action des mécanismes psychophysiologiques fondamentaux présents – à l'état rudimentaire – chez l'homme et susceptibles de développement par l'exercice.
A ce stade, une question doit être posée : "POURQUOI et COMMENT ? "

OBJECTIFS DU KUMBHAKA

La réponse ne peut pas être simple, parce que les techniques de prâyanâma visent tout le domaine psychophysiologique. Pour simplifier et rationaliser notre étude, examinons d'abord les résultats et les objectifs immédiats pour remonter ensuite jusqu'aux effets plus subtils et aux buts plus élevés. Chez le Hatha-Yogi, la rétention du souffle provoque d'abord un dégagement d'énergie, de prâna, dans le corps, suivi d'une meilleure répartition dans tout l'organisme. Le yogi veut acquérir le pouvoir de le diriger à volonté vers toutes les parties de son corps où il juge nécessaire de l'envoyer.

STIMULATION DE LA RESPIRATION INTRACELLULAIRE

L' objectif immédiat des divers exercices de prânayâma avec kumbhaka est de stimuler la respiration interne. Il est bon de rappeler qu'il existe deux types de respiration :

– **la respiration pulmonaire ou externe**, qui s'effectue dans les poumons. Elle inclut tous les mécanismes nerveux et musculaires nécessaires à l'entrée de l'air extérieur dans les poumons, les processus d'échange gazeux dans les alvéoles et le rejet de l'air usé. La respiration externe habituelle ne comprend que deux phases : l'inspiration et l'expiration. Les yogis y introduisent deux autres phases, et la respiration comprend alors 4 temps, dans l'ordre :
1. Rechaka – Expiration (phase la plus importante)
2. Kumbhaka à vide
3. Puraka – Inspiration (dont l'efficacité dépend de la première)
3. Kumbhaka à poumons pleins.
De la modification de chacune de ces phases naissent les divers exercices de prânayâma. Du point de vue du prânayâma, les phases de rétention sont les plus importantes tant physiologi-

quement que psychologiquement, les autres n'ayant de sens qu'en fonction de celles-là.

– **la respiration interne ou cellulaire**, la seule *vraie* respiration – souvent méconnue –, puisqu'elle constitue le but réel de la respiration externe, a lieu dans chaque cellule. En effet, toute cellule en contact avec l'oxygène l'absorbe; par l'oxydation de certains éléments cellulaires, de l'énergie est libérée, avec production de CO^2 (anhydride carbonique) que la cellule rejette. Stimuler la respiration cellulaire est l'objectif primaire du prânayâma, qui s'accompagne d'une production accrue de chaleur interne, par l'activation des combustions intra-cellulaires. Les exercices devraient donc être poursuivis jusqu'à transpiration profuse. En fait, dans nos climats tempérés, la transpiration se produit beaucoup moins vite qu'en Inde; il faut, pour la provoquer, une nette sensation d'élévation de la température du corps. Il en résulte une "magnétisation" du corps, une revitalisation au sens le plus strict, par l'activation des processus biologiques de combustion intracellulaires. L'énergie dégagée, le prâna libéré est disponible pour des fins psychophysiologiques élevées, dont nous aurons l'occasion de reparler. L'Occidental sédentaire, vivant dans l'air immobile des locaux d'habitation, a peu d'occasions d'activer la respiration cellulaire. Celle-ci produit un coup d'accélérateur, qui stimule les processus normaux et vitaux dans toutes les cellules de l'organisme. La pratique régulière assure un bon dynamisme physiologique, améliore le tonus vital et permet de résister à tous les stress et épreuves de la vie. Il ne s'agit pas d'un coup de fouet ni d'une stimulation factice, mais d'une revitalisation en profondeur.

LES GRADATIONS

Les effets des rétentions sont – ainsi que les écueils – fonction de la durée du blocage. Nous allons donc distinguer les divers degrés de KUMBHAKA à poumons pleins, pour en discuter ensuite les effets :

a) KUMBHAKA de 3 à 20 secondes.
L'effet principal de cette catégorie de rétentions, qui est à la

portée de chacun, est de permettre une meilleure utilisation, une meilleure "digestion" de l'air inspiré. Si l'on recueille et analyse l'air expiré (respiration usuelle), on constate que seulement 6 pour cent sur les 21 pour cent d'oxygène que contenait l'air inspiré sont effectivement absorbés par l'organisme. C'est d'ailleurs le fait que l'air expiré contient encore 14 à 15 pour cent d'oxygène qui permet au "bouche-à-bouche" de ranimer une victime. En prolongeant le temps de contact de l'air avec la membrane pulmonaire, les échanges se font dans les meilleures conditions : l'absorption d'oxygène est accrue avec, parallèlement, une évacuation plus complète d'anhydride carbonique (CO^2).

La respiration s'opère ainsi dans des conditions optimales. Cette catégorie de Kumbhaka peut être pratiquée à tout moment : elle ne comporte aucune contre-indication et constitue une préparation indispensable au stade suivant.

KUMBHAKA de 20 à 90 secondes.

Lorsque la rétention du souffle dépasse 20 secondes, elle déclenche des réactions beaucoup plus marquées. Elle n'est pas dangereuse si elle s'effectue dans les conditions que nous détaillerons dans la partie "exercices". L'Occidental ne devrait – en principe – guère aller au-delà, sauf exceptions et alors sous la direction d'un guide qualifié. Ces rétentions de souffle sont poussées jusqu'au moment où les mécanismes réflexes prennent le dessus sur la volonté et déclenchent l'expiration. Le souffle est bloqué jusqu'à la limite supportable, sans effort exagéré de volonté et sans réactions violentes de l'organisme. Moyennant une progression lente et régulière appuyée sur une pratique quotidienne, ces exercices sont encore accessibles à l'Occidental moyennant quelques précautions et... du bon sens. Il y a des contre-indications : cf. infra.

KUMBHAKA de 90 secondes à plusieurs minutes*

Cette catégorie conduit le yogi jusqu'à des états précomateux contrôlés qui s'accompagnent de réactions physiologiques très profondes pouvant aller jusqu'à une revitalisation complète (sans doute en suscitant dans l'organisme la production des

*Jusqu'à 30 minutes, selon les affirmations des yogis. Toutefois, je n'ai personnellement jamais eu l'occasion de mesurer de telles durées de rétention.

biostimulines découvertes par Filatov). En 1933, le professeur Filatov, membre de l'Académie de Médecine d'U.R.S.S., spécialiste de la greffe de la cornée, travaillait à la mise au point d'un procédé de conservation de cornées par réfrigération. Il fut surpris de constater que les greffons qui avaient subi une congélation prolongée *"reprenaient" mieux que les cornées fraîches.* Ce fait inattendu fut le point de départ d'investigations systématiques des phénomènes qui se produisent dans les tissus vivants pendant leur congélation d'une part, et des réactions de l'organisme bénéficiaire de la greffe d'autre part. Ici aussi, une surprise attendait les chercheurs : ces greffons avaient une action stimulante, rajeunissante, sur la TOTALITE de l'organisme receveur de la greffe. Filatov suppose que les cellules du greffon soumis à l'action du froid, menacées de mort, produisaient dans leur lutte pour survivre, une substance stimulante. Après de longues recherches, il formula sa célèbre théorie : *"Lorsqu'un tissu séparé de l'organisme est maintenu dans des conditions de survie défavorables, mais non mortelles, son activité biochimique se modifie avec production de biostimulines non spécifiques, donc capables de stimuler toutes les réactions vitales des organismes dans lesquels ils sont greffés."* Si un organisme tout entier se trouve dans ces "conditions défavorables mais non mortelles", n'y a-t-il pas production de biostimulines sans avoir à séparer les tissus de l'organisme ? Cette hypothèse est plausible. Il est certain qu'une interruption dans l'apport d'oxygène crée bientôt des conditions défavorables qui, prolongées, aboutiraient à l'asphyxie et enfin à la mort. La théorie de Filatov expliquerait et rendrait plausible à nos yeux rationalistes les affirmations des Rishis, selon lesquelles le prânayâma poussé constituerait une fontaine de jouvence ! Comme on s'en doute, poussé à un tel degré, le prânayâma constitue une acrobatie physiologique qui n'est pas exempte de danger et qui ne peut se pratiquer que sous la conduite d'experts qualifiés. Lorsque les yogis indiens affirment que le prânayâma est dangereux et doit se pratiquer avec un gourou, ils songent aux formes poussées de cette discipline. Ils ont évidemment raison. Ces restrictions ne s'appliquent pas aux rétentions ne dépassant pas deux minutes. Nous allons donc concentrer notre attention sur Kumbhaka catégorie 2, le plus intéressant pour nous, Occidentaux.

EFFETS PHYSIOLOGIQUES DU KUMBHAKA No 2

Kumbhaka 2 devrait déclencher le réflexe de plongée cité plus haut et provoquer des modifications importantes à la circulation dans les extrémités. Cela explique pourquoi cet exercice doit se pratiquer en Lotus, en Siddhâsana ou au moins dans la posture du Diamant : pour freiner la circulation dans les jambes au profit du cerveau et du coeur. Il s'accompagne aussi d'importantes modifications du métabolisme : décomposition partielle du sucre pour obtenir directement de l'oxygène afin de compenser l'interruption dans l'apport extérieur. Pendant ces rétentions, le taux du CO^2 sanguin s'élève. La température interne tend à monter. En effet, la ventilation pulmonaire joue aussi le rôle de radiateur calorifique pour évacuer la chaleur produite par les combustions intracellulaires. Le moteur de votre voiture surchaufferait sans l'action du radiateur. De même les combustions des moteurs vivants que sont les cellules produisent de la chaleur qui surchaufferait un organisme sans la peau et surtout sans les poumons qui jouent le rôle de radiateur. En bloquant le souffle, le radiateur pulmonaire est mis hors circuit. L'organisme répond en demandant au radiateur "peau" de fonctionner plus activement. Cela explique la sensation réelle de chaleur et la transpiration éventuelle. Il devient compréhensible que les yogis réussissent, par le contrôle du souffle, à lutter contre le froid. C'est ainsi qu'en 1966, Swami Dhirendra Brahmachari, le Gourou de feu M. Nehru, invité à se rendre en U.R.S.S. pour y entraîner les cosmonautes dans les techniques de yoga, débarqua de l'avion d'Air-India à Moscou, en plein hiver... vêtu de mousseline transparente !

Les officiels soviétiques qui l'attendaient à l'aéroport, emmitouflés dans des pelisses et des chapeaux fourrés, les mains gantées, furent atterrés lorsqu'ils le virent sur le tarmac dans cette tenue, souriant, en plein hiver moscovite.

Un Soviétique charitable offrit sa pelisse à Dhirendra Brahmachari qui refusa en souriant : "Je fabrique ma chaleur à l'intérieur quand j'en ai besoin."

MAITRISE DU "NOEUD VITAL"

Toutefois, les principaux effets de Kumbhaka 2 se produisent dans le système nerveux végétatif et spécialement au niveau du centre respiratoire situé dans la moelle épinière, dans ce renflement situé à la base du cerveau et appelé "bulbe céphalo-rachidien", où se trouve le "noeud vital". Une simple piqûre d'épingle à cet endroit donne la mort. La mission du centre respiratoire est d'adapter la respiration tant aux circonstances extérieures qu'intérieures. Il est le résonateur précis et permanent de la situation psychophysiologique globale. Il centralise une foule de renseignements provenant de tout le corps : il réagit aux moindres variations du pH sanguin, du taux de CO^2, de la teneur en oxygène, ainsi que de la tension sanguine dans les vaisseaux qui l'entourent. Le centre respiratoire fait partie de la moelle allongée, ce qui lui confère une situation privilégiée et unique, car il est ainsi en liaison *directe* avec l'ensemble du système nerveux : il est en relation immédiate non seulement avec tous les centres de la moelle épinière qui commandent les mécanismes respiratoires, mais aussi avec le nerf vague ou pneumogastrique (voir plus loin), ainsi qu'avec les niveaux cérébraux supérieurs. Ainsi donc, toute modification du monde extérieur renseignée par les sens, tout changement dans le comportement psychologique (activité corticale consciente, travail intellectuel, émotions) trouvent leur écho instantané au centre respiratoire, afin d'adapter le comportement respiratoire à la situation donnée. Chaque émotion, notamment, modifie notre rythme respiratoire et entraîne des variations de la teneur en CO^2. Le centre respiratoire agit aussi sur toute la circulation sanguine et vice versa. Le plus infime mouvement musculaire altère la composition du sang et retentit sur le centre respiratoire.

La particularité du centre respiratoire est de fonctionner habituellement d'une façon autonome, comme les autres centres végétatifs, mais il jouit du privilège unique de pouvoir être commandé par le moi conscient, il peut collaborer avec lui. Dans Kumbhaka 2, le moi conscient inhibe le mécanisme réflexe du centre respiratoire et impose sa volonté. Une comparaison "technique" : dans la vie ordinaire, le centre respiratoire se comporte comme le pilote automatique d'un avion de ligne qui commande toutes les réactions de l'appareil. Le pilote humain se contente de surveiller le cap. Toutefois, le pilote humain peut à son gré déconnecter le pilote automatique et prendre les commandes en mains. Le "moi conscient" dès qu'il intervient dans les mécanismes respiratoires pour les ralentir, les accélérer ou plus encore pour les stopper, s'installe à un poste de commande-clé.

CLE DU CONTROLE ORGANIQUE

La respiration est la grande fonction frontière qui, au point de vue physiologique, sépare les deux domaines bien distincts que sont, d'une part l'activité organique inconsciente et réflexe, d'autre part l'activité volontaire. S'il est impossible de donner des ordres directs au foie, à l'estomac, à la rate, à tout moment il est possible de régler le souffle. Que se produit-il lorsque la respiration glisse du plan involontaire sur le plan conscient ? Le moi conscient est, à ce moment-là, en contact direct avec lui. Pendant Kumbhaka, le "moi conscient" entre en rapport direct avec le centre respiratoire et prend en main le levier de commande stratégique de tout l'organisme, et cela d'une façon plus nette encore que pendant le ralentissement conscient de la respiration. Après quelques secondes de Kumbhaka, un conflit va opposer le centre respiratoire et la volonté du moi conscient qui bloque les mouvements respiratoires. Après quelques secondes de rétention déjà, le centre respiratoire enregistre les changements dans la composition du sang : le taux de CO^2 grimpe tandis que la teneur en oxygène baisse parallèlement. Excité, le centre respiratoire cherche à redéclencher les mouvements respiratoires, mais le moi conscient s'y oppose. Plus longtemps il tiendra, plus il marquera son emprise sur le centre respiratoire en maîtrisant le réflexe d'inspiration. La stimulation du centre respiratoire agira alors sur le nerf vague (ou pneumogastrique) dont nous allons parler.

STIMULATION DU NERF PNEUMOGASTRIQUE

Rappelons-nous que le système nerveux de la vie végétative se compose d'une part du système sympathique qui longe la colonne vertébrale, dont le chapelet de ganglions s'égrène à côté des vertèbres. C'est le système de l'action : ses activités visent à mobiliser et à utiliser les réserves de l'organisme en vue de l'action dans le monde extérieur. D'autre part il y a le vague, ou

pneumogastrique, qui part du bulbe, près du centre respiratoire; il innerve le pharynx, le larynx, la trachée, les poumons, l'aorte, le coeur, l'oesophage, l'estomac, l'intestin grêle, le pancréas, le foie, la rate, les reins, le côlon et les vaisseaux sanguins des viscères, bref tous les organes, tout comme son antagoniste, le sympathique, d'ailleurs. Ces deux systèmes sont antagonistes : l'un joue le rôle d'accélérateur, l'autre de frein, quoiqu'il arrive que les rôles s'inversent dans certains cas. Le pneumogastrique contrôle la préservation organique. Il est intéressant de noter que le civilisé moyen est surtout un sympaticotonique, en d'autres termes, que son système nerveux végétatif se caractérise par une surexcitation permanente du sympathique. Cette rupture permanente d'équilibre est à l'origine de bien des manifestations que vous reconnaîtrez au passage. Le sympathicotonique a les pupilles dilatées et les yeux secs au lieu de les avoir brillants. Il a la bouche sèche, des sueurs froides, des pâleurs subites. C'est le sympathique qui fait dresser les cheveux sur la tête, provoque des palpitations, fait battre le coeur trop vite. La surexcitation du sympathique freine les mouvements péristaltiques du tube digestif, réduit la sécrétion des glandes digestives, entraîne souvent une constipation spastique, une digestion lente et difficile. De plus une surproduction d'adrénaline fait que l'on est toujours "surexcité". C'est là le syndrome classique – réalisé évidemment à des degrés divers – des réactions du citadin pris dans le tourbillon des occupations multiples, accablé de responsabilités, c'est-à-dire de soucis. Il dort mal, a les nerfs à fleur de peau, est à la fois anxieux et agressif.
Or Kumbhaka va précisément stimuler son antagoniste, le vague, celui qui fait "venir l'eau à la bouche", qui laisse la peau sèche, tout en permettant une irrigation normale de la peau, qui calme le coeur, ralentit le pouls, amplifie les mouvements péristaltiques de l'intestin, guérit la constipation tout en favorisant les sécrétions des glandes digestives.
La rétention prolongée du souffle en stimulant le vague, rétablit l'équilibre neurovégétatif. Voilà pourquoi il est recommandé au sympathicotonique plus qu'à tout autre de respirer le plus souvent possible d'une façon lente, profonde et complète pendant la journée, pour voir disparaître progressivement toutes les manifestations d'une hyperexcitation du sympathique. Kumbhaka 2 constitue pour lui un équilibrant de premier choix.

comment bloquer le souffle? 14

Les rétentions de souffle stimulent la respiration cellulaire, intensifient la production de bio-énergie et les échanges prâniques dans tout le corps, tout en agissant puissamment sur le système neurovégétatif. Ces bénéfices s'acquièrent sans danger, à condition toutefois de respecter les règles suivantes :
a) pratiquer régulièrement les âsanas classiques (par exemple, celles décrites dans "J'apprends le Yoga") afin de maintenir la colonne vertébrale flexible sur toute sa longueur. Ce n'est pas sans raison que les anciens traités (notamment l'Asthanga Yoga de Patanjali)mentionnent les âsanas comme stade précédant le prânayâma. Les âsanas activent la circulation sanguine dans tout le corps, ouvrent les capillaires et permettent au prâna dégagé lors des rétentions de souffle, de se répartir harmonieusement dans tout l'organisme, et de le dynamiser sans "court circuits". Dans un corps non assoupli par les âsanas (caractérisé principalement par une colonne vertébrale rigide), les rétentions de souffle prolongées peuvent provoquer des dérèglements prâniques, sans gravité d'ailleurs, puisqu'il suffit de renoncer aux exercices de prânayâma pour que tout rentre bientôt dans l'ordre. Il est recommandé de placer les exercices de prânayâma comportant des rétentions de souffle de plus de 40 secondes après la séance d'âsanas.
b) pendant la pratique du prânayâma avec kumbhaka, la colonne vertébrale doit être aussi rectiligne et verticale que possible. Le bassin doit cependant être légèrement incliné vers

l'avant. Il ne faut pas le pratiquer en position couchée. c) pendant la rétention du souffle, il faut effectuer Mula Bandha (cf. chapitre 35, p 257), c'est-à-dire contracter et relever l'anus, ce qui influence tout le périnée. Il faut se représenter la colonne vertébrale comme une pile de pièces de monnaie percées d'un trou central*, au centre duquel est suspendu un fil. Les vertèbres sont ces pièces de monnaie; le fil, la moelle épinière. Comme d'importants courants prâniques vont parcourir la moelle, que vous en soyez conscient ou non, elle doit "pendre" librement dans le rachis.

d) il faut être à jeûn. Si les exercices de respiration volontaire et ralentie, sans rétention de souffle, peuvent se pratiquer à n'importe quel moment de la journée, il n'en va pas de même pour le prânayâma avec Kumbhaka. Le temps qui doit s'écouler entre le dernier repas et la séance de prânayâma varie, bien entendu, selon l'importance et la nature du repas, et selon les particularités individuelles. Certaines personnes digèrent vite, d'autres ont une digestion lente, notamment les sympathicotoniques à qui cependant ces exercices font le plus grand bien. Si le prânayâma se pratique après les âsanas, il n'y a aucun problème, puisque l'estomac doit être vide pour celles-ci aussi. A titre indicatif, ce temps peut varier d'une heure et demie à cinq heures ! De toute façon, il n'y a pas de conséquences graves à redouter, si ce n'est une gêne digestive passagère.

e) progressivité dans l'entraînement.

Nous tenons à insister plus particulièrement sur ce point, car il est relativement facile de bloquer le souffle, et cette facilité peut amener des personnes non préparées par les âsanas à pratiquer les rétentions à tort et à travers. Il peut en résulter une euphorie qui persiste après les exercices. Cette sensation agréable peut conduire à augmenter la durée et la fréquence des rétentions. Il en résulte parfois une fièvre qui effraie ses victimes. Personnellement, j'ai connu un cas très significatif. Il s'agissait d'une jeune homme à qui de graves malformations de la colonne (gibbosité) interdisaient la pratique des âsanas. Passionné de yoga, il pratiquait surtout la concentration mentale et la méditation, à raison d'une heure par jour. Dans un

*Suivant la comparaison citée par Evans-Wentz dans son ouvrage "Bardö, le livre des morts thibétains" (Maisonneuve - Paris, 1933).

livre il découvrit des exercices de prânayâma avec rétention de souffle, qu'il mit aussitôt en application, à forte dose, dès le premier jour. Il en ressentit une sensation d'euphorie extraordinaire... mais le lendemain, il avait 39 degrés de fièvre ! Il me fit téléphoner pour me demander conseil, se doutant bien que la fièvre était dûe au prânayâma. Je ne pus l'aider qu'en le rassurant : la cessation des exercices entraînerait la disparition de la fièvre. C'est ce qui se passa. L'état de sa colonne ne permettait pas une répartition correcte du prâna, et était à l'origine de sa mésaventure.
Une sensation de chaleur est normale, nous l'avons vu, mais elle ne peut pas se prolonger durant des heures; elle doit disparaître assez vite après la fin de la séance. Une telle poussée de fièvre ne prête pas à conséquence grave: elle constitue un avertissement, un coup de semonce. Souvent les victimes de ces inconvénients spectaculaires mais assez anodins en sont effrayées au point qu'elles n'osent plus s'aventurer dans les rétentions ! Une pratique très progressive en durée et en nombre permet d'éviter ces inconvénients.
f) quelle est l'erreur la plus courante que commettent les débutants non avertis lorsqu'ils veulent retenir leur souffle ?
Tout simplement celle de se "gonfler à bloc", car ils supposent qu'en enfermant un maximum d'air dans les poumons, ils pourront "tenir" plus longtemps. Or ce n'est pas la *dernière* inspiration qui est décisive pour la durée de la rétention, car l'oxygène de l'air enfermé dans les poumons représente peu de chose en comparaison de l'oxygène véhiculé par le sang, dont la saturation dépend des respirations précédentes. Il faut donc faire précéder les rétentions de souffle par des respirations complètes lentes et profondes, à moins de pratiquer les exercices d'hyperventilation des poumons tels Kapalabhati et Bhastrika (cf. ch. 25, p. 201/27, p. 216). Ces exercices d'hyperpnée - donc d'hyperventilation pulmonaire -, entraînent une expulsion massive de CO^2 et de ce fait DOIVENT obligatoirement être suivis d'une rétention du souffle, afin de rétablir à son niveau normal le taux de CO^2 dans le sang. Il est erroné de croire que le CO^2 soit nocif par lui-même : sa présence en quantité bien définie est indispensable à l'équilibre chimique du sang, dont il forme un élément capital. Pour bloquer correctement le souffle, il faut d'abord effectuer un minimum

de 5 respirations yogiques profondes et complètes, sans amplifier la dernière, puis bloquer le souffle sans à-coup. Vers la fin, l'inspiration se ralentit pour se transformer insensiblement en arrêt total du souffle. Pendant la rétention, plus encore que pendant les exercices de respiration profonde, il faut concentrer toute son attention sur ce qui se passe dans le corps, notamment dans le thorax, et écouter les battements du coeur.

g) Pendant la rétention tout se passe pour le mieux si, après peu de secondes, le coeur ralentit ses pulsations et se met à battre avec calme et puissance. Puis survient la conscience de la circulation sanguine sous forme d'une pulsation qui semble ébranler rythmiquement tout le thorax. Si cela se produit, c'est parfait : ces réactions sont normales. Après un temps très variables selon les possibilités de chaque adepte, l'organisme réclame de l'air. Le débutant ne devra pas résister trop longtemps à cette envie et laisser l'expiration se déclencher d'elle-même presque insensiblement. Certains yogis conseillent d'inspirer quelques cm^3 d'air frais tout juste avant d'entamer l'expiration, pour faciliter le contrôle de l'expiration.

h) L'expiration doit être lente, continue, complète. Elle doit se terminer par l'expulsion forcée des derniers restes d'air grâce à une contraction des muscles intercostaux et des abdominaux. A la fin de l'expiration forcée, retenir le souffle durant deux ou trois secondes, puis laisser l'inspiration démarrer insensiblement. Eviter de bloquer brutalement le souffle ou de le relâcher soudainement. Il faut se ménager une transition insensible : pas d'expulsions ni d'arrêts brutaux et saccadés de l'air retenu. Vous avez dépassé vos possibilités si vous n'êtes pas capable de contrôler l'expiration, c'est-à-dire si vous bloquez le souffle jusqu'à ce que vous vous sentiez prêt à éclater et si vous devez vous hâter de vider les poumons pour reprendre au plus vite de l'air frais ! Il faut contrôler toutes les phases, y compris l'expiration et l'inspiration subséquente. Si une rétention prolongée au-delà des limites vous a obligé à inspirer trop vite après une expiration hâtive, ne vous faites pas de souci : c'est sans conséquence, mais cela vous indique que vous devez revenir en arrière et réduire le temps de rétention. Au début, vous ne pouvez pas aller jusqu'à une gêne notable. Avec de l'entraînement, vous pourrez pousser les rétentions jusqu'à une certaine lutte entre votre souffle et vous. Progressivement, la pratique de la rétention de souffle peut être poussée jusqu'à la sensation de fatigue, mais non de suffocation, et jusqu'à un début de transpiration, – disons plutôt de moiteur. A ce moment une vibration très particulière se produit dans l'organisme : *"L'adepte devrait pratiquer Kumbhaka jusqu'à ce qu'il sente que Prâna pénètre le corps tout entier, du sommet de la tête aux orteils. Alors il devra exhaler lentement par la narine droite"* (Hatha Yoga Pradikipa, II. 49). Il est bon d'exécuter des séries de 5 ou 6 prânayâmas avec rétention de souffle, puis de se reposer durant quelques minutes avant de recommencer un nouveau cycle de 5 ou 6 prânayâmas avec rétention. L'on sera surpris de constater que la rétention du souffle s'effectue beaucoup plus facilement pendant la seconde série que pendant la première. En effet, les rétentions de souffle stimulent puissamment la rate qui se contracte et chasse dans le circuit sanguin des quantités importantes de globules rouges. Après quelques respirations profondes, ce sang enrichi tant en globules rouges qu'en oxygène permet de tenir beaucoup plus longtemps et avec une facilité accrue. Ne travaillez pas au chronomètre, cette propension trop occidentale conduit à la poursuite de la "performance", ce qui est contraire non seulement à l'esprit du yoga mais surtout à l'intérêt de l'adepte, car cela l'incite à dépasser ses limites avec tous les dangers que cela comporte. Un contrôle occasionnel, à titre indicatif, est admissible.

A NOTER

Lorsque vous pratiquerez des exercices de prânayâma avec des rétentions de souffle de plus de 10 secondes, il sera indispensable de les accompagner de Jalandhara Bandha (cf. p. 180).

RESPIRATION NORMALE SUPERFICIELLE ET IRREGULIERE

CORRECT

RESPIRATION YOGIQUE COMPLETE AVEC KUMBHAKA

INCORRECT

RESPIRATION YOGIQUE COMPLETE AVEC KUMBHAKA (ARRETS BRUTAUX – INSPIRATION ET EXPIRATION SACCADEES (A PROSCRIRE)

anuloma viloma 15

Ainsi se trouve déblayée la route qui mène aux exercices de prânayâma avec Kumbhaka.
Dès maintenant donc, les adeptes qui ont pratiqué régulièrement les exercices préparatoires au prânayâma peuvent commencer la rétention de souffle. Les indications concernant la concentration, etc. restent de rigueur, bien entendu.
Qu'ils pratiquent l'exercice mentionné dans le chapitre 12, page 98 en le modifiant comme suit :
Expirer par la narine gauche;
Inspirer par la narine gauche;
Kumbhaka à poumons pleins;
Expirer par la narine droite;
Inspirer par la narine droite;
Kumbhaka à poumons pleins;
Recommencer aussitôt le même processus.
Pendant la rétention, les deux narines se trouvent donc bouchées.
Sans Kumbhaka, cet exercice s'appelle Nadi Sodhana. L'introduction d'une phase de rétention de souffle modifie sa nature et son appellation, qui devient dès lors Anuloma Viloma, un très important et très classique exercice de prânayama.

le rythme 16

L'élément que nous allons introduire maintenant dans nos exercices de prânayâma est capital : il s'agit du rythme et de la proportion entre les diverses phases de l'acte respiratoire. En effet, le cosmos est imprégné de rythme. La rotation de la terre sur elle-même et son "vol" orbital autour du soleil règlent l'alternance du jour et de la nuit ainsi que celle des saisons. Ces rythmes ne sont pas établis au hasard, ils découlent de la structure intime de la matière et de l'univers. Le rythme est une propriété fondamentale du cosmos. Au cours de l'évolution, toute vie terrestre, qu'elle soit végétale, animale ou humaine a été modelée par ces rythmes. Est-ce vraiment par hasard qu'une lunaison et un cycle menstruel de la femme comptent 28 jours ? Sans vouloir approfondir l'influence des rythmes cosmiques fondamentaux sur le comportement psychophysiologique de l'être humain – ce qui dépasserait autant les intentions que les besoins de notre étude –, constatons que l'organisme humain est très sensible au rythme, qu'il en est pénétré. Parmi ces rythmes, celui des pulsations du coeur et celui de la respiration sont les plus évidents et sans doute les plus importants, bien qu'à cet égard la cytologie puisse nous réserver des surprises. En ce qui concerne les rythmes cardiaque et respiratoire, notons tout de suite qu'ils sont étroitement solidaires.
L'interdépendance de ces rythmes biologiques dérive de la constitution même de notre organisme. Le débit et par conséquent le rythme des pulsations cardiaques est déterminé et

influencé à la fois par la puissance du muscle cardiaque, la viscosité du sang, le diamètre des conduits sanguins, depuis l'aorte jusqu'aux capillaires, ces conduits sanguins si ténus que les globules rouges, dont cinq millions emplissent à peine un millimètre cube, doivent s'y faufiler en file indienne selon les besoins de l'organisme. Mis bout à bout, les capillaires s'étireraient sur environ cent mille kilomètres avec une surface développée de près de sept mille mètres carrés. Ils constituent la véritable surface de contact du sang et des cellules, baignant dans le liquide extracellulaire. La circulation du sang dans les capillaires garde son mystère. En effet, une loi physique bien connue et très simple permet de calculer la puissance que doit fournir une pompe pour faire circuler dans un circuit à une vitesse donnée une quantité connue d'un liquide de viscosité déterminée. En effectuant ces calculs de "plomberie", on établit que le coeur, pour vaincre la résistance interne des capillaires à la progression du sang, devrait être des milliers de fois plus puissant qu'il ne l'est en réalité ! C'est pourquoi il est de plus en plus couramment admis que le coeur se borne à propulser le sang dans les artères et artérioles et à l'amener jusqu'aux capillaires, qui se chargent ensuite de le guider à travers leur inextricable réseau. Ainsi donc le coeur ne serait pas le vrai moteur de la circulation sanguine dans les capillaires, pas plus que l'estomac ne pousse les aliments à travers le tube digestif : c'est l'intestin lui-même qui se charge de faire avancer le bol alimentaire par ses mouvements péristaltiques.

De façon analogue, les capillaires feraient progresser le sang dans leur réseau ultramicroscopique. De même que le péristaltisme intestinal est solidaire du fonctionnement de l'estomac et vice versa, le rythme des battements du coeur est étroitement lié au débit des capillaires, qui correspond au rythme fondamental de notre organisme. Cette vitesse elle-même dépend des besoins de nos cellules. Le rythme cardiaque est donc l'intégrale des besoins physiologiques de notre organisme tout entier : l'homme qui court voit à la fois son rythme respiratoire et ses pulsations s'amplifier et s'accélérer. C'est ainsi que TOUS les rythmes biologiques de notre organisme s'intègrent et que leur harmonie – l'eurythmie –, signifie "santé", tandis que leur discordance aboutit à la maladie. Cet extrait de "Secrets et sagesse du corps", du Dr. Salmanoff, est significatif :

"Il y a des cas, et ils ne sont pas rares, où la mort du malade ne peut être expliquée ni par l'évolution des phénomènes morbides, ni par la carence des grandes fonctions primordiales (respiration, circulation, élimination), ni par une complication grave prémortelle. Il reste une hypothèse vraisemblable : c'est la rupture de l'eurythmie synchronisée.
En une minute, chez un sujet sain, le nombre de respirations doit osciller entre 16 et 20, le coeur doit se contracter entre 72 et 80 fois et le rein filtrer N cm^3 *d'urine. Le dégagement de l'oxygène dans le trajet : poumon, sang, myoglobine, acide lactique, fibrille musculaire, est bien rythmé : 300 fois par minute.*
On constate avec étonnement une proportion quantitative pré-établie entre le rythme et la respiration : 18 par minute, les contractions du coeur : 72 fois par minute, le rythme de la dissociation de la myoglobine : 300 par minute.
Le nombre des respirations par minute : 18 (R), multiplié par 4 donne le nombre des systoles cardiaques : 72 (C) par minute; le nombre de systoles : 72 à 75 (C) multiplié par 4 donne le nombre de livraisons d'oxygène aux muscles du squelette apportées par la myoglobine (M) 75 x 4 : 300. Cette proportion pourrait être présentée comme une formule algébrique du rythme synchronisé : R x 4=CC x 4=M.
Il faut une respiration pour livrer un volume d'oxygène suffisant pour quatre contractions du myocarde. Il faut une contraction du myocarde pour livrer un volume d'oxygène aux quatre contractions des fibrilles musculaires de muscles striés et lisses.
Le rythme synchronisé entre le nombre des respirations, le nombre des systoles et le nombre des livraisons de la myoglobine aux fibrilles musculaires est évident. Les globules rouges sont des vecteurs, des transporteurs d'oxygène. Si l'oxygène était simplement dissous dans le sang et non lié aux hématies, le coeur, pour assurer la respiration des tissus, devrait battre à un rythme 40 fois plus rapide qu'il ne le fait.
Les recherches sur le rythme des diverses fonctions physiologiques pourraient donner des renseignements très intéressants.
Le rythme du péristaltisme de l'estomac plein et celui de l'estomac vide, le rythme de la sécrétion du suc gastrique et du suc intestinal, le rythme de la sécrétion de la bile hépatique et vésiculaire, la durée et le rythme de certaines réactions du catabolis-

me et de l'anabolisme pourraient bien élargir nos connaissances sur l'eurythmie synchronisée."
Le rythme influence aussi notre endurance. Chacun sait qu'un pas rythmé permet de parcourir des distances considérables avec une fatigue réduite alors qu'un pas irrégulier et non rythmé fatigue rapidement. L'introduction du rythme dans le travail le régularise et réduit la fatigue musculaire et intellectuelle. A travers la danse et la musique, le rythme devenu visible et vivant, influence l'émotivité, agit sur le mental lui-même. Le rythme finit par influencer l'être humain tout entier, sans qu'aucun plan ne lui soit soustrait.
Ces particularités n'ont pas échappé aux fins observateurs que sont les yogis. Ils ont remarqué, des millénaires avant Salmanoff, que quatre battements du coeur correspondaient à une respiration. Par conséquent, le premier objectif des yogis en matière de rythme est d'établir fermement cette synchronisation des battements du coeur et de la respiration. Ils ont en outre observé qu'en modifiant délibérément ces rythmes fondamentaux, il était possible d'influencer toutes les fonctions physiologiques et même psychologiques de l'être humain. C'est dans cette perspective qu'il faut placer les exercices de respiration rythmée dont voici le premier :

RESPIRATION RYTHMEE

Assis dans votre position favorite pour les exercices de prânayâma, attendez que le souffle se régularise de lui-même à son rythme normal de repos, tandis que vous dirigez votre attention sur les battements du coeur ou sur les pulsations du sang. Ce n'est pas difficile : il suffit de vous concentrer dans la région du coeur pour en prendre conscience à volonté. Si vous n'y parvenez pas encore, vous pouvez tout simplement prendre le pouls au poignet avec le pouce et compter les battements. Lorsque vous percevrez nettement les battements du coeur – avec ou sans l'aide du pouls –, il s'agira de synchroniser consciemment les rythmes cardiaque et respiratoire. Comptez deux battements à l'inspiration, quatre à l'expiration, et respirez ainsi durant une minute environ : nous savons déjà que, dans les exercices de prânayâma, l'expiration dure en général le double de l'inspiration. Ce rythme est d'ailleurs très naturel. A l'occasion, observez un chat lové qui ronronne; vous suivrez son rythme respiratoire en observant son ventre : vous constaterez que l'expiration dure deux fois plus que l'inspiration. En ce qui vous concerne, allongez progressivement votre respiration; comptez trois battements pour l'inspiration (purak) et six pour l'expiration (rechak). Si c'est confortable et facile, augmentez jusqu'à quatre battements pour purak, huit pour rechak, et ainsi de suite.

Vous remarquerez que jusqu'à présent il n'est pas question de rétention du souffle. Il est essentiel de laisser d'abord les rythmes s'établir et s'allonger avant d'introduire khumbaka, la rétention du souffle, qui doit d'ailleurs faire l'objet d'un entraînement séparé. (cf. chapitre 14) Il s'établira bientôt une synchronisation parfaite et vous noterez que la respiration régulière, consciente et rythmée, absorbe le mental : c'est un des buts de l'exercice. Il en résulte un apaisement, une sérénité qui s'établit par la magie du rythme qui est l'antidote de la surexcitation de la vie moderne. Rien n'égale la respiration rythmée pour calmer les nerfs à fleur de peau, pour apaiser les esprits agités par la tension que nous impose notre civilisation de forcenés.

Tous les exercices décrits dans les chapitres précédents peuvent être perfectionnés en leur superposant la synchronisation du souffle et des battements du coeur, et notamment dans la pratique de la respiration alternée. Si nous n'avons pas parlé de rythme auparavant, c'est parce qu'au début de l'apprentissage des exercices, l'attention est accaparée par tant de détails matériels d'exécution que s'il était demandé d'emblée de se préoccuper du rythme, cela deviendrait une source de distractions plutôt qu'un élément intégrateur. Dès que la technique de la respiration alternée est bien assimilée, vous pouvez et devez, sans crainte ni danger, rythmer vos exercices de prânayâma, dont l'efficacité sera multipliée. La DUREE de chaque respiration n'a qu'une importance limitée, c'est le RYTHME qui constitue l'élément décisif. Souvenez-vous en.

RESPIRATION COMPLETE RYTHMEE

Avant de pratiquer la respiration alternée rythmée, il faut vous exercer à la respiration yogique complète avec sangle contrôlée et avec introduction d'une courte rétention du souffle. Proportion : (au début) puraka = 1 unité – khumbaka = 2 unités. Autrement dit, inspirez pendant quatre battements de coeur, bloquez le souffle sur huit battements, puis expirez sur huit. Par tâtonnements, vous découvrirez votre durée optimum, caractérisée par le fait que vous serez en mesure de poursuivre presque indéfiniment sans fatigue. Outre l'aisance, rappelons que la concentration – essentielle – est facilitée par le rythme qui fixe l'attention. Avec de la pratique, vous augmenterez la durée de la rétention pour arriver par paliers successifs et progressifs au rythme classique : puraka = 1 unité – kumbhaka = 4 unités – rechaka= 2 unités. Donc si l'inspiration dure quatre pulsations (1 unité), vous retiendrez le souffle à poumons pleins pendant seize battements (4 unités), et l'expiration s'étendra durant huit battements (2 unités).

RESPIRATION ALTERNEE RYTHMEE

Lorsque vous serez bien accoutumé à l'exercice ci-dessus, vous pourrez pratiquer la respiration alternée avec rétention de souffle sur ce même rythme 1..4..2 Cet exercice très classique et puissant est sans danger si vous respectez les conditions primordiales : AISANCE, CONCENTRATION, RYTHME. La DUREE est un élément tout à fait secondaire.

J'insiste sur ce point parce que l'Occidental a souvent tendance à prendre la durée comme objectif. Or c'est non seulement l'élément le moins important, mais en fin de compte presque le seul qui puisse présenter des inconvénients. Appliquez les règles pour la rétention du souffle indiquées dans le chapitre précédent à tous vos exercices et vous ne courrez aucun risque. Pratiquez avec persévérance, régularité et douceur, jusqu'au moment où le rythme sera si bien ancré en vous qu'il ne vous sera plus nécessaire de compter. Alors la respiration rythmée vous sera aussi naturelle que la marche.

Dans le prânayâma, plus qu'ailleurs encore, tout s'enchaîne et se tient, mais il faut se garder de brûler les étapes; elles sont toutes indispensables et doivent être parcourues une à une. Ne pas se hâter est, en fin de compte, la meilleure façon d'aller vite, en toute sécurité.

viloma prânayâma 17

Il est bien dommage que Viloma Prânayâma soit si peu connu en Occident !
En effet, il ajoute aux bénéfices qui lui sont propres l'avantage de permettre une pratique des rétentions de souffle sans aucun danger. Sa caractéristique fondamentale est de répartir les rétentions sur plusieurs paliers incorporés dans le déroulement de l'inspiration, soit de l'expiration.

TECHNIQUE

Posture :
Comme pour les autres exercices de prânayâma, il se pratique en posture yogique ou sur une chaise basse mais il peut s'exécuter aussi pendant la marche, voire en position couchée.

CYCLE A – INSPIRATION FRACTIONNEE

Dans cet exercice, le rythme joue un rôle capital.
Avant de commencer Viloma, prenez votre pouls et imprégnez-vous du rythme de vos battements cardiaques. Au début, vous pouvez d'ailleurs maintenir le pouce en place jusqu'à ce que le rythme soit bien établi en vous, il sera votre métronome. Puis inspirez pendant deux battements, bloquez pendant deux battements, réinspirez pendant deux battements, stoppez à nouveau le souffle pendant deux battements, etc,

jusqu'à ce que les poumons soient complètement remplis d'air. Lorsque les poumons sont pleins (inspiration yogique complète en trois phases avec sangle contrôlée), bloquez à nouveau le souffle pendant 5 à 10 secondes, puis expirez lentement par les deux narines. Je précise que l'inspiration aussi se fait par les deux narines.
Dès que les poumons sont vides, recommencez une inspiration par paliers comme décrit plus haut. Une série de 5 inspirations complètes par paliers (mais suivies d'une expiration continue) constitue le cycle "A" de Viloma Prânayâma.

CYCLE B – EXPIRATION FRACTIONNEE

Le cycle B diffère du cycle A en ce sens que c'est *l'expiration* qui se fait par paliers successifs d'expiration : 2 temps de rétention; 2 temps d'expiration; 2 temps de rétention; 2 temps d'expiration et ainsi de suite jusqu'à ce que les poumons soient complètement vides.
Après une brève rétention de 5 à 10 secondes à poumons vides, réinspirer d'une traite.
Cinq de ces respirations constituent un cycle B.
Un cycle A plus un cycle B forment un Viloma Prânayâma complet. Après ce prânayâma, se reposer en Shavâsana en respirant normalement.
Les adeptes entraînés peuvent enchaîner avec un nouveau cycle complet à condition de ne pas se sentir fatigués.
Il faut immédiatement interrompre tout prânayâma dès qu'apparaît une sensation de fatigue ou de gêne.
La concentration et le rythme sont les éléments capitaux de cet exercice, bien plus que la durée elle-même.

PERFECTIONNER L'EXERCICE

Le perfectionnement consiste à augmenter, non la durée, qui sera immuablement de 2 battements du coeur, mais bien le *nombre* de paliers.
Pour augmenter le nombre de paliers, il faut réduire la quantité d'air expirée (ou inspirée, selon le cas) à chaque palier.
Chez les débutants, les poumons seront déjà remplis (ou vidés) en trois ou quatre paliers seulement. Avec de l'entraînement, on

parvient à diminuer la quantité d'air expirée (ou inspirée) à chaque fois, de manière à atteindre 8, 10 paliers ou plus.
Dans Viloma Prânayâma, la respiration est toujours silencieuse, l'arrêt se fait chaque fois sans brutalité et en fermant la glotte.

VILOMA PRANAYAMA COMBINE AVEC MULA BANDHA

Viloma Prânayâma accompagné de Mula Bandha devient un véritable exercice de prânayâma dans toute l'acception du terme. Pendant la période d'apprentissage, l'attention de l'adepte est suffisamment accaparée par le processus lui-même et par le maintien du rythme. Dès que l'exercice est devenu familier, c'est-à-dire après quelques jours de pratique, il faut le compléter avec Mula Bandha, qui consiste à contracter le sphincter anal en même temps que le muscle releveur de l'anus, ce qui contracte tout le périnée (cf.p. 263). Mula Bandha s'effectue A CHAQUE RETENTION. Donc, à chaque palier en rétention de souffle, contractez l'anus. Chaque fois que vous inspirez ou expirez selon qu'il s'agit du cycle A ou B, vous relâchez Mula Bandha. Pendant Mula Bandha, se concentrer à Muladhara, c'est-à-dire sur la région anale contractée.
Mula Bandha se place donc à chaque palier en rétention et en outre pendant la période de rétention de 5 à 10 secondes qui termine l'inspir ou l'expir.

AVANTAGES

Cet exercice procure tous les effets bénéfiques des exercices de prânayâma avec rétention du souffle et cela sans aucun danger. Seuls les cardiaques doivent s'abstenir, comme ils doivent d'ailleurs le faire pour tous les exercices de prânayâma avec rétention (cf. contre-indications signalées antérieurement).
Dans les exercices de prânayâma avec rétention continue, il arrive qu'on dépasse sa capacité sans s'en rendre compte. Pendant la rétention, on juge encore confortable de retenir le souffle durant quelques secondes, puis quand vient le moment d'expirer comme prescrit, c'est-à-dire en faisant durer l'expiration le double du temps de l'inspiration, cela ne va plus : on est alors forcé d'expirer trop vite et l'exercice est faussé, le rythme et la proportion sont détruits.

Dans Viloma Prânayâma, les rétentions sont brèves, l'exercice se contrôle facilement et se règle automatiquement, puisque seul le nombre de paliers varie.
Viloma Prânayâma aide à se concentrer et à rythmer le souffle. Inspirer pendant deux secondes, puis bloquer la respiration en faisant Mula Bandha durant deux secondes (ou deux battements du coeur, ce qui est plus rationnel) oblige l'attention à se concentrer sur l'exercice et prévient les distractions. Cet exercice constitue un entraînement doux, progressif et insensible au prânayâma. Le déplissage des alvéoles se fait harmonieusement et sans à-coups, la respiration est ralentie et les échanges gazeux dans les poumons s'effectuent dans les conditions optima.
Viloma Prânayâma ne brutalise pas les poumons, l'adepte est averti qu'il approche de ses limites, sans courir le risque de les dépasser par inadvertance. C'est l'exercice idéal pour ceux qui pratiquent le prânayâma sans guide expérimenté.

AVANTAGES HYGIENIQUES

Il procure tous les avantages décrits dans les chapitres précédents, ceux du prânayama avec rétention et ceux du prânayâma accompagné de Mula Bandha.
Le bénéfice particulier de cet exercice est qu'il normalise la tension artérielle. Les personnes ayant une légère hypo- ou hypertension verront leur état s'améliorer progressivement.

AUTRE PERFECTIONNEMENT

Pendant l'inspiration fractionnée (donc entre deux paliers en rétention), imaginer que l'on respire le parfum d'une rose et en même temps se concentrer sur le courant d'air frais qui doit être perçu très haut dans les cornets du nez; cet endroit – le plus richement tapissé de terminaisons nerveuses très sensibles – est l'organe principal de la fixation du prâna de l'air. Cette image mentale favorise l'absorption du mental dans l'acte respiratoire. C'est pourquoi en Inde on brûle des baguettes de bois de santal, qui parfument et purifient l'air tout en améliorant la concentration.

AU LIT

Cet exercice peut se pratiquer couché, par exemple au lit, le soir avant de s'endormir ou le matin avant de se lever. S'il s'exécute le soir, pratiquer la phase B qui est sédative et aide à s'endormir profondément. Au réveil, c'est la phase A qui est préférable pour se "dynamiser" et dissiper les dernières brumes du sommeil.
Pendant la journée, si l'exercice est pratiqué couché, les deux phases doivent se succéder dans l'ordre : cinq fois A, cinq fois B. Toutefois, pendant la journée, il est préférable de pratiquer assis.

VILOMA PRANAYAMA EN MARCHANT

Viloma Prânayâma se prête bien à la pratique pendant la marche dans la nature. D'autres exercices de respiration rythmée peuvent se pratiquer en utilisant le pas comme métronome; toutefois, la difficulté consiste à découvrir le rythme adéquat : si l'on marche en inspirant durant 4 pas, puis en retenant le souffle durant 4 autres pas, ensuite en expirant durant 4 pas, il se peut que cela dépasse déjà la capacité de l'adepte. Il faut alors procéder par tâtonnements. Sur terrain plat, à allure régulière, ce rythme se trouve sans trop de peine, mais si le terrain est accidenté et le pas variable, il faut constamment rajuster le rythme.
Avec Viloma Prânayâma, comme le nombre de paliers peut varier à volonté, l'exercice s'adapte automatiquement à la capacité respiratoire de l'adepte et à l'allure de la marche. Il y a cependant une différence avec l'exercice effectué statiquement, c'est-à-dire couché ou assis : durant la marche, la rétention de souffle prévue à la fin de l'expiration (ou de l'inspiration, selon le cas) est supprimée.
Donc, on inspire pendant deux pas, on bloque le souffle pendant deux pas, on réinspire pendant 2 pas, on bloque à nouveau et ainsi de suite jusqu'à ce que les poumons soient pleins, puis l'on vide aussitôt les poumons, lentement mais d'une traite pour recommencer comme décrit ci-dessus.
On fait 5 cycles A (sur l'inspir), suivi de 5 cycles B (sur l'expir), après quoi l'on se repose en laissant le souffle aller et venir

spontanément, sans se préoccuper du rythme.
L'exercice peut reprendre dès que le souffle est redevenu normal.
Autre différence : Mula Bandha est facultatif.
Viloma Prânayâma en marchant est un "dynamisant" extraordinaire. Faites-en l'essai pendant quelques minutes : vous percevrez une chaleur aux joues et dans tout le corps, indice que la respiration cellulaire, la véritable respiration interne, est activée.
Facultativement, on peut imaginer intérieurement le OM qu'on émet à chaque inspiration ou expiration fractionnée. N'essayez pas d'augmenter à tout prix le nombre de paliers : l'exercice doit toujours rester confortable et facile, il ne peut provoquer aucune oppression, c'est là une garantie de sécurité.

prâna mudra ou shanti mudra 18

Au cours des siècles, le yoga s'est transmis de Maître à disciple, de bouche à oreille sous le sceau du secret. Dans les écritures anciennes, le secret était protégé par le laconisme des textes, l'hermétisme, l'ambiguïté des formulations : *"Cet exercice tel un joyau très précieux, doit demeurer secret"*. Ces textes sont pour la plupart inutilisables sans commentaire éclairé. C'est ainsi que, dans la Gheranda Samhita, chap. I, 16, 17, 18, 19, nous trouvons la description suivante de Vârisâra Dhauti qui correspond à Shank Prakshalana (voir "Je perfectionne mon yoga", p. 31) :
"Remplir la bouche avec de l'eau jusqu'à la gorge, puis l'avaler lentement; la faire passer ensuite dans l'estomac, la forcer vers le bas et l'expulser par le rectum. Ce procédé doit demeurer très secret. Il purifie le corps. En le pratiquant avec soin, l'adepte acquiert un corps luisant (c'est-à-dire purifié, propre : N. du trad.). Vârisâra est le Dhauti le plus élevé. Celui qui le pratique avec facilité purifie son corps encrassé et le transforme en un corps pur".
Il est certain qu'en dehors du cercle restreint des initiés, personne ne serait capable d'exécuter l'exercice à l'aide de ces seules indications ! Malgré cela, il est précisé que ce procédé doit *"demeurer très secret"*.
Nous lisons plus loin (I.21): *"Cette forme de Dhauti (Agnisara Dhauti) doit être gardée très secrète". I.22 : "Ce Dhauti doit demeurer un grand secret et ne doit être révélé à personne"*.Le

souci, frisant l'obsession, de préserver le secret qui imprègne la littérature yogique heurte bien des Occidentaux. Ils voient dans cette attitude une manifestation d'égoïsme des grands Rishis, qui privent ainsi délibérément l'humanité de leurs précieuses connaissances. Les initiés rétorquent que si les Rishis ont imposé la loi du secret, cette mesure n'a pas pour but de priver les personnes étrangères du fruit de leurs expériences, mais, au contraire, de les protéger contre certains dangers. (Les parents placent les allumettes hors de portée des enfants pour prévenir tout accident). Les Rishis ajoutent que tout adepte qui désire vraiment pratiquer le yoga rencontrera son Maître. Toutefois, cette explication n'est que partielle. La loi du secret découle du principe même de la transmission du yoga à l'échelle individuelle, le Maître initiant et guidant l'élève pas à pas, étape par étape. C'est ainsi qu'actuellement encore, dans bien des ashrams de l'Inde, les élèves d'un même Maître ne sont pas autorisés à se communiquer les exercices qu'on leur a appris. Cette interdiction préserve la liberté du Maître de révéler à chaque disciple individuellement et au moment propice les techniques correspondant à son degré d'évolution. Elle permet au Maître d'individualiser son enseignement, et même de se contredire à l'occasion ! En fait les contradictions ne sont qu'apparentes, car tel exercice parfait pour tel adepte peut être contre-indiqué pour son voisin. Il est donc logique d'interdire le "troc" des techniques. Les adeptes acceptent et respectent volontiers cette interdiction car ils ont une confiance totale dans leur Maître. De plus, le sceau du secret partagé crée un lien très particulier : les sociétés secrètes en tirent une grande partie de leur puissance. Certains ordres ésotériques préservent de nombreuses pratiques qui pourraient, sans inconvénient, être révélées au grand public. Les réserver aux seuls initiés valorise ces rites ou pratiques. Souvent aussi le secret protège contre l'hostilité extérieure et permet de résister à l'épreuve du temps. Enfin la non-divulgation constitue une protection contre les dénaturations. Lorsque la diffusion s'effectue sans restriction, elle échappe à tout contrôle, et ouvre le champ à toutes les dénaturations, à toutes les déformations. L'adepte aussi retire des avantages d'une pratique secrète : elle le soustrait aux indiscrétions et lui donne des forces accrues, en vertu de la loi psychologique bien connue que la parole peut se substituer à l'action. Celui qui bavarde de ses projets à tout venant les réalise bien rarement ! La vapeur de la chaudière peut actionner la sirène ou l'hélice du navire. A force d'abuser de la sirène, la pression devient insuffisante pour naviguer . Restez discret au sujet de votre pratique ! Ne proclamez pas sur tous les toits que vous faites du yoga, surtout pendant les premiers mois . Je crois que bien des personnes n'ont pas persévéré dans le yoga uniquement parce qu'elles en avaient trop parlé à trop de monde ! Les grands hommes d'action sont avares de paroles.

Voilà donc pas mal d'arguments en faveur du secret. Toutefois, la diffusion mondiale que le yoga connaît actuellement semble avoir mis fin à cette période occulte. En fait, il n'en est rien. A l'heure actuelle encore, les "orthodoxes" en Inde demeurent hostiles à toute dissémination incontrôlée du yoga. A ma connaissance, l'exercice décrit dans ce chapitre n'a jamais été publié. Faut-il conclure qu'en le divulguant j'enfreins la loi du secret ? Je ne le crois pas. En effet, il est et demeure prescrit *"que cet exercice soit pratiqué en secret, en dehors de la présence de tout témoin"*. Il y a une nuance ! L'exercice en lui-même ne doit pas nécessairement rester inconnu des adeptes; par contre, sa pratique doit être secrète. S'il est possible de pratiquer les âsanas en présence de tiers sans diminuer notablement leur efficacité, en revanche, dans le cas de Prâna Mudra, par exemple, toute présence étrangère – même d'une personne amie et adepte du yoga – constitue un élément perturbateur qui en compromet le succès .

Prâna Mudra est un prânayâma très complet. Au-delà de son aspect prânique, donc du contrôle des énergies subtiles du corps, il appartient aussi à la catégorie des "mudras" ou gestes symboliques, c'est-à-dire expressions corporelles ayant une résonance psychique. Plus encore que les âsanas, cet exercice demande à être étudié avec soin, en respectant à la lettre toutes les indications.

TECHNIQUE

Position de départ :

Classiquement, cette position devrait être le Lotus, exclusivement. Toutefois, pour les Occidentaux n'ayant pas encore maîtrisé Padmâsana, Siddhâsana convient, ou à la rigueur Vajrâsana. A titre d'ultime concession (temporaire mais non à perpétuité), il peut à la rigueur, se pratiquer sur une chaise. Les mains sont déposées (superposées) dans le giron, les paumes orientées vers le haut. Il est indispensable que la colonne vertébrale soit tenue très droite.

L'EXERCICE PROPREMENT DIT

Avant d'aborder la description détaillée de l'exercice, je vous propose de jeter un coup d'oeil sur les photos pour avoir une idée générale du mouvement.
Il s'agit donc d'un prânayâma, combiné avec des mouvements des bras et des mains.
Voyons d'abord, en résumé, comment se déroule Prâna Mudra :
– pendant l'inspiration, lente et aisée, les mains quittent le giron et s'élèvent au fur et à mesure que les poumons se remplissent, les bras s'ouvrent quand les poumons sont pleins;
– après une rétention de souffle à poumons pleins, les mains regagnent lentement leur position de départ, dans le giron, à la fin de l'expiration.
A chacune de ces phases, tous les détails d'exécution doivent être respectés scrupuleusement. Ne vous pressez pas ! Etudiez soigneusement, détail par détail, toutes les indications; elles ont chacune leur profonde raison d'être. Le temps que vous consacrerez à cette étude sera largement compensé par les bienfaits accrus que vous récolterez de votre pratique.

PREMIER TEMPS D'EXECUTION (départ poumons vides)

L'exercice commence à la fin d'une expiration complète, après qu'une contraction de la sangle abdominale ait expulsé les derniers restes d'air.
Cette contraction s'accompagne de Mula Bandha, la contraction de l'anus.
Marquez un temps d'arrêt à poumons vides – quelques secondes suffisent – pour vous concentrer avant d'entamer le Prâna Mudra. Aussi longtemps que l'inspiration n'a pas commencé, les mains demeurent immobiles dans le giron, les paumes tournées vers le haut, les doigts un peu repliés.
Vous voilà prêt pour le deuxième temps d'exécution.

DEUXIEME TEMPS D'EXECUTION (début de l'inspiration)

Phase diaphragmatique :
Relâcher un peu la contraction de la sangle abdominale et relâcher Mula Bandha. L'inspiration se déclenche en douceur; tandis que l'air entre doucement par les deux narines, l'abaissement du diaphragme fait naître une légère pression dans le bas-ventre, les mains quittent le giron, les coudes s'éloignent du corps et les doigts écartés pointent droit vers l'abdomen comme s'ils l'irradiaient. A mesure que la phase abdominale de l'inspiration s'amplifie, les mains montent le long et sur l'avant du ventre; elles suivent l'ascension de la pression intra-abdominale.

TROISIEME TEMPS D'EXECUTION

Phase costale :
Quand la phase abdominale s'achève, les mains, dont les doigts écartés sont toujours pointés vers le ventre, se trouvent au niveau de l'estomac, à la hauteur du plexus solaire, en face de Manipura Chakra. L'inspiration se poursuit avec l'expansion du thorax et l'écartement des côtes. Pendant que les poumons se remplissent vers le haut, les mains poursuivent leur lente ascension et les coudes s'éloignent du tronc : ainsi le thorax s'ouvre harmonieusement. Les doigts, au lieu d'être pointés vers le corps, se déplacent maintenant parallèlement au thorax, devant la poitrine. Ils montent jusqu'à la fin de la phase thoracique. A ce moment, les mains sont au niveau des clavicules, les coudes largement écartés du corps, les bras parallèles au sol.

QUATRIEME TEMPS D'EXECUTION

Phase claviculaire :
Le diaphragme s'est aplati, le thorax s'est épanoui, mais il est encore possible d'inspirer une certaine quantité d'air en soulevant la cage thoracique sous les clavicules (cf. "J'apprends le Yoga", p. 45).
Pendant que s'achève ainsi la respiration complète, les mains passent devant la gorge et le visage, s'écartent du corps jusqu'à

ce que les bras soient grands ouverts; les paumes sont orientées vers le haut et l'avant, comme pour capter les rayons du soleil levant.
En position finale, les bras prolongent les épaules et sont parallèles au sol. Les muscles sont détendus, les poumons complètement remplis.

CINQUIEME TEMPS D'EXECUTION (rétention à poumons pleins)

L'adepte s'immobilise dans cette attitude réceptive et bloque le souffle aussi longtemps qu'il le peut confortablement. Cette phase est capitale, et nous y reviendrons quand nous parlerons de la concentration.
Bien entendu, pendant cette rétention, l'adepte respectera tous les conseils qui ont été prodigués auparavant : confort, aisance, progressivité.

SIXIEME TEMPS (expiration)

Quand la rétention cesse d'être confortable, et sans attendre d'être mal à l'aise, l'adepte INSPIRE quelques centimètres cubes d'air pur, puis laisse l'expiration se déclencher, DANS L'ORDRE INVERSE de l'inspiration (ce qui va à l'encontre de l'expiration yogique complète). Le haut des poumons se vide d'abord : le rapprochement des coudes qui accompagne le début de l'expiration, facilite en premier lieu le vidage du haut des poumons. Puis le thorax s'affaisse tout naturellement, le ventre s'aplatit. Pendant l'expiration, les mains s'abaissent progressivement. En fin d'expiration, elles se déposent dans le giron, tandis que la contraction abdominale finale chasse les derniers restes d'air... on fait Mula Bandha, puis on reprend aussitôt le même processus.

CONCENTRATION

Pendant l'inspiration :
– **Phase abdominale** :
se concentrer sur toutes les parties de l'abdomen à mesure que

les doigts passent devant elles. Imaginer qu'un courant prânique quitte les doigts par les bouts, irradie ainsi tous les organes, les pénètre de conscience et de vitalité. Se concentrer tout particulièrement quand les mains passent devant le plexus solaire, sans cependant marquer un temps d'arrêt.

– **Phase costale :**
pendant que les mains se déplacent devant le thorax, imaginer l'air qui pénètre dans les poumons et les gonfle;

– **Phase claviculaire :**
se concentrer sur la chaleur des mains à la gorge et au visage; irradier de prâna le cou et les yeux;

– **Rétention :**
La phase capitale de Prâna Mudra se situe pendant la rétention du souffle, quand les bras sont ouverts et les paumes dirigées vers le soleil levant (imaginaire ou réel, peu importe). Elle est basée sur la conception yogique de l'interaction du corps et du mental. L'humanité n'a attendu ni les yogis, ni la psychologie moderne pour constater que toute attitude psychique, toute émotion, se traduit par une attitude. Pour utiliser le jargon moderne pour constater que toute attitude psychique s'extériorise par une attitude du corps. En terminologie moderne, toute émotion a son expression corporelle. C'est vrai chez l'animal : le chien montre sa joie en frétillant de la queue. Chez le chat, au contraire, les mouvements de la queue traduisent l'excitation, l'agacement. Chez l'homme, bien que la parole ait supplanté le geste, celui-ci reste un moyen d'expression particulièrement intense.

Le mime atteint à une densité d'expression souvent supérieure à celle du comédien qui parle.

S'il est bien connu que le corps traduit ainsi dans ses gestes et dans ses attitudes les mouvements du psychisme, la réaction inverse, c'est-à-dire celle où l'attitude corporelle conditionne un état psychique, est moins couramment admise et utilisée. Ce grand connaisseur de la nature humaine qu'était Hufeland recommandait aux gens tristes de s'installer devant un miroir et de sourire, car bientôt le sentiment correspondant à l'expression corporelle envahit le psychisme. C'est sur ce principe de la réversibilité dans l'interaction du corps sur le psychisme qu'est basée cette partie de l'exercice. Le geste d'accueil auquel aboutit l'exercice pendant la rétention est un geste d'accepta-

tion, d'ouverture à l'univers. Ouvrir ainsi les bras, c'est... non, il est préférable de ne pas décrire ce qu'éveille cette attitude ! Soyez réceptif, intuitif, c'est tout !
Pendant que l'adepte écoute l'écho psychique de la Mudra, le souffle bloqué, les yeux clos, il imagine le soleil levant, s'imprègne de son rayonnement, laisse la vitalité du cosmos l'irradier. Il ne faut pas "intellectualiser" l'exercice; l'attitude mentale doit s'éveiller toute seule. Une merveilleuse détente inonde alors le mental et le corps.
Le menton pointe vers le haut, s'oriente vers le soleil (réel ou imaginaire). Les muscles du cou et de la nuque restent détendus, ainsi que ceux des bras (dans la mesure du possible) et des avant-bras. Aucune raideur dans les poignets, ni dans les doigts. Le "climat psychique", qui se manifeste parfois dès la première rétention, s'intensifie à chaque répétition. C'est pourquoi il faut effectuer Prâna Mudra au moins cinq fois de suite.

CONCENTRATION PENDANT L'EXPIRATION

Pendant l'expiration, se concentrer sur l'évacuation complète et lente des poumons; penser à toutes les parties du corps devant lesquelles les mains passent.

"OM"

L'exercice s'accompagne du Prânava, c'est-à-dire du OM silencieux. Pendant l'inspiration, l'adepte écoute vibrer en lui un long O...M... Pendant la rétention, il peut soit garder le silence intérieur absolu (donc pas de OM) et n'admettre d'autre représentation que le soleil pour créer la disponibilité intégrale du psychisme, soit prononcer intérieurement : SHANTI, SHANTI, SHANTIHI*.
Pendant l'expiration, écouter le OM intérieur. Au début, c'est-à-dire pendant l'apprentissage de l'exercice, il sera sans doute impossible à l'adepte d'exécuter tout à la fois le mouvement, de se concentrer sur les différentes parties du corps et en outre d'écouter le OM ! Avec de la pratique, cela devient possible

*Shanti signifie "Paix". Il est préférable d'utiliser le terme sanscrit (phonétiquement : "Chânn...ti") en traînant sur le Shân... suivi de la syllabe ...ti. Shan – ti !

sans difficulté. Il faut d'abord assimiler correctement le geste extérieur, qui doit "couler" sans raideur ni saccade, et se poursuivre avec grâce. Au début, il est utile de pratiquer devant un miroir pour contrôler le mouvement et s'assurer qu'il est gracieux : c'est très important. Un geste heurté se répercute sur l'attitude mentale. Les diverses phases de l'exercice doivent être liées. Quand le geste est assimilé, se concentrer sur les diverses parties du corps et imaginer l'irradiation du prâna des doigts. Ajouter le OM en tout dernier lieu.

EFFETS BENEFIQUES

Pour juger de l'efficacité de cet exercice, il suffit de l'effectuer quelques fois, puis de faire aussitôt après une respiration ordinaire, immobile, donc sans bouger les bras, en laissant les mains dans le giron. On s'apercevra aussitôt *combien l'inspiration est plus harmonieuse, profonde et heureuse en Prâna Mudra.* La prise de conscience de l'acte respiratoire est plus aisée, le mental s'absorbe mieux. Pendant la rétention se manifeste un sentiment de paix, de sérénité. Vous comprendrez que cet exercice doit se pratiquer en secret, car la présence d'un témoin vous gênerait. En effet, tout spécialement durant la dernière phase, le visage relaxé traduit l'émotion intérieure et participe à cette sérénité.

Il est à fortiori impensable d'exécuter cet exercice en public. Les non-initiés trouveraient ridicule ce manège dont la signification leur échapperait. C'est donc à bon escient que les Sages prescrivent la pratique secrète de cet exercice. N'en parlez à personne, ne vous confiez à aucun autre adepte, pas même à votre conjoint ! Prâna Mudra doit rester dans votre intimité, sous peine de perdre une partie de son efficacité. La seule pratique publique autorisée est celle destinée à l'apprentissage, dans un cours, par exemple. Même dans ce cas, l'adepte remarquera aussitôt qu'une pratique en commun ne permet pas d'exécuter l'exercice avec toute l'intensité émotionnelle requise. Seul un vrai Maître pourrait, par sa présence, libérer le contenu émotionnel de Prâna Mudra chez plusieurs disciples à la fois.

Départ : en position du Lotus, déposer les mains dans le giron, paumes orientées vers le haut, sans raideur dans les bras.
Relaxer les muscles du visage, orienter le regard vers le bout du nez, sans effort afin de ne pas causer de gêne.
Vider les poumons à fond en contractant la sangle abdominale.
Mula Bandha.

Début de l'inspiration, phase abdominale. Diriger les bouts des doigts vers le bas-ventre, écarter les coudes du corps, relâcher la sangle abdominale. Cesser Mula Bandha et laisser l'air entrer lentement dans les poumons. A mesure que le diaphragme s'abaisse, les mains poursuivent leur ascension vers le plexus solaire. Elles atteindront ce niveau à la fin de la phase abdominale.

Dès le début de la phase thoracique, écarter les coudes pour faciliter l'expansion du thorax. Pendant cette phase, les doigts ne sont plus pointés droit vers le corps mais parallèles aux côtes.
Les mains montent toujours à mesure que les poumons se remplissent et quand l'expansion thoracique touche à sa fin...

... les mains sont au niveau des clavicules. A ce moment commence la phase claviculaire, donc la phase de respiration haute et pendant ce temps, les mains passent devant la gorge et le visage pour arriver...

... lorsque les poumons sont entièrement remplis d'air à l'attitude représentée par cette photo. A ce moment retenir le souffle et laisser l'attitude mentale qui correspond à cette attitude corporelle s'installer dans le mental.
Expirer et revenir en sens inverse à la position de départ.

le contrôle de la sangle abdominale

19

En dépit de leur multiplicité, les âsanas s'appuient en fait sur un nombre restreint de principes de base : l'immobilité, le contrôle du souffle, l'absence d'effort, l'étirement des muscles et la concentration mentale. Ignorer ou méconnaître, ne fût-ce qu'un seul de ces éléments, altérerait l'efficacité des postures.
Il en va de même pour le prânayâma et la respiration yogique, dont un pilier est constitué par le comportement ACTIF de la sangle abdominale, qui influence le déroulement du processus respiratoire et conditionne son efficacité.
Le contrôle de la sangle abdominale permet au yogi de modifier à volonté la pression dans l'abdomen et dans le thorax, ce qui entraîne d'importantes répercussions. Aussi faut-il regretter – pour ne pas dire plus ! – que l'adepte occidental soit laissé dans l'ignorance totale à ce sujet. En Occident, nous connaissons bien la technique de la respiration yogique complète, mais les instructions précises et complètes quant au rôle éminemment ACTIF de la paroi abdominale font pratiquement défaut. Or elles sont d'autant plus nécessaires que les techniques yogiques du prânayâma diffèrent de nos conceptions occidentales selon lesquelles la sangle abdominale doit rester passive et relaxée pendant tout l'acte respiratoire. En cédant sans résistance à la pression que le diaphragme exerce sur les viscères, la sangle permet la respiration abdominale, ainsi nommée d'ailleurs parce qu'elle s'accompagne d'une dilatation de l'abdomen.

Comment en est-on arrivé en Occident à prôner la respiration abdominale avec sangle relâchée ? J'ai l'impression que c'est une réaction contre la technique gymnique de la respiration, presque exclusivement costale. Les deux croquis ci-dessous extraits d'un ouvrage consacré à la rééducation respiratoire, sont révélateurs.

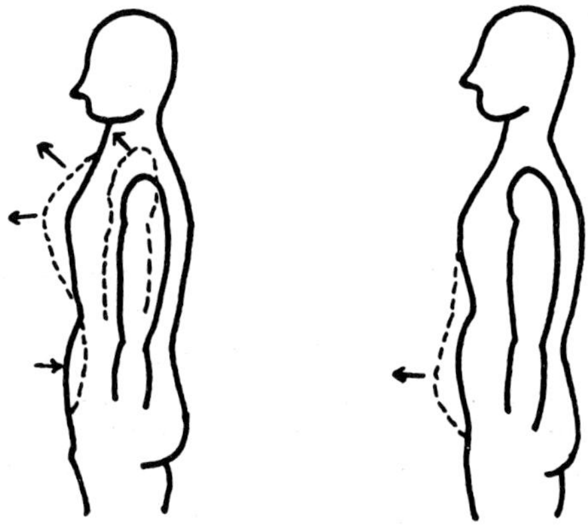

Mauvais Exercice

— *Inspiration thoracique*
— *Elévation de la poitrine*
— *Elévation des épaules*
— *Applatissement du ventre*

Bon Exercice

— *Inspiration abdominale*
— *Immobilisation de la poitrine*
— *Immobilisation des épaules*
— *Ventre gonflé à l'inspiration*

Les croquis ci-dessus nous montrent qu'on s'est contenté de substituer une respiration uniquement diaphragmatique à la respiration thoracique pure. C'est un progrès, sans aucun doute, mais c'est insuffisant.

L'auteur, dont je ne citerai pas le nom, réprouve à juste titre la respiration "gymnique", qui escamote purement et simplement la respiration abdominale; il la remplace par la respiration abdominale. Celle-ci constitue sans doute un progrès par rapport à la respiration des gymnastes, car elle permet une inspiration plus ample et plus aisée. Toutefois, dans la pratique du prânayâma, elle présente une série d'inconvénients. Sous l'influence de tels ouvrages et faute de directives précises, cette conception du rôle de la sangle abdominale s'est même étendue à bon nombre d'adeptes du yoga, qui s'imaginent que pendant la phase abdominale de la respiration, il faut détendre la sangle abdominale et ballonner le ventre pendant l'inspiration. Ce sont surtout les hommes qui respirent ainsi, car chez les femmes la coquetterie (la "ligne" !) les en prévient : elles sont très réticentes quand il s'agit de relaxer la sangle abdominale, de crainte d'avoir du ventre. C'est sans ironie, Madame, que j'ai mis "la ligne" entre guillemets, car le souci de votre esthétique vous tient plus près de la vérité que ces Messieurs qui laissent la sangle se distendre.

A ce propos, peut-être serait-il opportun de remplacer la dénomination "phase abdominale" par celle de "phase diaphragmatique" !

Certes, la phase diaphragmatique de la respiration yogique est la plus importante; cependant, il est non seulement possible, mais même indispensable de l'exécuter en contrôlant la sangle abdominale. Le prânayâma sans contrôle actif de la sangle abdominale est un non-sens, et nous allons en étudier ensemble le "pourquoi" et le "comment".

Pour comprendre ce qui se passe mécaniquement, comparons le tronc à un cylindre compartimenté, rigide à l'étage thoracique, déformable à l'étage abdominal, cette déformabilité dépendant étroitement du tonus de la sangle abdominale. La sangle étant déformable et contrôlable par la volonté, son comportement se répercute sur tous les processus respiratoires. Dans ce cylindre, imaginez un piston qui se déplace de haut en bas : le diaphragme. Il est d'ailleurs surprenant de constater à quel point l'existence même du diaphragme est ignorée, et parmi les personnes qui savent qu'elles en possèdent un, bien rares sont celles qui se rendent compte de sa forme exacte, de sa position et de l'ampleur de ses mouvements. Si nous en croyons le Docteur A. Salmanoff, même une partie du corps médical en sous-estime l'importance :

"C'est une histoire à la fois drôle et bien triste que celle de la physiopathologie du diaphragme. Certes, la clinique connaît bien la pleurésie diaphragmatique, les paralysies diaphragmatiques, les abcès sous phréniques. Un muscle sans grande importance qui joue un grand rôle dans la respiration, c'est ainsi qu'il est évoqué en passant..."

"Le rôle physiopathologique du diaphragme dans l'évolution des maladies chroniques est complètement ignoré et négligé dans la littérature médicale..."

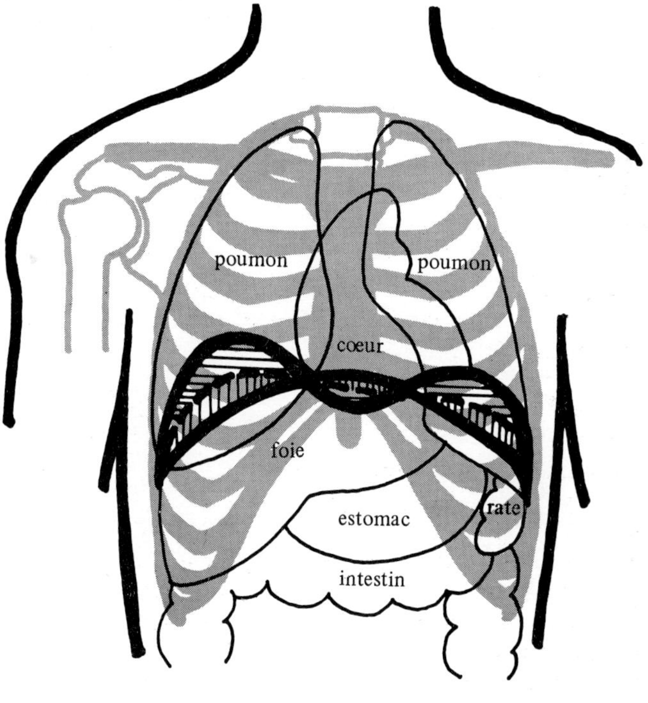

"Regardons de près le diaphragme et essayons de faire un bilan de son activité vis-à-vis des diverses fonctions de l'organisme. Le diaphragme, dans un organisme sain, fait 18 excursions par minute; il se déplace de 4 centimètres vers le haut et de 4 centimètres vers le bas. L'amplitude des mouvements du diaphragme est en moyenne de 8 centimètres. 18 excursions par minute, donc 1.000 par heure et 24.000 par 24 heures ! Pensez un peu maintenant au travail fourni par ce muscle d'une surface respectable, le plus puissant de notre corps, qui s'abaisse comme une pompe refoulante parfaite, comprimant le foie, la rate, l'intestin, ranimant toute la circulation portale et abdominale.

En comprimant tous les vaisseaux sanguins et lymphatiques de l'abdomen, le diaphragme propulse la circulation veineuse de l'abdomen vers le thorax; c'est le deuxième coeur veineux.

Le nombre des mouvements du diaphragme par minute est le quart de celui des mouvements du coeur. Mais son effort hémodynamique est beaucoup plus fort que celui des contractions cardiaques, parce que la surface de la pompe refoulante est beaucoup plus grande et qu'elle donne une propulsion plus importante que celle du coeur.

Il suffit de se représenter une fois la surface du diaphragme pour accepter le fait que dans ce muscle, nous possédons au moins un deuxième coeur et peut-être un peu plus.

Que les physiologistes de laboratoire commencent à établir le vrai bilan du débit sanguin diaphragmatique parallèlement au débit cardiaque, ainsi que le rôle du diaphragme pour la "vidange" des lacs sanguins du foie et de la rate qui peuvent, dans certaines conditions, et par exemple pendant la saison froide, retenir de 30 à 50 pour cent du volume du sang circulant; et le rôle de la pompe diaphragmatique dans la propulsion de la lymphe vers le canal thoracique; et le rôle du diaphragme dans la compression systématique (24.000 fois par jour) des villosités intestinales – le seul siège du métabolisme général – où se produit la mystérieuse transformation des substances nutritives assimilables destinées aux tissus et aux cellules.

Le diaphragme est un bon et brave moulin pour la nutrition de l'organisme.

En comprimant systématiquement le foie, le diaphragme facilite et dirige même peut-être le flux de la bile, garantit la circulation sanguine du foie et agit indirectement sur toutes les fonctions du foie : fonction glycogénique, fonction uricopoïétique, fonction antitoxique, fonction lipopexique, fonction protéopexique, etc. Si l'on ne veut pas oublier le rôle du diaphragme dans toute la physiologie hépatique, on comprendra aisément la valeur toute relative que peuvent avoir les diverses explorations fonctionnelles du foie, parce que l'on accepte malheureusement comme tests décisifs, des résultats d'épreuves faites sur un foie isolé – et un foie isolé n'existe seulement que dans les fantaisies des hommes de laboratoire.

En améliorant la fonction du diaphragme, on améliorera toujours les fonctions du foie, même malgré la présence de tests catastrophiques."

Nous allons voir que le diaphragme ne peut pleinement jouer son rôle que si la respiration diaphragmatique s'effectue avec la sangle abdominale contrôlée.

Examinons d'abord ce qui se passe quand la phase diaphragmatique s'effectue avec la sangle abdominale relaxée, puis comparons avec ce qui se produit lorsqu'elle est contrôlée. Les dessins ci-dessous illustrent cette différence.

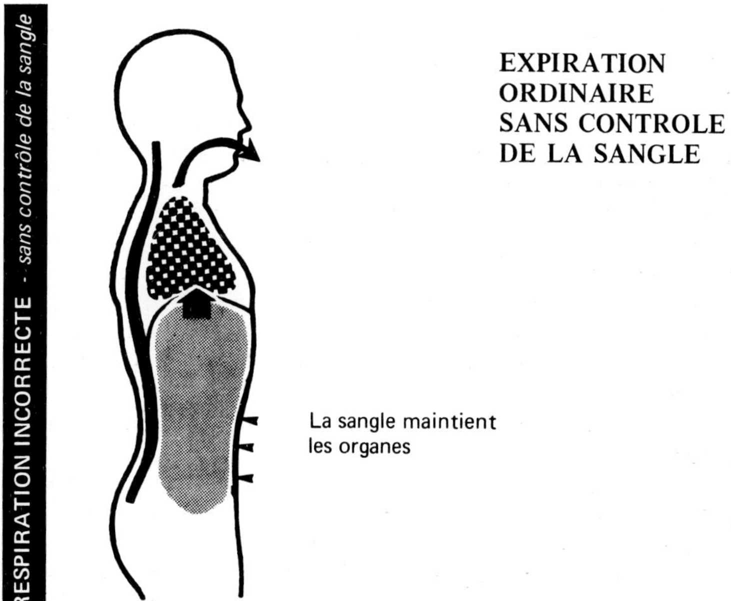

A. Situation en fin d'expiration sans contrôle de la sangle.
Le diaphragme est en position haute, les muscles de l'abdomen se sont contentés de suivre l'expiration et de contenir la masse viscérale; il n'y a pas eu d'expiration forcée. La cavité abdominale est devenue ovoïde. La sangle abdominale n'étant pas tendue, les viscères ne sont pas soumis à une compression notable.

B. Situation en fin d'inspiration sans contrôle de la sangle.
Après une inspiration diaphragmatique *sans* contrôle de la sangle abdominale, le diaphragme s'est abaissé, le bas des poumons s'est correctement rempli d'air. L'objectif est atteint : aspirer un volume d'air maximum dans le bas des poumons, par la descente et l'aplatissement du diaphragme. Remarquons déjà que la cavité abdominale, ovoïde au départ, s'est déformée en ballon aplati (d'où l'expression "ventre ballonné"), mais que son volume n'a pratiquement pas varié : les organes se sont simplement déplacés vers le bas et vers l'avant.

INSPIRATION SANS CONTROLE DE LA SANGLE :
n'est admissible que chez les personnes dont le diaphragme est bloqué et pendant la ré-éducation de la respiration seulement.

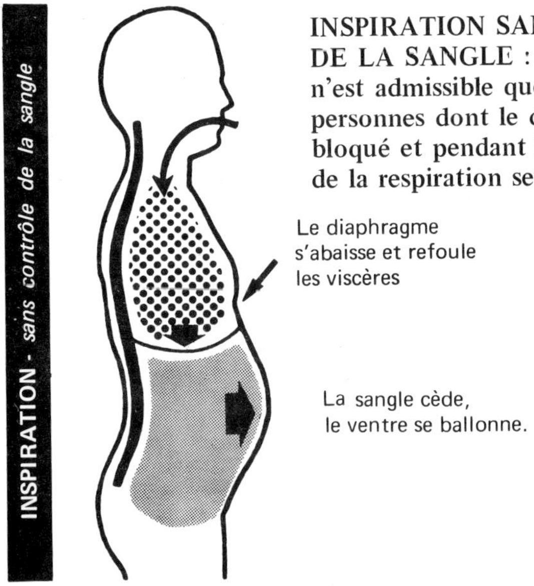

A la longue, il peut en résulter une déformation permanente de la paroi abdominale et du ventre. La respiration devient de plus en plus abdominale, ce qui présente les inconvénients que nous décrirons en détail dans ce chapitre. Les organes, gorgés d'une quantité anormale de sang, se congestionnent, la circulation sanguine s'y ralentit, les processus biologiques y sont freinés. Cette façon de respirer, déconseillée en temps ordinaire, est inadmissible dans le prânayâma, car outre ses autres désavantages, elle compromet la respiration thoracique et claviculaire.

Les deux dessins suivants illustrent la façon correcte de respirer, c'est-à-dire avec la sangle contrôlée.

C. Expiration complète avec sangle abdominale contrôlée.
En fin d'expiration, la sangle abdominale contractée (elle n'a d'ailleurs pas été relâchée au cours de l'inspiration) repousse les

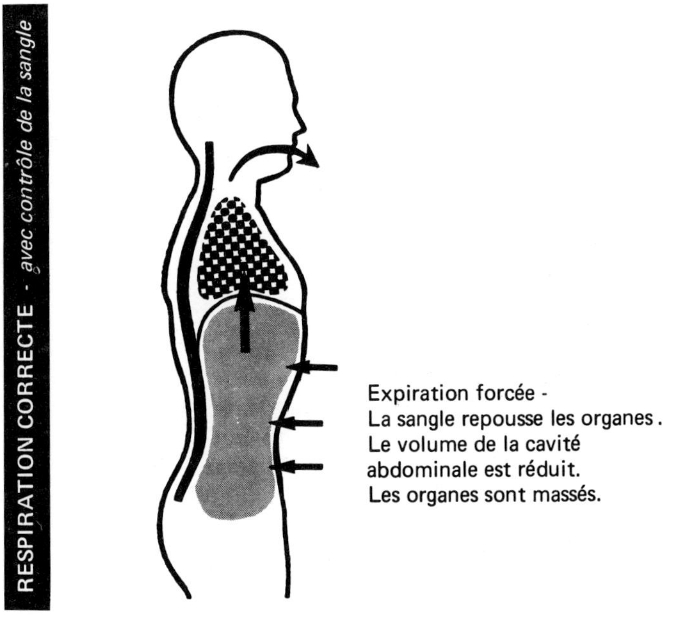

EXPIRATION DE PRANAYAMA
AVEC SANGLE CONTROLEE

viscères abdominaux vers l'arrière et vers le haut, aide l'ascension du piston diaphragmatique et favorise ainsi l'expulsion du maximum d'air résiduel. Cette action de la sangle augmente la pression intra-abdominale et intrathoracique. Les organes-éponges comprimés, dégorgés de l'excès de sang, reprennent leur forme et leur volume normal.

D. Inspiration yogique AVEC contrôle de la sangle.
Pendant l'inspiration, le diaphragme-piston est descendu progressivement; en fin d'inspiration, il se trouve aussi bas que dans la respiration sans contrôle de la sangle (dessin B). Il n'y a donc pas de déficit dans le volume d'air inspiré, bien que, pendant l'abaissement du diaphragme, la sangle ait résisté avec une vigueur élastique, au lieu de céder mollement à la masse viscérale refoulée par le diaphragme.

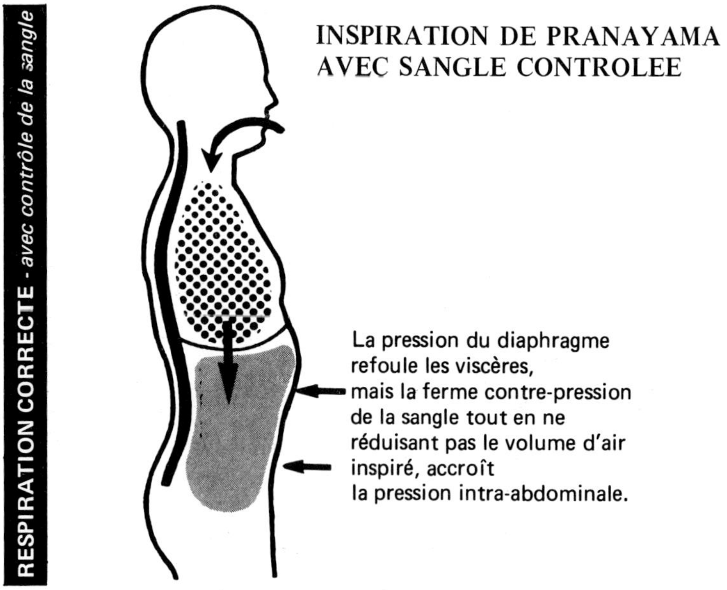

Sous l'ombilic, la sangle demeure toujours contractée (mais non contracturée !). Au-dessus du nombril, elle cède un peu, sans cesser de contrôler et de contenir la poussée des organes.
Donc, dans les positions C et D le volume de la cavité abdominale est plus réduit qu'en A et B. Le ventre n'est pas déformé : CE VOLUME (C et D) EST LE VOLUME IDEAL. Vu leur nature spongieuse, dès qu'ils se dégorgent, les organes retrouvent leur forme et leur volume normaux. De plus,

l'antagonisme (indiqué par les flèches) entre la poussée du diaphragme et la résistance de la sangle accroît la pression intra-abdominale, ce qui masse et tonifie vigoureusement les viscères. Toutes les fonctions sont stimulées physiologiquement et une intensification de tous les processus vitaux en résulte. De plus, seule une inspiration abdominale avec sangle contrôlée permet à la phase thoracique et à la phase claviculaire ou mitrale de s'effectuer correctement.

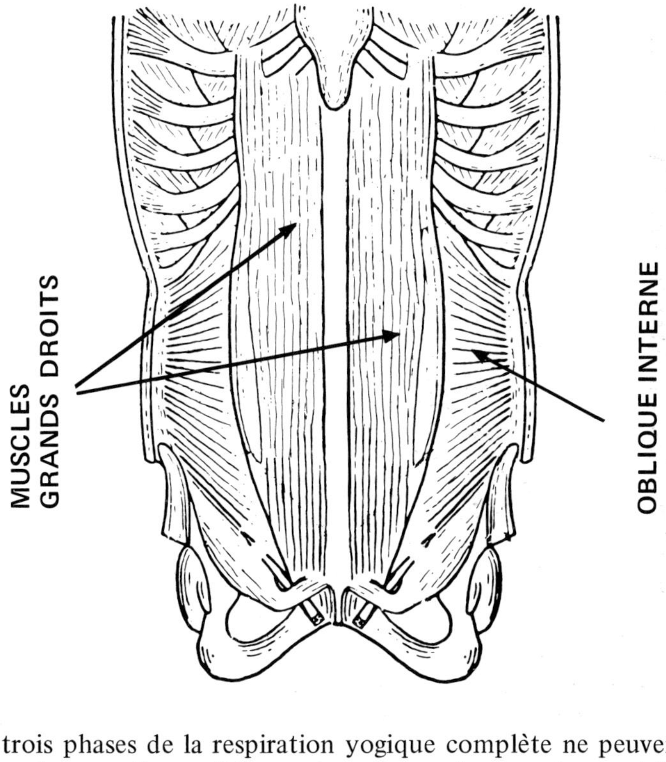

Les trois phases de la respiration yogique complète ne peuvent donc s'accomplir parfaitement qu'appuyées sur le contrôle constant de la sangle. A fortiori, seule cette façon de respirer confère au prânayâma tous ses effets et toute sa signification.
L'inspiration diaphragmatique avec sangle contrôlée équilibre les phases abdominale et thoracique.

REPERCUSSIONS PHYSIOLOGIQUES

Le rôle ACTIF de la sangle n'a guère été évoqué que dans le "YOGA MIMANSA" de Shrimat Kuvalayananda, fondateur de l'Institut de Recherches scientifiques sur le Yoga, à Lonavla dans un fascicule datant de 1930, maintenant épuisé. Voici la traduction de ce passage fondamental :

"Dans le prânayâma, l'étude des modifications de pression revêt une grande importance pour la compréhension de la physiologie des exercices yogiques dirigés vers l'épanouissement spirituel. Les processus yogiques pour l'éveil de la Kundalini sont principalement caractérisés par deux facteurs. Ils impliquent soit l'élongation de la colonne vertébrale et de ses annexes, soit la particularité d'attirer une grande quantité de sang vers les tissus situés autour de l'épine dorsale, en particulier dans les régions pelvienne et lombaire. Dans le prânayâma (avec sangle contrôlée) l'étirement de la colonne vertébrale est réalisé en manipulant le diaphragme contracté, notamment par l'action de ses deux crura.*

Après une inspiration aussi profonde que possible, au moment où le diaphragme est contracté au maximum et occupe sa position la plus basse, il est repoussé vers le haut par les muscles grands droits (au centre de l'abdomen) qui compriment les viscères. Cette poussée est contrariée par le diaphragme contracté et ses deux crura. De cette façon une traction continue est exercée sur la colonne vertébrale et sur ses parties adjacentes.

Nous voyons ainsi que la haute pression intra-abdominale créée dans le Prânayâma par l'action et la réaction des parties anatomiques ainsi que par la traction vers le haut des deux crura est responsable de l'éveil de la Kundalini."

Maintenir la sangle abdominale contrôlée et contractée pendant le prânayâma accentue considérablement la DIFFERENCE DE PRESSION dans le tronc, c'est-à-dire entre l'abdomen et l'air ambiant dans le thorax, donc dans les poumons. En effet, la lutte entre le diaphragme qui s'abaisse et la sangle abdominale qui résiste agit directement sur les organes abdominaux, mais n'influence pas le thorax.

*"Crura est le pluriel de "crus" qui désigne ici les deux prolongements fibreux du dôme diaphragmatique reliés aux vertèbres lombaires. Ce sont véritablement les piliers de la voûte diaphragmatique (n.d.l.r.).

En résumé : à l'étage abdominal, pression plus élevée; à l'étage thoracique, dépression pendant l'inspiration (sans quoi l'air extérieur ne pourrait pas pénétrer dans les poumons). Cette différence entre la pression positive accrue dans l'abdomen et la dépression normale dans le thorax a des conséquences très importantes sur la circulation sanguine.
Les deux étages sont séparés par la "voûte" diaphragmatique, mais celle-ci est traversée de conduits, notamment la veine cave inférieure qui collecte le sang veineux de l'étage sous-diaphragmatique du corps, c'est-à-dire principalement de tous les viscères abdominaux. C'est par la veine cave inférieure que la pression intra-abdominale trouve son exutoire. Si l'on comprime un ballon rempli de liquide, la pression y augmente, mais si ce ballon est percé d'un tuyau débouchant vers le haut, la pression fera jaillir le liquide. L'abdomen se comporte comme ce ballon, le tuyau étant la veine cave inférieure. La pression exercée sur les viscères abdominaux par la lutte entre le diaphragme et la musculature abdominale, propulse le sang veineux des viscères de l'étage sous-diaphragmatique vers l'étage thoracique.
Le sang veineux, au lieu de stagner dans les viscères, jaillit à travers le diaphragme vers le coeur, qui l'envoie aux poumons, où il se débarrasse de son excès de CO^2 et se recharge d'oxygène et de prâna. Tout se passe comme si le thorax aspirait littéralement le sang de l'étage inférieur, et cette succion est proportionnelle à la différence de pression entre les niveaux. La respiration avec sangle contrôlée accélère considérablement la circulation du sang veineux dans l'abdomen et, en fin de compte, dans tout l'organisme. Grâce à ce puissant activateur, des masses de sang stagnant sont recyclées, purifiées dans les poumons et réinjectées dans la circulation générale : elles vont revitaliser tout l'organisme.
Revenons au coeur. Etant donné – hélas ! –que la moitié de la population des pays industrialisés est menacée de troubles cardiovasculaires (infarctus, etc.) on peut se demander si cette respiration n'est pas dangereuse pour les cardiaques. NON, AU CONTRAIRE, car l'abaissement du diaphragme soulage le coeur : à aucun moment il n'est comprimé. L'activation de la circulation veineuse de retour allège son travail. C'est pourquoi les médecins attachés au Laboratoire de Lonavla affirment : "*Le prânayâma est l'un des meilleurs exercices pour les coeurs*

fragiles et les poumons affaiblis. Quand la physiologie du prânayâma est bien comprise et si celui-ci est bien appliqué, il donne des résultats merveilleux". Je précise cependant que les cardiaques et les personnes aux poumons fragiles doivent être très prudents vis-à-vis des rétentions de souffle (cf. chapitre 14 p.115 Contre-Indications au Kumbhaka).

On pourrait objecter que si la surpression dans l'abdomen chasse le sang veineux vers le haut par la veine cave inférieure, cette même surpression doit freiner l'afflux du sang artériel descendant dans le ventre par l'aorte abdominale pour alimenter tout l'étage sous-diaphragmatique du corps. Les deux effets devraient s'annuler. En réalité, il n'en est rien. Je m'explique : tout d'abord, comme le sang circule en circuit fermé, toute accélération du débit en un point quelconque du circuit accélère la circulation dans tout le réseau*. Ensuite, la surpression intra-abdominale "n'aplatit" pas l'aorte, car les artères ont une tunique assez rigide pour résister mécaniquement à une telle augmentation de pression. Le cœur ne doit pas fournir un effort accru pour propulser le sang vers le bas de l'abdomen comprimé, car le sang artériel est quasi aspiré dans les organes à la suite du sang veineux refoulé vers le haut. Ainsi le coeur travaille dans les meilleures conditions.

Si un doute subsistait encore, les textes suivants, émanant des chercheurs de Lonavla, le dissiperaient à coup sûr :

"Deux positions ont été préconisées pour l'inspiration. La culture physique respiratoire occidentale recommande que les abdominaux soient relaxés et ballonnés par la pression des viscères poussés vers l'avant et vers le bas. LA TECHNIQUE YOGIQUE EXIGE, AU CONTRAIRE, QUE CES MUSCLES DEMEURENT CONTRACTES.

Les milieux médicaux occidentaux prétendent que l'abdomen gonflé permet au diaphragme de descendre plus bas, ce qui assurerait une capacité thoracique plus importante, donc l'inspiration d'un volume d'air accru. Selon eux, la sangle abdominale contrôlée freinerait la descente du diaphragme et conduirait à une limitation de l'expansion thoracique, par conséquent à l'absorption d'une quantité d'air plus réduite. Nous avons exécuté un

*L'inverse est tout aussi vrai. Il faut donc éviter tout freinage, même minime, de la circulation par compression (par exemple : chaussures étroites, ceintures, cols et même bagues trop serrantes).

grand nombre d'expériences dans ce domaine et nous avons trouvé que cette affirmation occidentale est plus imaginaire que réelle. Nos expériences nous permettent de conclure que la chute de la pression intrapulmonaire est plus grande dans les inspiration avec l'abdomen contrôlé que dans les inspirations avec sangle relâchée. Ces résultats nous amènent à conclure que la capacité pulmonaire s'accroît considérablement lors d'inspirations avec l'abdomen contrôlé bien plus qu'avec l'abdomen relaxé et ballonné."*
Voilà qui est formel.

DANS LA PRATIQUE YOGIQUE

L'importance du contrôle de la sangle abdominale m'est apparue le plus nettement en pratiquant, à l'Ashtanga Yoga Nylayam à Mysore, sous la direction de K. Pattabi Jois. J'y ai vu le Maître contrôler cette tension pendant le prânayâma, notamment en pressant les pouces contre la sangle abdominale au-dessus de la symphyse pubienne, à l'insertion des grands droits, pour s'assurer que la tension était correcte (voir photo).

En contrôlant la sangle à toutes les phases de la respiration (inspiration - expiration - rétention), l'augmentation de la pression dans le tronc est très perceptible. Après une ou deux minutes de ce type de respiration, il est normal, au début, d'éprouver une certaine fatigue dans les abdominaux et également dans les intercostaux. On ressent néanmoins une sensation d'euphorie générale. L'agréable chaleur qui se manifeste d'abord aux joues envahit tout le corps, indice que la respiration cellulaire a été stimulée.
Je suis convaincu que les poumons fixent mieux l'oxygène et le prâna quand la pression intra-abdominale est plus forte. De plus, la contraction de la sangle abdominale pendant l'expiration, et spécialement à la fin de celle-ci, vide beaucoup mieux les poumons de l'air résiduel.
Après une courte période d'adaptation, variable selon l'intensité

*J'ai visité le laboratoire de Lonavla : son équipement est digne d'un laboratoire occidental et le staff scientifique exécute les expériences avec toute la rigueur désirable.

de la pratique et la qualité de la musculature respiratoire de l'adepte, on n'envisage plus de pratiquer autrement.

COMMENT APPRENDRE SEUL ?

Le contrôle actif de la sangle abdominale s'applique à toutes les phases du prânayâma, mais c'est pendant la rétention de souffle à poumons pleins qu'il est indispensable.

Avant d'apprendre par soi-même le contrôle correct de la musculature, il est utile d'examiner la sangle abdominale d'un peu plus près.

Cette paroi musculaire comprend plusieurs couches de muscles, certains disposés en oblique, d'autres horizontalement ou verticalement. Les muscles dits "grands droits" qui vont du pubis au thorax (sternum et côtes) sont parmi les plus importants. Ils jouent le rôle principal dans la respiration contrôlée. Ils présentent notamment une nette différence de résistance entre la partie située sous l'ombilic et celle située au-dessus du nombril. La partie comprise entre le nombril et la pointe de sternum – l'appendice xyphoïde, pour l'appeler par son nom –, est beaucoup moins résistante que la partie inférieure. Pour s'en assurer, il suffit de bloquer le souffle à poumons pleins, de durcir la sangle abdominale, puis de frapper avec le tranchant de la main la partie située sous l'ombilic : elle supporte sans douleur des coups même assez violents. Par contre, au-dessus de l'ombilic, une percussion beaucoup plus faible sera douloureuse.

Passons à la pratique !

Asseyez-vous en Lotus, en Siddhâsana, ou en Vajrâsana. Redressez la colonne vertébrale en tendant la musculature du dos, et basculez légèrement le bassin vers l'avant. Les reins sont légèrement cambrés. En Lotus, pour que l'attitude devienne automatiquement correcte, il suffit que les deux genoux touchent le sol, car pour cela il faut précisément tendre les muscles, qui doivent être contrôlés. Quelle que soit la position adoptée, notez qu'il est pratiquement impossible de réussir l'exercice si le dos est affalé, ce qui est presque toujours le cas dans la pose dite du tailleur (assis au sol les jambes croisées). Si aucune des âsanas citées n'est à votre portée, il vous est loisible de travailler assis sur une chaise basse.

Commencez d'abord par un essai volontairement incorrect pour avoir un point de comparaison. Videz les poumons à fond en contractant les muscles de la paroi abdominale pour chasser les derniers restes d'air. Inspirez maintenant profondément en relâchant la sangle abdominale (incorrect) et observez votre ventre qui se gonfle vers l'avant comme une outre : ce qu'il fallait empêcher !
Allons-y pour l'essai correct, cette fois !
Videz à nouveau les poumons à fond, comme décrit ci-dessus. En fin d'expiration, la sangle est ferme : laissez-la ainsi. Avant d'inspirer, appuyez l'index gauche entre le nombril et le pubis, et l'index droit entre le nombril et le sternum. Appuyez bien sur le ventre pour tâter la différence de résistance, donc toujours en bloquant le souffle à poumons vides. Maintenant, en laissant les doigts en place, inspirez lentement. Gardez la partie inférieure de la sangle abdominale contractée, et pendant toute l'inspiration ne laissez se dilater *légèrement* que la partie de la sangle abdominale située au-dessus de l'ombilic. Ainsi la sangle abdominale résiste à la pression créée par l'abaissement du diaphragme qui repousse les organes vers le bas et vers l'avant, contre la paroi du ventre. Sous vos doigts, vous percevrez nettement la différence de résistance entre les deux niveaux de la sangle abdominale. L'inspiration requiert donc un certain effort musculaire, et cette compression se transmet intégralement aux organes de l'abdomen, qui sont vigoureusement massés, quoique sans brutalité, et tonifiés en conséquence.

INFLUENCE SUR L'INSPIRATION THORACIQUE ET CLAVICULAIRE

En fin d'expiration, le diaphragme contracté, antagoniste de la sangle contrôlée, étant parvenu à son niveau le plus bas, vous constaterez que la phase thoracique de l'inspiration se déclenche avec plus d'aisance, de spontanéité et d'ampleur qu'avec la sangle relâchée et le ventre ballonné. Les muscles intercostaux, qui sont en quelque sorte un prolongement de la sangle abdominale, soulèvent et écartent bien les côtes : le thorax s'épanouit. La dernière phase de l'acte respiratoire, la phase subclaviculaire, s'amorce alors avec aisance et complète le cycle.

RETENTION DE SOUFFLE A POUMONS PLEINS

Bloquez le souffle en gardant la sangle contrôlée et (est-il utile de le dire ?) en respectant les règles de la rétention. C'est pendant la rétention du souffle que l'augmentation de la pression dans le tronc (abdomen et thorax) est le plus sensible. L'adepte ressent alors la nécessité de sceller l'air dans le thorax, afin que la pression ne monte pas au-delà de la glotte, ce qui se fait grâce à Jalandhara Bandha (voir chapitre 22, page 180). Ainsi le visage ne se congestionne pas, la pression demeure scellée dans les poumons, ce qui ne peut leur nuire, car elle se répartit uniformément sur la surface totale de la membrane pulmonaire (qui est de l'ordre de 140 m^2 environ). Par contre, elle améliore considérablement la qualité des échanges.

ET LA RESPIRATION ORDINAIRE ?

Le contrôle de la sangle ne doit pas être réservé au prânayâma seulement. La respiration normale, habituelle, devrait être cette respiration yogique avec sangle contrôlée, quoique sous une forme atténuée. Au cours de la journée, chaque fois que vous y penserez, raffermissez la sangle abdominale, surtout dans sa partie sous-ombilicale. Même et surtout en voiture, asseyez-vous de manière à pouvoir respirer en contrôlant la sangle. Vous éviterez ainsi d'être affligé de la "ceinture de l'automobiliste" (le "pneu de rechange", comme l'appellent les Américains), car un ventre distendu se garnit bientôt d'un bourrelet de lard. Cette respiration deviendra progressivement une seconde nature, ou plutôt un retour à la nature, puisqu'il s'agit de retrouver le tonus abdominal de la véritable respiration naturelle.

CONTROLE, OUI ! CONTRACTURE, NON !

Le lecteur pourrait croire qu'ainsi nous rejoignons la respiration gymnique "ventre rentré, thorax bombé". Pas du tout ! Il y a un monde entre les deux ! Dans la respiration gymnique "ventre rentré, thorax bombé", seule la respiration thoracique – et éventuellement claviculaire – est possible : la phase diaphragmatique (essentielle) est pratique escamotée.

D'autre part, sangle "contrôlée" n'est pas synonyme de sangle "contracturée".
Une sangle abdominale contracturée, rigide comme une carapace, bloque toute la respiration diaphragmatique. Les personnes à respiration haute (subclaviculaire) due à un abdomen crispé sont perpétuellement tendues, anxieuses, ont la gorge serrée, le plexus solaire contracté. Elles ont en général une santé délicate, sont frileuses, digèrent mal, sont souvent trop maigres par suite d'une mauvaise assimilation de la nourriture. Elles dorment mal, sont sujettes à de fréquentes migraines. La respiration subclaviculaire ventile mal les poumons, réduit la résistance physique et nerveuse, abrège la vie. De plus, une paroi abdominale rigide abrite souvent des intestins constipés (constipation spastique). Les âsanas peuvent les soulager, mais seule la respiration yogique combinée à la relaxation peut les aider efficacement. Elles doivent d'abord apprendre à relaxer à volonté la sangle abdominale. Lorsqu'elles seront moins tendues, capables de relâcher leur sangle à volonté et de mouvoir leur diaphragme, la pratique des âsanas leur apportera un bénéfice maximum. La relaxation de l'abdomen est pour elles la condition préalable à la mobilisation du diaphragme, bloqué en position haute par la contracture de la paroi abdominale et le manque de mobilité des côtes. La relaxation de l'abdomen crispé produit des effets spectaculaires : le plexus solaire se décongestionne, la respiration s'amplifie, le spasme du tube digestif se dénoue, la digestion s'améliore, la constipation devient moins opiniâtre, la sensation d'oppression anxieuse s'estompe et disparaît, tandis que le sommeil s'améliore. Ces personnes doivent passer par le stade de la respiration avec sangle relaxée avant de pratiquer le prânayâma avec sangle contrôlée. Toutes les indications données à ce sujet dans "J'apprends le Yoga", pp. 39 et suiv. demeurent valables et les concernent particulièrement.

RESPIRATION AVEC SANGLE DISTENDUE

Voyons maintenant ce qui se passe chez ceux qui ne respirent effectivement que du ventre et dont la sangle abdominale s'est avachie et distendue – en majorité des hommes. Cette situation entraîne une foule de conséquences fâcheuses. N'étant plus maintenus, les organes pendent presque hors du bassin dans le sac informe qu'est devenu leur abdomen. Les viscères, disposant d'un volume accru, se gorgent d'un excès de sang et leur poids distend de plus en plus la sangle. C'est un cercle on ne peut plus vicieux ! Cette stase sanguine entrave le fonctionnement correct des organes. Le tube digestif, en particulier le côlon, s'encombre d'un ballast inutile composé des résidus accumulés de plusieurs repas, voire même de poches de gaz. La graisse envahit le reste du volume disponible. Ces hommes sont, eux aussi, souvent constipés mais leur constipation est consécutive au manque de tonicité du côlon bourré de déchets qu'il n'a plus la force d'évacuer. Une remarque en passant : même un simple laxatif ne doit pas être absorbé à la légère. Tel laxatif qui agit sur la muqueuse intestinale pour déclencher des contractions d'un intestin atone, administré à une personne souffrant de constipation spastique aggraverait le mal !

Pour revenir à la respiration avec sangle contrôlée, en général les personnes dont l'abdomen est distendu ne parviennent pas à contracter la paroi abdominale avec la puissance requise. Elles devront d'abord fortifier la musculature de l'abdomen.

Le moyen yogique le plus efficace consiste, comme nous l'avons indiqué dans la technique d'Halâsana et de Sarvangâsana*, à intercaler des arrêts à 30 et à 60 degrés dans l'ascension des jambes.

En quelques semaines, les muscles retrouveront leur tonus et l'adepte deviendra capable de contrôler la sangle pendant le prânayâma.

*Voir "J'apprends le Yoga" pp. 124, 132 et 146.

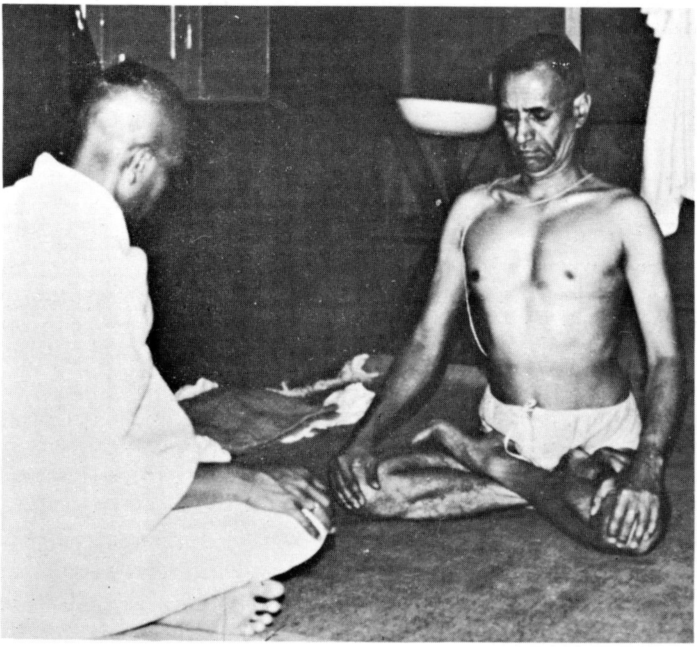

Tournant le dos à l'objectif, le Guru, K. Pattabhi Jois, de l'Ashtanga Nilayam de Mysore,contrôle toujours personnellement et en permanence l'exécution des exercices de prânayâma, même lorsqu'il s'agit d'adeptes chevronnés comme c'est le cas ici. Voici une inspiration yogique complète correcte, vue en fin d'inspiration. Le Lotus est très serré, les talons contre l'abdomen; les mains posées sur les genoux touchent le sol. Le bassin est légèrement basculé vers l'avant pour presser le bas-ventre contre les talons. Le thorax est pleinement épanoui, le ventre n'est pas ballonné, la sangle est contrôlée. Plus un cm^3 d'air ne pourrait être inspiré. Remarquer la position du menton rétracté, pour faciliter Ujjayi.

Nous sommes à la fin d'une inspiration profonde. L'adepte qui a inspiré par la narine gauche, se prépare à bloquer le souffle à poumons pleins qui s'exécutera en Jalandhara Bandha. La partie de l'abdomen au-dessus de l'ombilic a cédé élastiquement mais fermement. La pression dans l'abdomen est maintenue à un niveau élevé. Le ventre n'est pas ballonné, il ne dépasse pas l'alignement du sternum. Etudiez soigneusement ces photos, elles donnent des renseignements CAPITAUX sur le déroulement exact du prânayâma. Observez notamment la position de la colonne vertébrale.

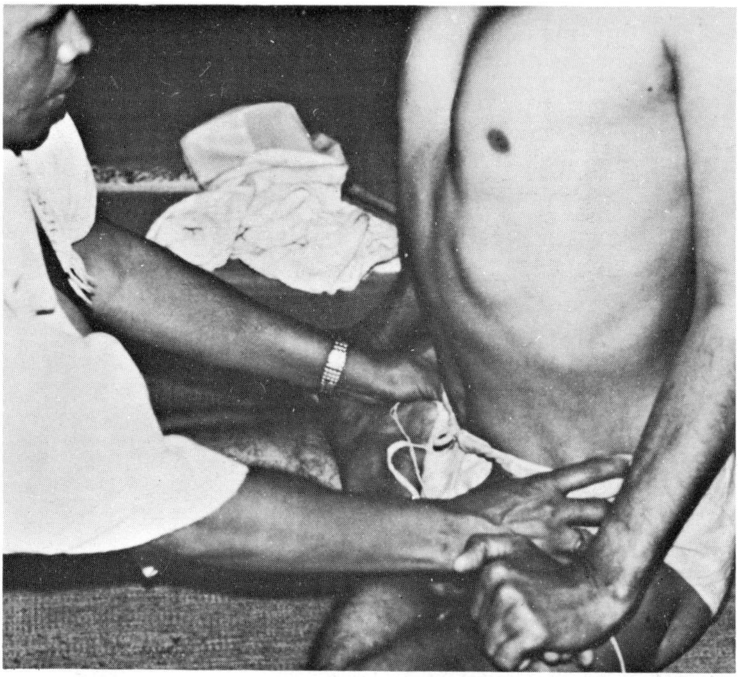

Pour contrôler la tension de la sangle abdominale, le Guru enfonce les pouces dans la paroi abdominale (juste à côté des grands droits). Cette photo montre l'abdomen contrôlé : c'est uniquement la partie au-dessus de l'ombilic qui se gonfle très légèrement pendant que l'air entre dans les poumons. Ici nous sommes en cours d'inspiration, vers la moitié de la phase diaphragmatique.

la recharge prânique 20

Le prânayâma a pour but d'accroître l'absorption et la fixation du prâna, de l'accumuler dans certains centres, puis de répartir cette énergie dans notre corps. Dans ce chapitre nous allons apprendre à "prânaïser" notre corps, globalement ou en partie, à notre gré.
L'exercice proposé à cet effet est particulièrement intéressant, car il est simple, efficace et sans danger.

LA TECHNIQUE

L'adepte – faut-il le préciser ? – prend l'âsana requise pour le prânayâma. Avant de commencer, quelle que soit sa position, il s'assurera que sa colonne vertébrale n'est pas affaissée, mais au contraire bien droite et verticale.

INSPIRATION (PURAKA) PHASE D'ABSORPTION

Pendant l'inspiration, qui est lente, uniforme et complète, l'adepte concentre toute son attention sur la pénétration de l'air dans ses narines. Pour faciliter cette concentration, il peut regarder le bout de son nez, dont il doit distinguer les deux ailes. Il louche un peu : il ne faut pas exagérer dans ce domaine, non par crainte de strabisme, mais pour ne pas fatiguer la musculature des yeux. Les yeux sont presque clos, ce qui rend cette fixation (qui est une forme de tratak) beaucoup plus agréable. Cette fixation du regard est facultative : elle constitue un simple adjuvant facilitant la concentration.

Pendant l'inspiration, l'adepte imagine qu'il capte le prâna par les narines, sous forme d'énergie pure. Pour faciliter la concentration il peut se représenter le prâna sous la forme d'une lumière (jaune ou bleue) pénétrant dans les cornets du nez. Précisons ici qu'il ne faut pas confondre "imagination" et "illusion". L'image mentale aide réellement à la fixation du prâna : l'expérience millénaire des yogis le prouve. Le prânayâma est un processus à la fois psychique et physique. Il est vrai que la fixation normale du prâna est automatique, sans quoi nous ne pourrions pas vivre. L'énergie prânique contenue dans l'air est absorbée par notre corps, depuis notre naissance, sans que nous le sachions. Cependant, il est impossible de faire du prânayâma sans le savoir ! La découverte géniale des yogis, et probablement l'une des plus grandes découvertes jamais faites par l'humanité, est que le mental influence la fixation du prâna et peut augmenter son absorption, sa fixation et sa circulation dans l'organisme. Le prânayâma n'est concevable qu'avec la participation active du mental. Cette participation se traduit par la concentration; son véhicule le plus efficace est la représentation mentale, éventuellement soutenue par un mantra. Le OM est parfait à ce point de vue.

Mais revenons à notre exercice. En imaginant qu'il absorbe de l'énergie lumineuse par les narines, le yogi augmente réellement la quantité de prâna fixée. J'ignore si des recherches scientifiques ont déjà été effectuées dans ce domaine: cela n'a d'ailleurs aucune importance. Nous savons qu'en nous conformant aux prescriptions yogiques, nous obtenons des résultats tangibles.

Les yogis qui arrêtent leur coeur grâce aux techniques du prânayâma, se préoccupent fort peu de savoir si les méthodes utilisées sont ou ne sont pas scientifiquement contrôlables, sinon dans les résultats finaux (grâce à l'enregistrement de l'électrocardiographe, par exemple). Et pour eux, cela n'aurait que l'importance d'une confirmation, sans plus. Les yogis pratiquent le prânayâma et en retirent les bienfaits depuis des millénaires, sans électrocardiogramme !

RETENTION (KHUMBAKA) PHASE D'ACCUMULATION

A la fin de l'inspiration lente, consciente, accompagnée de la fixation du prâna au niveau des cornets du nez, l'adepte bloque son souffle, doucement, et le scelle dans les poumons en faisant Jalandhara Bandha (cf. chap. 22 p. 180).
Pendant la rétention, son attention concentrée est dirigée vers le creux de l'estomac, qu'il peut éventuellement regarder : son regard ne doit pas rester fixé sur le bout du nez.
Pendant toute la rétention à poumons pleins, le mental demeure centré sur la région considérée, et l'adepte imagine, s'il en est capable, qu'il envoie de la lumière et de l'énergie dans cette zone. S'il ne parvient pas à former cette image, tant pis : l'essentiel est de "s'intérioriser" dans la région comprise entre la pointe du sternum et le nombril. Après une rétention (dont il est impossible de préciser la durée, car elle dépend de l'adepte et de son entraînement) il percevra d'abord des pulsations puis des réactions de la sangle abdominale, des grands droits en particulier.
Ces réactions seront d'abord des contractions rythmiques de ces muscles, qui s'amplifieront à mesure que la rétention se prolongera. Ce Kumbhaka s'accompagnera obligatoirement de Mula Bandha (contraction du sphincter de l'anus et du périnée). Les contractions seront bientôt suivies d'une vibration dans cette zone; pendant ce temps, le mental y demeure concentré et l'adepte imagine qu'il y accumule de l'énergie. Lorsque la rétention risque de devenir inconfortable, il faut passer à l'expiration.

EXPIRATION (RECHAKA) PHASE DE REPARTITION

L'expiration est une phase essentielle de l'exercice puisque c'est alors que l'adepte dirige à volonté un flux de prâna, soit dans l'organisme tout entier, soit vers une région de son choix. Par conséquent, cette expiration doit être prolongée, contrôlée et complète. Cela implique que la rétention ne doit pas être poussée trop loin. Cette expiration lente est un parapet protecteur contre les rétentions de souffle excessives. Si vous parvenez à contrôler l'expiration et à l'effectuer lentement, vous êtes assuré de ne pas avoir outrepassé vos limites.

Tandis que l'air s'échappe lentement des narines (donc pas d'expiration par la bouche), l'adepte imagine que, partant de la région entre l'ombilic et le sternum, un courant de prâna se diffuse dans son corps entier. Il doit percevoir son corps d'un bloc et y diffuser du prâna.
Pendant l'expiration, des contractions rythmiques de la sangle peuvent encore se produire : c'est normal.
Si l'adepte, pour une raison quelconque, désire stimuler une région particulière du corps (membre ou organe), il dirige le courant de prâna vers le membre considéré en imaginant qu'un courant de chaleur se dirige vers cette partie du corps. Supposons qu'un adepte se soit fait une entorse. Il dirigera le courant prânique vers la région douloureuse, en pratiquant ce prânayâma. Après quelques minutes, il y ressentira une chaleur pouvant devenir assez intense : tout dépend du degré de concentration mentale de l'adepte. Mais même avec une concentration très moyenne, la sensation de chaleur se perçoit rapidement.

REPETITION

Ce qui précède constitue un prânayâma. Il est donc nécessaire de recommencer plusieurs fois et de poursuivre pendant plusieurs minutes. Il n'y a aucun inconvénient à interrompre pour faire quelques respirations normales, si la fatigue se manifeste. L'essentiel est de garder l'attention fixée sur le processus respiratoire, même pendant les périodes de respiration normale. J'ai cité l'exemple d'une entorse, mais l'exercice s'applique aussi aux organes. Si l'on souffre du foie, par exemple – cela peut arriver même à des adeptes du yoga –, on dirigera le flux de prâna vers la zone douloureuse.
En Occident tout au moins, on commence généralement le yoga avec un passif qu'il faut apurer progressivement : les erreurs des années écoulées doivent se payer. Le yoga facilite et accélère l'apurement de notre dette !

CONTRE-INDICATIONS

Cet exercice ne comporte AUCUNE contre-indication, car il est impossible d' "hyperprânaïser" un organe, pas plus qu'il ne

serait possible d'être en trop bonne santé ! Voici un exemple vécu :
Une amie du yoga, victime d'un accident de voiture, a pratiqué ce prânayâma de recharge prânique sur son lit d'hôpital, plusieurs fois par jour pendant dix minutes. Un rein avait été particulièrement touché, de même que la colonne vertébrale. A la surprise de tous les médecins qui l'ont soignée, elle s'est remise de son accident à une vitesse stupéfiante, et l'accident n'a laissé aucune séquelle.

EFFETS PSYCHIQUES

Toutefois, il n'est pas nécessaire d'admettre la théorie prânique pour pratiquer ce prânayâma. En effet, j'ai fait allusion à l'aspect psychique du prânayâma, et à cet égard l'exercice en question se trouve vraiment à la frontière entre le physique et le psychique. Même en faisant abstraction de tout ce qui précède, la pratique de cet exercice vous apportera d'immenses bénéfices. Pendant l'exercice, le mental conscient est complètement absorbé et mis en veilleuse au profit des couches plus profondes du psychisme; il en résulte une prise de conscience du corps qui peut difficilement être atteinte par d'autres moyens. Tout le corps est pénétré de conscience, les niveaux corporels et mentaux s'intègrent harmonieusement. Ce prânayâma spiritualise le corps, ce qui est le but et la base même du Hatha-Yoga.
Ce prânayâma constitue le début d'une méditation, et sa pratique à raison de quelques minutes seulement amène l'adepte à un état très voisin de l'état de méditation profonde. La méditation ne consiste pas à "faire" quelque chose mais bien à laisser "se faire" quelque chose. La méditation est un état et non une série d'activités mentales. Ce n'est pas sans raison que dans l'Asthanga Yoga de Patanjali, le prânayâma se situe entre les âsanas et les étapes purement psychiques de concentration menant à l'intégration suprême, au Samadhi.

NOTE:

La Recharge prânique peut aussi se pratiquer en position couchée en Savâsana ou au lit.

samavritti prânayâma le prânayâma carré 21

Le prânayâma étudié dans ce chapitre est absolument unique, car tout en étant très simple et sans danger, il inclut tous les aspects de cette science millénaire que nous ont léguée les Rishis de l'Antiquité. Il est même plus classique et plus courant que le célèbre 1 : 4 : 2 repris dans les ouvrages traitant de ce sujet. Il est caractérisé par le fait que les quatre phases de l'acte respiratoire ont la même durée.

L'ATTITUDE CORRECTE

Asseyez-vous dans votre position favorite pour le prânayâma.
Nous le savons, l'essentiel est que la colonne vertébrale soit très droite, que le poids du corps soit réparti avec soin autour du centre de gravité situé dans le bas-ventre, entre le nombril et le pubis, afin que le corps se trouve "dans son assiette". Dans cette position, l'adepte est assis sur les ischions. Il ne faut pas se presser d'entamer l'exercice, quel qu'il soit d'ailleurs.
Il est bon de consacrer quelques instants à rechercher l'attitude correcte de la colonne, celle qui assure sa stabilité en éliminant toutes les contractures parasites. La tête sera, comme toujours, posée bien en équilibre au sommet de la colonne. Prenez plusieurs fois conscience de la colonne vertébrale. Erigez-la à partir du sacrum, vertèbre après vertèbre, jusqu'au sommet, là

où atlas et axis soutiennent le crâne et son précieux contenu. Laissez la pensée attentive aller et venir de bas en haut, de haut en bas, le long de la colonne vertébrale, comme une cabine d'ascenseur. Outre que cela assure le confort de tout le corps pendant la durée de l'exercice, cette concentration préalable produit déjà une intériorisation du mental indispensable à la réussite des exercices de prânayâma, quels qu'ils soient.

L'EXERCICE PROPREMENT DIT

Tandis que le processus respiratoire ordinaire et habituel ne comporte que deux phases distinctes, l'inspiration (Puraka) et l'expiration (Rechaka), le yoga y ajoute la rétention (Khumbhaka) qui peut se faire à poumons pleins ou à poumons vides. Le prânayâma véritable ne commence qu'avec Kumbhaka. Le Prânayâma carré consiste à inclure ces quatre phases dans un seul et même exercice et à leur réserver la même durée.

LE RYTHME

L'élément "rythme" est capital dans tous les processus et exercices de prânayâma. Pour assurer le rythme, le moyen le plus simple consisterait à compter, par exemple, jusqu'à 6 pour l'inspir, à retenir le souffle pendant 6 temps et ainsi de suite.
Bien que cette façon de procéder ne soit pas forcément incorrecte, il est infiniment préférable d'établir le rythme sur une succession intérieure de OM, brefs évidemment. La concentration sur le OM a l'avantage de permettre une profonde absorption du mental. On pourrait objecter que, pour faire durer l'une des phases pendant 6 OM, il faudra bien les compter et qu'indirectement on retrouve le "comptage" qu'on souhaiterait justement éviter. Cette objection porte à faux, car il existe des procédés permettant de maintenir un nombre défini d'unités OM en les divisant en groupes, sans être astreint à compter. Exemple : supposons que vous choisissiez quatre OM comme rythme de base. Il suffit de répéter 2 fois 2 OM. Mentalement on écoute OM - OM / OM - OM : c'est facile. Pour six, ce sera évidemment OM - OM - OM / OM - OM - OM. Il n'est pas nécessaire de marquer un temps d'arrêt notable entre les groupes de 2, 3

ou 4 OM. Bientôt, le rythme s'établit de lui-même; on *sent* le nombre de OM, sans compter.
Il n'est pas rare que des adeptes perçoivent les battements du coeur pendant cet exercice. Ils peuvent alors rythmer leur prânayâma carré en synchronisant les OM et les pulsations cardiaques. C'est la façon idéale de procéder, mais si l'on ne perçoit pas les battements du coeur, cela n'a pas d'importance au point de vue des résultats du prânayâma.

L'EXERCICE COMPLET

Commencez par vider les poumons à fond, sans compter, puis bloquez le souffle à poumons vides, le temps d'écouter 4 fois OM par exemple, avec autant de contractions en Asvini Mudra.
Puis inspirez (avec la sangle abdominale contrôlée) en respectant la technique yogique complète, en comptant 4 OM. Quand les poumons sont pleins, bloquez le souffle, comptez 4 OM avec Asvini Mudra.
Videz les poumons en 4 OM, avec le périnée relâché.
Recommencez le processus, à volonté, sans interruption entre les cycles.
Le nombre de OM dépend des capacités respiratoires de chacun. Essayez avec le carré de 4 OM pour commencer. En dessous de quatre, l'exercice perd son sens, car les personnes dont la capacité respiratoire est insuffisante feront mieux de s'exercer tout simplement à la respiration yogique complète, sans rétention de souffle et sans compter. Un prânayâma carré de 6 à 8 OM constitue la mesure moyenne. Il faut se réserver le temps de bien vider les poumons, puis de les remplir complètement pendant la phase active de l'exercice.
La durée est correcte si vous pouvez poursuivre indéfiniment l'exercice, sans fatigue.
Le Prânayâma carré s'accompagne habituellement d'Asvini Mudra*, qui s'effectue pendant chacune des rétentions, à raison d'une contraction pour chaque OM prononcé silencieusement. Pendant l'inspiration et l'expiration, relaxation des muscles du périnée.

Cf. p. 251.

Voici le schéma du processus complet :

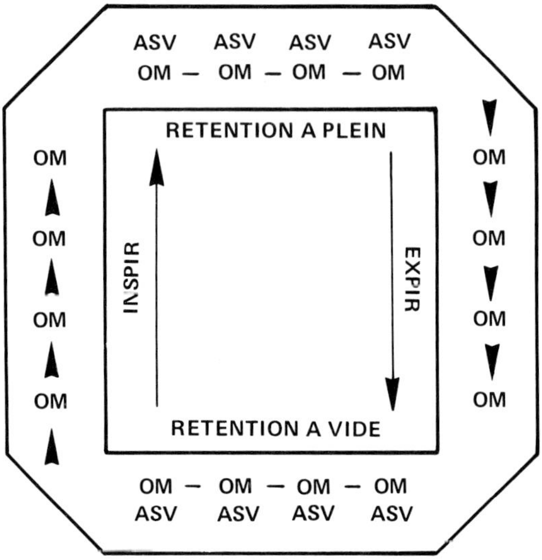

ASV = Asvini Mudra (cf. p.251)

CONCENTRATION

La concentration est la dimension essentielle de l'exercice. C'est elle qui lui confère son efficacité maximum. Le mental doit être rigoureusement concentré sur le prânayâma, en évitant toute distraction. Au début, il est assez normal qu'il y ait des distractions, mais il faut inlassablement ramener le mental à l'exercice, sans se décourager. Après peu de temps, le mental s'absorbera entièrement, ce qui est un des objectifs de ce prânayâma, qui facilite l'accession à l'état de méditation (dont il constitue une préparation idéale).

Comment faut-il se concentrer ? Où faut-il porter son attention ?

Pendant l'inspiration, concentrez-vous sur les OM et sur le courant d'air dans les fosses nasales. Il faut d'ailleurs le diriger le plus haut possible dans le nez.

Pendant la rétention à poumons pleins, concentrez-vous sur les

OM et sur les contractions d'Asvini Mudra, éventuellement en même temps sur les battements du coeur. L'essentiel est de diriger l'attention vers la zone contractée pendant Asvini. Les battements synchrones du coeur sont un élément complémentaire important mais non indispensable.
Pendant l'expiration, concentrez-vous sur le passage dans les narines de l'air chaud sortant des poumons et sur les OM.
Rétention à poumons vides : concentrez-vous sur les OM et sur Asvini Mudra (idem pour la rétention à poumons pleins).

Variante :
Au lieu de se concentrer sur le passage de l'air dans les narines, on peut pratiquer l'exercice en Ujjayi et en s'absorbant dans le bruissement de l'air dans les voies respiratoires, bruissement causé par la légère contraction de la glotte. Cette écoute favorise la concentration.

DUREE DE L'EXERCICE

Il a été précisé plus haut que le Prânayâma carré peut se pratiquer aussi longtemps qu'il est aisé et que l'adepte le désire. Précisons : aussi longtemps que le mental accepte de se concentrer sur l'exercice. Si le prânayâma fatigue ou ennuie, il faut l'interrompre pour le reprendre plus tard. Il se pratique à n'importe quel moment, sauf immédiatement après un repas copieux.
Comme l'exercice perd beaucoup de sa valeur quand le mental n'est plus concentré, il faut éviter qu'il ne devienne "mécanique" et inconscient. L'esprit doit être le plus lucide possible pendant toute la durée du prânayâma; même la phase d'absorption n'échappe pas à cet impératif. Demeurez vigilant. L'assoupissement est un "incident technique" à éviter, car il empêche de franchir un certain "seuil" impossible à décrire, mais très reconnaissable lorsqu'on y accède. Ce "seuil" passé, le mental se trouve dans un état particulier : l'adepte demeure parfaitement conscient de toutes les phases de l'exercice, concentré et absorbé, mais il n'entend pratiquement plus ou il entend du moins si faiblement les bruits extérieurs, qu'ils ne troublent plus la concentration de l'attention.
Les mécanismes du verbalisme intérieur qui, à l'état de veille

normal, nous font nous parler intérieurement, sont débrayés et la conscience s'établit, purifiée des perturbations parasitaires de l'intellect ordinaire.
Il suffit alors de gravir un échelon de plus pour entrer dans l'état de méditation, où l'on acquiert la conscience d'observer son propre mental et son propre corps avec un certain recul. L'adepte n'est plus DANS son mental, mais bien DERRIERE son mental, il cesse de s'identifier à lui. La perception du Moi profond, du Spectateur qui transcende le temps, l'espace et les limites du corps physique, peut se produire à ce niveau.

AVANTAGES DU PRANAYAMA CARRE

Dès le premier essai, forcément imparfait, vous vous rendrez compte combien cet exercice est efficace et complet. Il comporte le rythme, une Mudra, la concentration mentale, le OM, des rétentions de souffle et un contrôle des processus vitaux. Il est sans danger si l'on respecte la règle du confort absolu pendant les rétentions; et si l'adepte a la possibilité de poursuivre l'exercice indéfiniment, il a l'assurance de ne jamais outrepasser sans le savoir sa capacité respiratoire.
Il entraîne les poumons à des rétentions de souffle prolongées par une progression insensible, donc sans danger. Toutefois, il faut se persuader que le rythme et la concentration sont des facteurs infiniment plus importants que le facteur "temps de rétention" brut, calculé en secondes qui, en fait, n'a qu'une importance très relative.
Avec un peu de pratique, chacun découvre bientôt son rythme propre, qui permet la concentration la plus profonde, l'aisance la plus grande, le rythme qui dynamise au lieu de fatiguer.
Du point de vue prânique, c'est un exercice incomparable. Il égalise et redistribue automatiquement le prâna dans le corps dense aussi bien que subtil. Bien qu'apparemment seul Muladhara Chakra soit stimulé par Asvini Mudra, tous les centres subtils d'énergie prânique et psychique sont rechargés uniformément, ce qui est de la plus haute importance pour notre équilibre psychophysique.
Certains auteurs condamnent toute concentration sur les centres dits inférieurs, localisés au-dessous du coeur, et en particulier sur ceux situés vers la base de la colonne vertébrale. Peut-être

n'ont-ils pas tort en un certain sens. Il n'est pas exclu que des concentrations particulièrement prolongées et intenses vers ces zones puissent dans certains cas avoir des répercussions fâcheuses si l'adepte n'a pas de guru. Ces auteurs redoutent un "réveil" inopiné de la "Kundalini" la mystérieuse. Croyez-moi, Kundalini ne se réveille pas si facilement que cela. Kundalini est une énergie latente en chaque être vivant, tout comme il y a une énergie intra-atomique énorme dans le plus vulgaire caillou d'une allée de jardin. C'est un fait scientifique. Un autre fait, tout aussi scientifique, est qu'il serait théoriquement possible de libérer cette énergie. En se désintégrant, par la libération soudaine de ses énergies, le caillou pourrait faire sauter toute la maison. Ce danger est réel, scientifiquement parlant, mais rigoureusement exclu dans la pratique. Les parents peuvent laisser jouer les enfants avec les cailloux de l'allée sans crainte d'explosion atomique. Le plus grave danger serait de casser un carreau ! J'ai interrogé des yogis à ce sujet chaque fois que j'en ai eu l'occasion : la plupart m'ont affirmé que cette concentration était sans danger. Rares furent ceux qui émirent des réserves, et ils n'ont pas pu m'indiquer les dangers réels et précis qu'encourrait un Occidental en pratiquant ces concentrations.

Tenant compte de mon expérience personnelle et de celle de nombreux élèves, j'affirme n'avoir jamais constaté autre chose qu'un épanouissement nouveau, sain et équilibré de dynamisme vital et un épanouissement de véritable spiritualité.

Pratiquez cet exercice régulièrement, quotidiennement, de préférence après une séance d'âsanas.

Pourquoi après une séance d'âsanas ? Tout simplement parce que les âsanas constituent la préparation idéale au prânayâma. Dans l'Ashtanga Yoga de Patanjali, le prânayâma suit immédiatement les âsanas, ce qui ne signifie nullement qu'il faut avoir maîtrisé toutes les âsanas avant d'être autorisé à pratiquer le moindre exercice de prânayâma, mais bien que, dans la succession des exercices, le prânayâma trouve sa place logique immédiatement à la suite des âsanas. En effet, celles-ci "perméabilisent" le corps à une circulation prânique accrue et permettent une meilleure revitalisation de tout l'être humain, psychisme inclus.

Pratiquez donc sans crainte ce prânayâma carré !

jalandhara bandha 22

"Bandha", comme tant d'autres termes du vocabulaire yogique, est intraduisible dans nos langues occidentales. Bandha signifie à la fois : nouer, contrôler, bloquer, tenir, joindre, contracter.
Dans la pratique du yoga, en particulier dans le prânayâma, Bandha désigne diverses contractions musculaires destinées à influencer la circulation sanguine, le système nerveux et les glandes endocrines. Presque toutes les Bandhas assurent notamment le contrôle d'un orifice du corps.
Du point de vue yogique, les Bandhas ont pour objet l'éveil et le contrôle des énergies subtiles, prâniques, dont notre corps est le siège. Nous connaissons déjà en détail Uddiyana Bandha (à ne pas confondre avec Uddiyana).
Dans l'optique du prânayâma, Jalandhara Bandha est probablement la Bandha la plus importante car elle accompagne nécessairement toute rétention un peu prolongée du souffle (Kumbhaka à poumons pleins).

ETYMOLOGIE

Jala, signifie filet, réseau de mailles, lattis. *"Le menton doit être appuyé sur la poitrine, fermant le réseau des artères du cou; c'est ce qu'on appelle la Contraction du Réseau*difficile pour les dieux mêmes"* (Shiva Samhitâ, IV, 60-61-62), cité par Alain Daniélou, qui précise : *"Le menton est appuyé contre la cavité*

*Précisons que le réseau ainsi désigné est un réseau de nâdis.

triangulaire de la jonction des clavicules, ce qui produit une pression sur le Centre d'Extrême Pureté (vishuddha chakra), situé dans le cou. Convenablement exécutée, cette contraction obstrue l'appareil respiratoire et empêche, lorsque l'on tient le souffle (kumbhaka), que l'air ne produise une pression au-dessus de la glotte."

Selon d'autres auteurs, Jala veut dire *"nerfs passant par le cou et allant vers le cerveau."*

Quant à *"Dhara"*, il signifie : traction vers le haut.

La technique éclairera l'étymologie sur laquelle nous ne nous attarderons pas.

TECHNIQUE

Avant d'aborder la description technique détaillée, consultons les classiques. Le Hatha-Yoga Pradipika décrit sommairement la technique dans ses versets III, 70-71 : *"Après avoir contracté la gorge, l'adepte fixera fermement le menton sur la poitrine. Cette Bandha s'appelle Jalandhara. Elle prévient le vieillissement prématuré et la mort. Elle est nommée "Jalandhara" parce qu'elle comprime les artères allant au cerveau et arrête le flux de nectar coulant vers le bas."*

Ce texte est assez connu; mais on ignore généralement que Jalandhara est cité dans les Upanishads (Yoga-Chudamany-Upanishad, Sloka 51) : *"Grâce à Jalandhara Bandha, qui contracte la cavité de la gorge, le nectar qui descend du Lotus-aux-mille-pétales (le cerveau) n'est pas brûlé dans le feu de la digestion, et en contrôlant les forces vitales, éveille la Kundalini."*

Si l'on s'en tient à ces descriptions, il suffirait de contracter les muscles de la gorge et de placer le menton contre la poitrine pour réaliser Jalandhara. Dans la pratique, c'est moins simple que cela : n'oublions pas que les traités classiques du Hatha-Yoga étaient surtout des aide-mémoire, non des manuels techniques complets et détaillés.

Voici comment procéder :

Bien que Jalandhara puisse se pratiquer à n'importe quel stade de l'acte respiratoire, nous allons le décrire à poumons pleins : inspirer, bloquer le souffle et avaler la salive; à la fin du

mouvement de déglutition, les muscles de la gorge sont contractés d'une façon particulière; les bloquer dans cette position, puis placer le menton dans la fourchette du sternum (échancrure concave à la partie supérieure du sternum, entre les clavicules).
Il est essentiel de placer correctement le menton à cet endroit précis pour réaliser une des conditions principales du Jalandhara, l'ETIREMENT DES CERVICALES, et pour assurer la compression idéale du cou. Les trois points clés sont donc :
1) la compression de la gorge
2) la contraction des muscles du cou
3) l'étirement des cervicales.
Les muscles du cou demeurent contractés pendant toute la durée de Jalandhara Bandha. Si vous tentez d'expirer ou d'inspirer, vous constaterez que c'est impossible et que Jalandhara Bandha scelle vraiment le souffle dans le thorax. Cette impossibilité est d'ailleurs un test de correction pour Jalandhara Bandha.
Dans certains cas, Jalandhara Bandha est maintenue pendant l'inspir et/ou l'expir. Il est alors nécessaire de relâcher un peu Jalandhara Bandha et de dégager la glotte pour laisser un passage à l'air, qui peut y produire le bruit caractéristique d'Ujjayi. (Cf. p. 221)

QUAND UTILISER JALANDHARA BANDHA ?

Jalandhara, nous l'avons dit, peut accompagner toutes les phases du prânayâma, mais, répétons-le, ELLE ACCOMPAGNE OBLIGATOIREMENT TOUTE RETENTION PROLONGEE DU SOUFFLE.
Jalandhara pratiquée en liaison avec Mula Bandha et Uddiyana, constitue "Bandha Traya", la Triple Bandha.

POURQUOI JALANDHARA ?

Au point de vue yogique, Jalandhara Bandha modifie le courant prânique dans 16 centres vitaux qu'il est superflu de détailler ici. Elle dirige le prâna vers les centres situés près de la base de la colonne vertébrale. Nous aurons l'occasion d'en parler quand nous étudierons les Chakras.

Pour l'instant, les explications physiologiques suivantes suffiront à justifier la pratique de Jalandhara qui a pour effet de :

XX **1) Sceller le souffle dans le thorax**

Pendant une rétention de souffle à poumons pleins, il est possible de sceller l'air inspiré, par exemple en se pinçant le nez et en gardant la tête droite, sans bloquer la glotte. Faites l'essai et observez ce qui se passe (c'est sans danger si c'est fait à titre occasionnel et expérimental) et laissez la pression de l'air s'exercer jusque dans les narines. Vous ressentirez une sensation particulière dans les oreilles, ce qui ne vous surprendra pas puisque nez, gorge et oreilles sont reliés et solidaires. Dans la pratique du prânayâma, il faut éviter de laisser la pression de l'air s'établir au-delà de la glotte, notamment dans les trompes d'Eustache : c'est une prescription absolument formelle.
Sans pencher la tête, il est possible de bloquer le souffle en contractant la gorge et la glotte. C'est suffisant pour les rétentions de courte durée. Pour les longues rétentions, Jalandhara, verrou de sûreté, scelle le souffle dans le thorax.

2) Agir sur le coeur

Pendant les rétentions de souffle, le cœur ne doit pas s'emballer, nous l'avons déjà précisé. Au contraire, les battements doivent se ralentir et s'établir à un rythme puissant, calme et régulier.
Pour saisir comment Jalandhara Bandha régularise l'activité cardiaque, nous devons nous représenter le cou, région stratégique comportent un nombre impressionnant d'artères, de veines, de centres nerveux, sans oublier la glande thyroïde, dont nous parlerons plus loin.
Il faudrait plusieurs chapitres pour épuiser le sujet !
Allons à l'essentiel.
Chacun sait que l'artère carotide passe dans le cou et qu'elle constitue le vaisseau sanguin le plus important pour l'irrigation du cerveau (d'où son importance vitale). En fait il y a trois artères carotides de chaque côté du cou; elles constituent des embranchements de la carotide primitive.
Dans le cou, l'artère-mère bifurque et forme ainsi le sinus carotidien qui a des parois très minces, ce qui le rend fort sensible à toute pression.
Des sinus carotidiens – un de chaque côté du cou – partent des

nerfs, et les yogis savent qu'en comprimant cet endroit, on modifie considérablement l'activité du cerveau, donc aussi l'état de conscience. Le Siva Samhita (V, 55) décrit une pratique très dangereuse, qui ne peut être exécutée que sous la surveillance directe et personnelle d'un Guru expérimenté. Nous citons ce texte pour montrer que les yogis de l'Inde ancienne avaient des connaissances précises des répercussions psychophysiologiques de Jalandhara Bandha :
"Le yogi doit comprimer les deux nerfs carotidiens (sur les deux côtés du cou). Ainsi le pur Brahman se manifeste et l'adepte connaît la félicité."

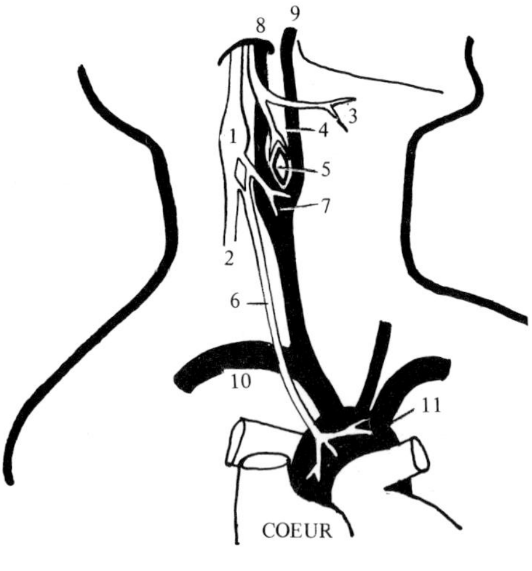

1. ganglion plexiforme
2. nerf vague (pneumogastrique)
3. nerf glossopharyngien
4. nerf du sinus carotidien
5. plexus intercarotidien
6. rameaux card. cervicaux
7. sinus carotidien
8. artère carotide interne
9. artère carotide externe
10. sous-clavière
11. Aorte

Notre physiologie nous apprend qu'aux sinus carotidiens, il y a des relais nerveux et des barorécepteurs ultrasensibles à toute modification de la pression dans cette zone, et notamment que toute augmentation de pression produit, par voie réflexe, une baisse de la tension artérielle et un ralentissement des battements du coeur. Or les rétentions prolongées du souffle entraînent précisément une augmentation de la tension artérielle et une accélération des pulsations cardiaques pouvant aller jusqu'à provoquer des palpitations. Jalandhara Bandha a donc pour mission de protéger le cœur et le système vasculaire contre les effets nocifs des rétentions de souffle prolongées.

Voilà l'explication physiologique de Jalandhara. Les yogis ont constaté que la compression du nerf relié au sinus carotidien, outre son influence sur la tension artérielle et les pulsations cardiaques, crée un état d'inconscience qui n'est ni un assoupissement, ni un évanouissement, mais plutôt un état de transe hypnotique. *"Contrôlée par des experts, cette transe 'intériorise' la conscience humaine et la perception extrasensorielle devient possible. Des mondes subtils s'ouvrent et la conscience individuelle devenant de plus en plus affinée, cette perception va jusqu'au seuil où la conscience individuelle disparaît et où l'individu se confond avec l'infini" ("Yoga Mimansa", IV, 316).*
La compression mécanique, réalisée par les yogis à l'aide des doigts, doit être très légère pour ne toucher que le nerf :il faut éviter de comprimer l'artère elle-même, ce qui provoquerait une anémie du cerveau, avec des lésions irréversibles si cet état se prolongeait.
Telle qu'elle est pratiquée par les yogis, la compression du nerf n'affecte pas sensiblement l'irrigation cérébrale et ne peut donc causer de dommages.
Dans Jalandhara Bandha, la contraction des muscles du cou agit en douceur sur ces nerfs, et les phénomènes mentionnés ci-dessus se manifestent, mais d'une manière très atténuée. Jalandhara permet de percevoir la circulation du prâna et apaise le mental.
La description des divers états de conscience indiqués ci-dessus ne doit pas vous effrayer ni vous attirer. En pratique, ceux-ci ne se manifestent qu'à la suite d'un entraînement tellement prolongé qu'ils se trouvent hors de la portée de l'Occidental moyen, faute de temps disponible.

3) Etirer la région cervicale de la colonne vertébrale

Lorsque le menton est correctement placé à la fourchette du sternum, l'adepte perçoit un net étirement de la nuque – donc des cervicales –, qui se propage jusqu'aux muscles dorsaux. Si le reste de la colonne vertébrale se trouve dans la position correcte,l'étirement de la nuque exerce une traction sur la moelle épinière, qui stimule tous les centres nerveux rachidiens. Grâce à Jalandhara, l'étirement cervical dégage les nerfs crâniens – si importants – et agit sur le bulbe céphalorachidien qui inclut les centres respiratoires et cardiaques, des centres réglant la

vasomotricité et certains métabolismes essentiels. C'est le "noeud vital" où une piqûre d'épingle tue ! C'est aussi le point de départ du parasympathique.
Jalandhara exerce ainsi, par la position même du cou en étirement, une action sur le centre respiratoire, fortement excité lors des rétentions du souffle.
Sans entrer dans des détails anatomiques poussés qui n'intéressent que les spécialistes, l'adepte saisit l'importance de Jalandhara et devine les répercussions profondes que cette Bandha produit dans tous ces domaines. Il peut donc faire confiance à ces grands empiriques que sont les yogis et accompagner toute rétention de souffle de Jalandhara Bandha.

4) Comprimer la thyroïde

Une action importante due à la compression du cou par le menton se produit au niveau de la glande thyroïde. Les hyperthyroïdiens déclarés (et par conséquent en traitement, car un dérèglement de la thyroïde ne passe pas inaperçu) doivent s'abstenir de Jalandhara et même de la pratique du prânayâma, étant entendu cependant que la respiration yogique complète leur est autorisée et même recommandée.

JALANDHARA BANDHA et SARVANGASANA plus HALASANA

La pratique des âsanas doit nécessairement précéder le prânayâma. Jalandhara Bandha n'est réalisable correctement et sans fatigue que si l'adepte pratique régulièrement Sarvangâsana (la "chandelle") et Halâsana (la "charrue"). Ces deux poses provoquent automatiquement la prise de Jalandhara et l'étirement de la nuque qui en résulte.
Les adeptes qui pratiquent le prânayâma doivent donc consacrer plus de temps que les autres à ces deux postures et les effectuer d'une façon plus poussée, c'est-à-dire en plaçant les mains le plus près possible des omoplates et en rapprochant les coudes pour placer la partie cervicale de la colonne perpendiculairement au reste de l'épine dorsale.

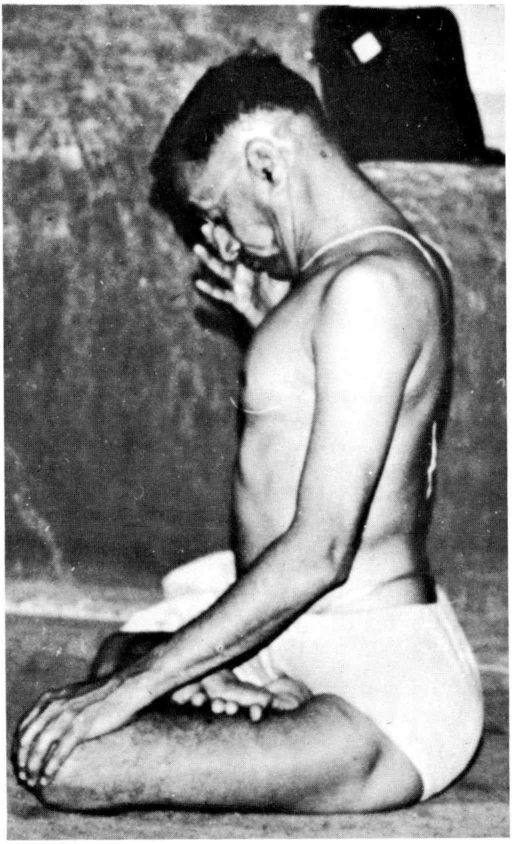

Cet adepte de l'Ashtanga Yoga Nilayam de Mysore, montre Jalandhara Bandha qui s'ajoute à la courbure particulière de la colonne vertébrale pour provoquer une traction sur la moelle épinière. La position correcte du bassin est obtenue par le Lotus quand les deux genoux touchent le sol. Les muscles du cou sont fortement contractés pendant Jalandhara; le menton se pose dans la fourchette du sternum et non sur le sternum lui-même.

les nâdis que sont-ils? 23

Au moment de rédiger ce chapitre consacré aux "nâdis", je me suis rappelé le collège et ces après-midis d'examens où, devant la feuille vierge, le coude appuyé sur le pupitre, le menton posé sur la paume, l'oeil vague dirigé vers la fenêtre ou le plafond, j'attendais en vain l'inspiration en mordillant le capuchon de mon stylo... Le tout ponctué de soupirs avec – oserais-je l'avouer ? – un regard furtif vers la feuille du voisin...

Dans le cas présent, ce n'est pas le manque d'inspiration qui m'inhibait, mais la complexité d'un sujet aussi vaste que les "nâdis", comportant des notions si différentes de ce que nous savons en Occident. Par quel bout empoigner le sujet ?

Paradoxalement, voici 15 ans j'aurais moins hésité à écrire ce chapitre ! En effet, en me basant sur les travaux du Dr. Vasant G. Rele, par exemple sur son ouvrage "The Mysterious Kundalini", où il essaie de faire coïncider rigoureusement l'anatomie et la physiologie classiques avec l'anatomie et la physiologie des traités yogiques, j'aurais probablement écrit que les "nâdis" des yogis pouvaient être assimilés aux nerfs et les chakras aux différents plexus de notre corps. Ce qui eût été vrai et faux, tout à la fois !

Partant du postulat qu'il ne peut exister deux physiologies, je me ralliais à la thèse qu'il est possible de faire correspondre les notions yogiques concernant les "nâdis", les "chakras", etc. et nos connaissances actuelles en matière d'anatomie et de physiologie.

Aujourd'hui, j'en suis beaucoup moins sûr et je penche au contraire vers la coexistence d'une physiologie scientifique du type occidental, basée sur des observations et des mesures objectives, dont personne ne contestera le caractère rigoureux, et, d'autre part, d'une anatomie et d'une physiologie yogiques différentes quoique parallèles.

A défaut d'autre hypothèse valable, il me paraissait clair que lorsque les textes sanscrits classiques parlaient des 72.000 nâdis destinés à faire circuler l'énergie dans tout l'organisme, ils désignaient les nerfs, l'énergie véhiculée étant l'influx nerveux.

N'ayant pas cessé de m'intéresser à la question, j'ai étudié d'autres textes anciens et j'y ai trouvé des affirmations catégoriques qui excluaient l'hypothèse que les nâdis fussent les nerfs.

Le trouble qui s'installa dans mon esprit ne m'empêchait pas pour autant de pratiquer le prânayâma selon les techniques yogiques et d'en retirer les effets annoncés !

J'ai envisagé d'éluder la question et de ne pas traiter le problème des nâdis et des chakras, puisque de toute manière les exercices n'y perdent rien en valeur et en efficacité.

Je ne crois pas en avoir le droit, car le sujet est d'une importance capitale pour comprendre le mode d'action du prânayâma.

Voyons d'abord comment j'en suis arrivé à ne pas, ou à ne plus identifier les nâdis aux nerfs.

Le Dr. M.V. Apte, de l'Institut de Lonavla, écrit dans une remarquable étude intitulée "Nâdis in Yoga" :

"Les nâdis constituent un thème fécond dans la littérature yogique. Il est déconcertant aussi. Certains textes semblent indiquer que les nâdis sont des nerfs, mais d'autres indiquent clairement que ce n'est pas le cas. Il y a discordance entre les traités, au point que dans le même ouvrage, en partant de l'hypothèse que les nâdis sont les nerfs, on trouve des passages qui seraient contradictoires."

A la page 23, le Dr. V. Apte est encore plus catégorique :

"Toute tentative pour donner à ceci (les nâdis et les chakras) une signification anatomique précise est vouée à l'échec."

(Any attempt to give an anatomical meaning to this is bound to fail). Voilà qui est net.

Un autre auteur que je considère comme une autorité, le Lama

Anagarika Govinda, écrit dans son remarquable ouvrage "Les Fondements de la mystique tibétaine" (Albin Michel - Paris) : *"Les nâdis ne peuvent s'identifier aux nerfs... Les traductions ont créé des malentendus. Les nâdis ne sont ni les veines, ni les artères, ni les nerfs."* La question est posée "Alors, que sont-ils ? "
Peut-être pensez-vous que si les traités ne semblent pas d'accord entre eux, il vaut mieux tourner la page et parler d'autre chose. Ne s'agit-il pas d'une discussion académique, byzantine ? Je suis persuadé, au contraire, de l'immense portée pratique de ces notions. Il faudrait tout un volume pour traiter cette question, et sans doute serait-il plus facile d'écrire ce livre plutôt que d'essayer, comme je vais le faire, de résumer le sujet en quelques pages.
Je vous dirai d'emblée qu'il nous est impossible d'y voir clair si nous examinons le problème d'un point de vue strictement anatomique, à l'occidentale.
Je partage l'opinion du Lama Anagarika Govinda (qui n'est pas le premier venu !) : *"Toutes les tentatives montrent que le yoga ne peut être mesuré avec les étalons de l'anatomie, de la physiologie basée sur la dissection, ni de la psychologie expérimentale."*
Né en Allemagne en 1898, ce lama publie à 18 ans son premier livre sur le bouddhisme ! Il étudie ensuite la philosophie, l'art et l'archéologie dans trois universités européennes. Il vit longtemps à Ceylan puis en Inde, où il étudie le sanscrit. Puis il s'oriente vers le Tibet. Actuellement il vit avec sa femme, Li Gotami, retiré sur les contreforts de l'Himalaya. *"Je suis un Indien d'origine européenne"* dit-il. De tels hommes, qui ont accès aux sources authentiques tout en ayant une formation européenne, sont un trésor pour l'humanité.
Membre de l'Ordre Kargyupta, il passe 27 ans de sa vie dans des ermitages aux pieds des Maîtres tibétains, étudiant les doctrines tantriques. Je recommande vivement non seulement la lecture, mais aussi l'étude de son livre cité plus haut, publié chez Rider à Londres. Il permet une étude comparée des conceptions indiennes et tibétaines. Son opinion a du poids !
Mais revenons à notre sujet.
L'anatomie yogique est, par essence, dynamique en ce sens qu'elle décrit des processus dynamiques à la fois physiologiques et psychologiques, plutôt que des structures anatomiques. Elle

est basée sur l'introspection plutôt que sur l'observation extérieure des structures. A partir d'une telle conception dynamique de la physiologie des nâdis, les contradictions se dissipent. Si le prâna est une énergie électrique – et nous avons largement démontré que c'était le cas – (ions négatifs, sans exclure d'autres formes comme, par exemple, des micro-champs magnétiques dans le corps humain) – et si nous considérons le corps prânique comme constitué par l'ensemble de ces énergies, les nâdis seront TOUS les conducteurs de cette énergie, quels qu'ils soient, et ces conducteurs peuvent être très variés !
Le prâna de l'air peut agir directement sur les terminaisons nerveuses des cornets du nez, pénétrer avec l'air dans les poumons, y être absorbé par le sang, circuler avec celui-ci dans les artères, dans les capillaires, dans les veines. Véhiculé par le sang jusqu'au cerveau, le prâna peut devenir le moteur de l'activité des neurones et circuler ensuite, sous la forme d'influx nerveux, le long des nerfs moteurs, et ainsi de suite. A partir de cette conception dynamique du prâna et des nâdis, il n'est plus nécessaire de limiter la circulation du prâna à un type particulier de conducteurs, les nerfs, les veines, ou les artères. Les traités cessent alors de se contredire et leurs affirmations se complètent. Donc les nerfs sont bien des conducteurs de prâna, mais ils ne sont pas les seuls !
Quelques hommes de science occidentaux ont eu l'intuition de cette bio-énergie que le yoga dénomme "prâna", et ont cherché à le mesurer à l'aide d'appareils. Ils y sont parvenus en partie. C'est notamment le cas de Wilhelm Reich, personnalité discutée dans certains milieux, pas tellement pour ses théories, mais surtout pour l'exploitation commerciale qu'il a voulu en faire ! Peut-être a-t-il eu tort de s'attaquer aux freudiens.
Wilhelm Reich écrit textuellement : *"La transmission de la bio-énergie ne saurait se limiter au système nerveux seul. Il faut plutôt admettre qu'elle suit toutes les membranes et tous les fluides du corps"*.*
Cela éclaire le problème des nâdis.
Dans le même ouvrage, il écrit encore (p. 298) :
"L'organisme vivant contient de l'énergie d'orgone dans chacune de ses cellules et continue à se charger orgonotiquement

*La fonction de l'orgasme, p. 291. Editions de l'Arche - Paris.

dans l'atmosphère par le processus de la respiration. Les globules du sang dits "rouges", lorsqu'ils sont agrandis 2.000 fois, montrent une lueur bleuâtre. Ce sont des vésicules chargées d'énergie d'orgone, qu'elles transportent des poumons aux tissus du corps. La chlorophylle des plantes qui correspond aux protéïnes contenant du fer du sang animal, renferme de l'orgone qu'elle prend directement dans l'atmosphère et dans la radiation solaire'. Remplacez "orgone" par "prâna" et ce texte pourrait figurer dans n'importe quel traité de yoga !

Dans un appendice à la traduction de Hime de "Thirteen Upanishads", le Dr. George C.D. Hass observe :

"Il est évident qu'en employant le terme nâdi, les auteurs des Upanishads avaient à l'esprit ces mêmes vaisseaux qui ont été décrits par la suite d'une manière si détaillée dans les écritures consacrées au yoga et à d'autres sujets. Ces traités considèrent les nâdis comme étant des canaux de circulation d'énergies vitales spécialisées de différentes manières, dans le véhicule subtil ou éthérique qui existe en contrepartie du corps dense dans cette structure composite qu'est un organisme humain." Il y aurait aussi un rapprochement à effectuer entre les nâdis du yoga et les méridiens de l'acupuncture.

Certains auteurs tiquent à la lecture de ces textes. Ils pensent avec raison, je crois, que les nâdis sont bien matériels et font partie du corps humain, visible, tangible, matériel ! Je ne vois là toutefois aucune contradiction ! Le corps prânique ne doit pas être considéré comme un "esprit" ou un fantôme immatériel. Le corps prânique est matériel, tout comme l'électricité est matérielle, quoique invisible, sauf dans ses manifestations et ses conducteurs, les câbles et les fils électriques.

Dans les anciennes Upanishads et notamment Chandogya et Brihadâranyaka, il est question des nâdis, et il y est dit :

"Le corps subtil est un groupe de 17 constituants et réside dans ces nâdis." Nous pourrions parfaitement comprendre ce texte en distinguant l'énergie de ses conduits. L'énergie, le prâna, fait partie du corps subtil, tandis que ses conducteurs font partie du corps grossier, moléculaire, celui que dissèque notre scalpel.

L'anatomie occidentale est objective, décrit des structures visibles et tangibles, elle dissèque, isole, classe. L'anatomie yogique, répétons-le, ne se base pas sur la dissection de cadavres. Elle est subjective, axée sur l'observation intérieure de proces-

sus s'effectuant dans le corps humain vivant et conscient.
Les yogis, grâce à une concentration mentale affinée à l'extrême et dirigée vers les processus physiologiques se déroulant dans leur propre organisme, perçoivent l'entrée du prâna et sont capables de suivre le trajet de cette énergie en eux. Ils perçoivent directement comment elle se transforme, circule et s'accumule. Cette énergie peut emprunter successivement des supports physiologiques et anatomiques réels et objectifs, quoique très différents les uns des autres. Les yogis n'établissent pas de distinction entre ces divers supports d'énergie. Reprenons l'exemple de l'énergie électrique dans une maison : elle ne circule pas seulement le long des fils électriques; elle peut quitter les conducteurs en passant à travers une ampoule électrique et devenir énergie lumineuse. Elle peut aussi, par l'intermédiaire d'une prise à la terre, circuler le long des conduites d'eau et disparaître dans le sol, absorbée par la masse négative de la terre. Celui qui serait capable de visualiser cette énergie et de la suivre, ferait abstraction des différents conducteurs utilisés par elle.
Dans les Upanishads citées plus haut, il est dit (Brihadâranyaka, IV, 3-20) : *"Il (l'être humain) possède ces nâdis. Ils sont aussi minuscules qu'un cheveu divisé en 1000 et sont remplis de liquide blanc, bleu, jaune, rouge ou vert."*

RESUME

Nous pouvons admettre que les nâdis :

a) irradient le corps matériel dans son ensemble;
b) ne s'étendent pas en dehors de lui (sont donc anatomiques et matériels);
c) sont distincts du corps prânique, mais que le corps prânique réside et fonctionne en eux.

La Shiva Samhita (II, 18) donne une description des nâdis qu'elle compare aux fibres de lotus (qui imprègnent toute la plante), et affirme qu'ils descendent vers le bas le long de la colonne vertébrale, soutenus par elle. Elle indique aussi leurs racines. Par conséquent, on peut les considérer comme des structures anatomiques et admettre qu'ils sont aussi les nerfs.
L'étymologie du terme "nâdi" ne doit pas être perdue de vue,

car elle précise que nâdi signifie "canal, conduit, tube." *"Dans la Gheranda Samhita, les nâdis sont des canaux qui conduisent l'énergie de l'air vivifiant jusqu'aux endroits où elle est utilisée dans les processus vitaux, quelle qu'en soit la situation anatomique. Nous connaissons un grand nombre de processus vitaux impliquant à la fois des artères, des veines et des nerfs, mais il est impossible d'identifier les nâdis à l'une quelconque de ces structures"*.*

Puisque le but du prânayâma est le contrôle conscient et volontaire des énergies subtiles circulant dans le corps humain, il est important de savoir par où ces énergies circulent et particulièrement de connaître leurs principaux canaux de circulation.

*Kuvalayananda, Swami & Shukla : Gorakshasatakam, Kayvalyadhama Samiti, Lonavla, 1958.

les principaux nâdis 24

La physiologie yogique, basée sur l'observation introspective – donc subjective – de processus se déroulant dans le corps vivant, et sur la circulation des énergies dans celui-ci, est loin d'être simple ! Certes, et souvent à raison, notre science occidentale se méfie des données subjectives, mais en ce qui concerne le prânayâma, cette méthode était sans doute la seule dont disposaient les yogis pour percevoir et étudier dans leur organisme les courants subtils de prâna. Précisons notre pensée et notons par exemple qu'il y a deux façons de "découvrir" le nerf sciatique. La méthode occidentale consiste à disséquer un cadavre et à suivre le trajet du nerf sur toute sa longueur. Cette méthode est objective et indiscutable. L'autre méthode est celle "utilisée" – bien malgré eux ! – par les victimes de la sciatique; ils "sentent" le trajet du nerf le long de la cuisse et jusqu'au gros orteil, parce que ce nerf est irrité. Les yogis, en développant leur pouvoir de perception interne ont perçu le trajet de circulation d'énergie dans leur organisme le long des nâdis. Toute leur physiologie subtile est basée sur cette observation intérieure: à partir de là ils les ont représentés graphiquement.

Examinons deux "représentations" des nâdis et des chakras. La première est d'une rassurante simplicité. Elle constitue le "frontispice" du monumental ouvrage d'Arthur Avalon, "The Serpent Power" (Ed. Paul Derain, Lyon). Bien qu'elle ne noit pas reprise dans sa traduction française (La Puissance du Serpent),

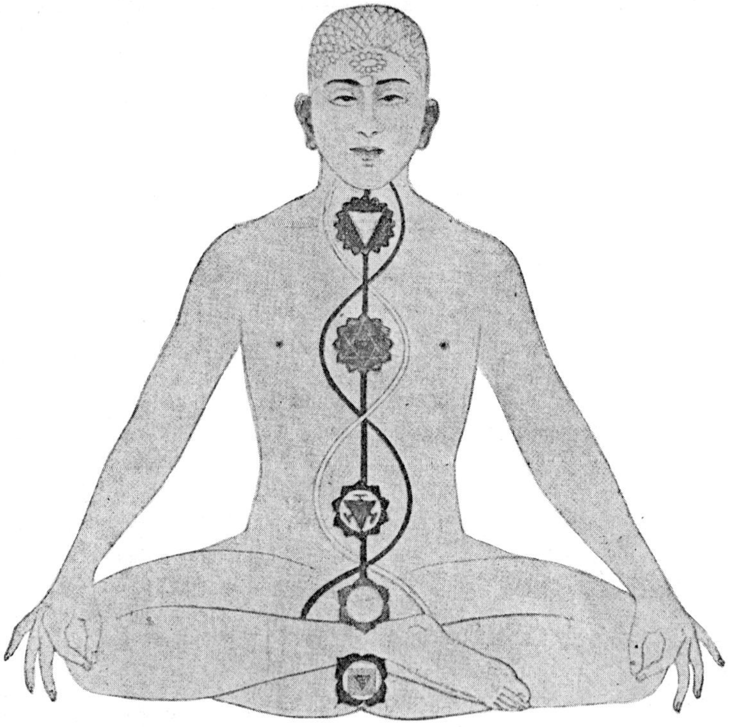

Sur cette représentation les nâdis Ida et Pingala se croisent et s'enroulent autour de Sushumna comme les deux serpents du caducée. Ce dessin a, depuis, été repris maintes fois dans la littérature yogique. Anagarika Govinda, dans son ouvrage cité, insiste à deux reprises sur le fait que, dans la tradition tibétaine il n'est nulle part question d'un parcours spiralé d'Ida et Pingala.

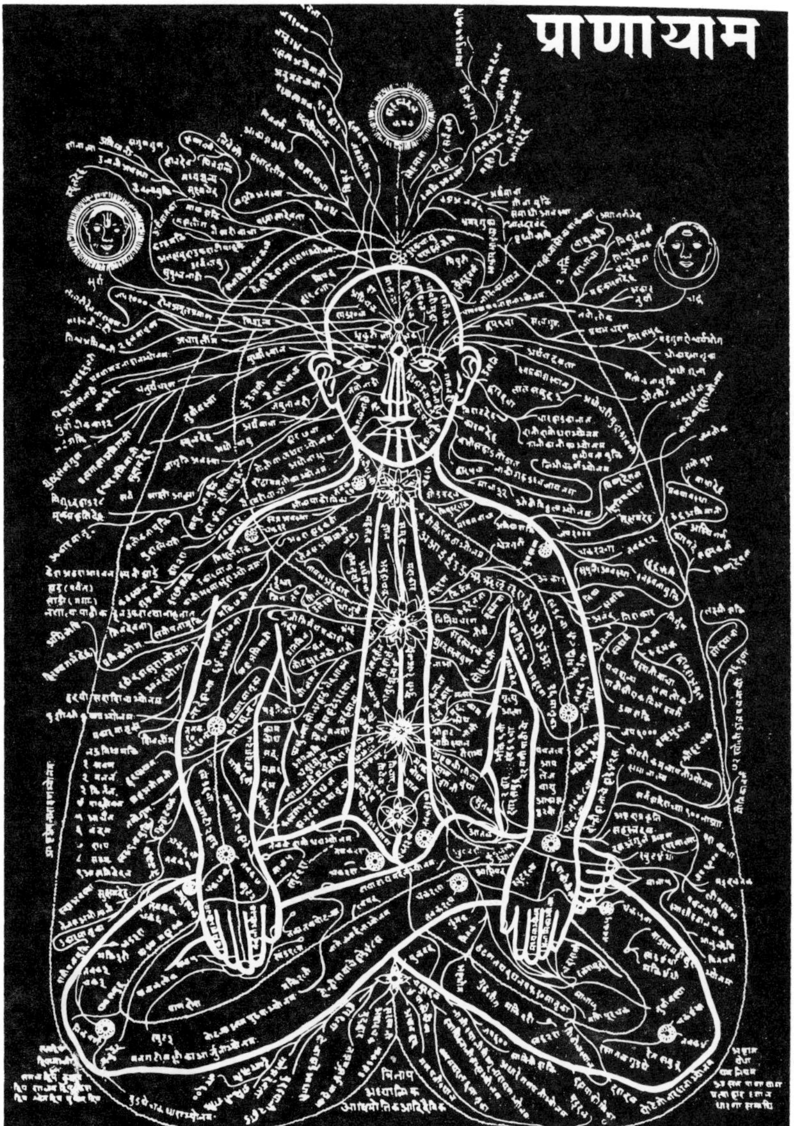

Sur ce parchemin ancien, les chakras sont beaucoup plus nombreux. Ida et Pingala NE CROISENT PAS SUSHUMNA. Ils suivent une voie parallèle à la colonne vertébrale (sympathique?)

elle sera cependant familière à plus d'un lecteur qui l'aura rencontrée dans les divers ouvrages traitant du prânayâma. L'autre est d'une rebutante complexité. Il s'agit d'un parchemin ancien montrant le tracé des principaux nâdis et la situation des chakras, ces points vitaux essentiels. Il donne une idée de la complexité réelle du sujet et du développement des connaissances des yogis dans le domaine de la circulation des énergies subtiles dans le corps. Ce dessin ne doit pas être pris comme une représentation anatomique stricte des nâdis, car nous savons que ceux-ci sont situés DANS le corps. L'auteur de ce dessin, intitulé "Prânayâma", a dessiné les nâdis en dehors du corps pour d'évidents motifs de clarté dans la représentation. Ce n'est donc pas le tracé exact qui est donné, mais les correspondances entre les lignes de forces, leurs points de départ et leurs centres de distribution (chakras). Retenons tout d'abord que les nâdis sont très nombreux. Outre le chiffre de 72.000 que nous avons cité précédemment, certains traités en citent 350.000 (Shiva Samhita). Qui les a comptés ? A notre avis personne et ces nombres ne doivent pas être pris à la lettre, pas plus que le nombre d'âsanas, censés être 84.000 (ou 8.400.000 ?). Dans un texte très important (Gorakshasataka, de la secte Nath) le guru Goraknath dit : "Il y a autant d'âsanas que de créatures vivantes. Seul Mahesvara (le Dieu Suprême) connaît toutes leurs variétés. Des 84 lakhs (une lakh = 100.000) 84 seulement sont utiles à l'homme." Sans doute les Maîtres de l'époque enseignaient-ils 84 âsanas principales, mais pour bien marquer que leur choix n'était pas limitatif, ils affirmaient sans doute qu'il y en avait d'innombrables autres, soit 100.000 fois plus ! Il en va de même pour les nâdis.
Tout en évitant de nous empêtrer dans l'imbroglio des nâdis, nous devons cependant essayer d'y voir un peu plus clair et de débrouiller un écheveau où les contradictions des textes classiques ne manquent pas !
Ces contradictions ne nous troubleront pas, car nous savons que, dans bien des cas, la contradiction provient d'une traduction inadéquate du texte original. Il faut bien se dire que les érudits sanscritistes qui s'attaquent à ces traductions ne sont pas nécessairement au fait du yoga et qu'il leur arrive de ne pas saisir exactement ce qu'a voulu dire l'auteur. A leur décharge nous ajouterons que souvent le texte a été rendu volontairement

obscur et incompréhensible aux non-initiés. Est-il étonnant, dans ces conditions, que des discordances existent ? Le contraire serait surprenant. Toutefois, si l'on s'en tient à l'essentiel – et cela suffira à nos ambitions – les écritures concordent.

Reprenons la Gorakshasataka. Voici ce qu'elle précise à propos des nâdis (versets 17 à 23) :

17. Parmi les milliers de nâdis qui servent de canaux (conduits) de prâna, 72 sont cités comme importants. Parmi ceux-ci, 10 sont spécialement remarquables.

18. Ida et Pingala et le troisième Sushumna, les autres étant Ghandâri, Hastijihva, Pusha et Yashasvini.

19. Alambusha, Kuhu et Shankini, le dixième. Ce réseau de nâdis devraît toujours être connu des yogis.

20. Ida est situé dans la région gauche, Pingala à droite et Sushumna se trouve au milieu. Ghandâri se termine à l'oeil gauche.

21. Hastijihva finit à l'oeil droit. Pusha se termine à l'oreille droite, Yashasvini atteint l'oreille gauche et Alambusha aboutit dans la bouche.

22. Kuhu est situé au-dessus du pénis, Shankini dans le Muladhara (anus). Les dix nâdis se localisent avec leurs extrémités ainsi situées, chacun occupant une voie du Prâna.

23. Les nâdis Ida, Pingala et Sushumna transportent sans cesse le prâna. Ils sont décrits comme étant présidés par leurs divinités qui sont la Lune, le Soleil et le Feu.

L'Occidental doit avant tout se souvenir de ces trois derniers et savoir que les 7 autres sont reliés aux orifices du corps et aux organes des sens : les yeux, les narines, les oreilles, la bouche, l'anus, l'orifice des organes génitaux, soit donc neuf nâdis principaux, plus un dixième et sans doute le plus important qui traverse le corps de part en part, de l'anus à la couronne des cheveux, Sushumna. Parmi ceux-ci, les trois nâdis essentiels sont Ida et Pingala (partant des narines) et le nâdi cité en dernier lieu "Sushumna". Les écritures s'accordent pour situer Ida à gauche (narine gauche) et Pingala à droite (narine droite) d'où ils descendent le long de la colonne vertébrale pour rejoindre l'origine commune de tous les nâdis, Kandha "qui a la forme d'un oeuf et est situé au-dessus du pénis et en-dessous du nombril" (sacrum ?). Ida relie en fait par un circuit prânique, le

testicule gauche (ovaire gauche chez la femme) et la narine gauche en longeant la colonne vertébrale à gauche. Ida est lunaire et s'appelle aussi Chandra Nâdi (Chandra = la Lune : HA). Pingala est son homologue de droite. C'est le nâdi solaire (THA = Surya Nâdi). Cela nous ramène à la notion de polarité. Les auteurs sont à peu près unanimes pour situer Sushumna dans Merudanda, qui est la colonne vertébrale. Nous limiterons notre étude pour l'instant à Ida et Pingala, nous réservant d'étudier Sushumna séparément, vu son importance particulière notamment du point de vue prânayâma. L'origine même d'Ida et de Pingala dans les narines, nous montre leur rôle spécial dans la pratique du prânayâma puisqu'ils contrôlent les principaux orifices d'entrée du prâna dans le corps humain.
En termes d'anatomie et de physiologie occidentale, on pourrait identifier Ida et Pingala aux relais nerveux partant des narines, remontant vers l'encéphale, puis à travers un cheminement complexe, suivant les deux chaînes de ganglions sympathiques qui longent la colonne vertébrale sur toute sa longueur, à partir des vertèbres dorsales.
Quant à Sushumna, ce nâdi peut éventuellement s'identifier à la moelle épinière. Il y a une discordance à propos de son origine (l'anus) puisque la moelle épinière ne prend pas son origine dans cette partie du corps. Mais si l'on considère que les fibres nerveuses commandant le sphincter anal rejoignent la colonne vertébrale par le parasympathique pelvien, on peut admettre qu'effectivement une liaison existe entre l'anus et l'encéphale à travers la moelle épinière. Quoi qu'il en soit, que les nâdis cités coïncident réellement avec les chaînes orthosympathiques et avec la moelle épinière est relativement peu important pour la pratique du prânayâma, car les techniques "fonctionnent" telles qu'elles sont décrites. C'est donc à titre purement académique que nous parlons d'éventuelles concordances avec les structures anatomiques citées. Il n'est pas exclu que des recherches futures découvrent d'autres trajets anatomiques à Ida, Pingala et Sushumna, mais cela ne modifierait en rien la pratique du prânayâma, du moins pas à première vue.

kapâlabhâti 25

Bien que les Shastras* classent Kapâlabhâti parmi les Shat Kriyas, – procédés de purification, – en pratique, cet exercice fait partie intégrante du prânayâma, dont il constitue un des grands classiques que tout adepte du prânayâma doit connaître et pratiquer.

ETYMOLOGIE

Le nom se décompose en : Kapâla** qui veut dire "crâne" et Bhâti, racine sanscrite signifiant "faire briller, nettoyer" (le tout se prononce "Kapâl'bhâti").
Kapâlabhâti signifie donc au sens littéral : "nettoyage du crâne". "Crâne" désigne dans ce cas les conduits d'air de la tête : les narines, les cornets du nez et autres passages de l'air jusqu'au cavum, que l'exercice est censé nettoyer.

LA TECHNIQUE

Avant d'en décrire la technique détaillée, notons qu'il en existe plusieurs variantes. La seule Gheranda Samhita en décrit trois variétés. Le nombre des variantes souligne d'ailleurs l'impor-

*Ecritures classiques du Yoga, telles que le Hatha-Yoga Pradipika et la Gheranda Samhitâ.
**Se prononce Kapâle, avec l'accent tonique sur le second â et un e muet à la fin. A rapprocher du latin caput : tête .

tance de l'exercice. Je m'en tiendrai aux deux variantes pratiquées le plus couramment.
L'exercice de base décrit ci-dessous correspond à ce que j'ai eu l'occasion d'approfondir au Kuvalyadhama de Lonavla.

DESCRIPTION SUCCINTE DE L'EXERCICE ET REMARQUES PREALABLES

A l'inverse de la respiration habituelle où l'inspiration est active et l'expiration passive, dans Kapâlabhâti, l'expiration est active et presque brutale, tandis que l'inspiration est passive.
De plus, dans les exercices de prânayâma, l'expiration est plus lente (généralement le double en durée) que l'inspiration. Dans Kapâlabhâti, c'est le contraire.
Kapâlabhâti consiste en rafales brèves d'expulsions d'air forcées, chaque fois suivies d'une inspiration passive.

Position :
Dans ses exécutions modérées, l'exercice peut être pratiqué dans n'importe quelle posture convenant pour le prânayâma, c'est-à-dire Siddhâsana, Vajrâsana ou le Lotus. Dans ses formes poussées, et notamment pour atteindre certains objectifs spirituels, le Lotus est de rigueur. Les mains sont en Jnana Mudra.*
Parfois l'exercice se pratique debout, mais c'est exceptionnel. La colonne vertébrale doit être droite, la tête bien en équilibre.

LE THORAX

Kapâlabhâti est un prânayâma diaphragmatique pur, par conséquent abdominal; pourtant le thorax y joue un rôle important, précisément dans la mesure où il demeure rigoureusement immobile. Avant de commencer Kapâlabhâti, bomber le thorax qui doit rester bloqué en position d'inspiration, avec les côtes écartées. Il demeurera aussi immobile que possible pendant tout l'exercice : c'est une condition sine qua non de réussite.
Si vous observez le thorax pendant l'exercice, vous verrez que, bien que bloquées, les dernières côtes bougent. Ce mouvement est inévitable et passif car il est dû à la traction exercée par les

*Cf. chapitre "Jnana Mudra", p. 229.

muscles de la sangle abdominale reliés aux côtes. Ce qu'il faut éviter, c'est tout mouvement actif, volontaire, du thorax.

LA SANGLE ABDOMINALE

La sangle abdominale est le moteur de l'exercice. Ne pas tenir compte des indications contenues dans le chapitre "Respiration avec sangle contrôlée" : le contrôle requis pour Kapâlabhâti est totalement différent.
Pour apprendre ce prânayâma, placez-vous dans votre position favorite et après avoir redressé la colonne et bloqué le thorax bombé, concentrez-vous sur ce qui se passe dans l'abdomen. Placez le centre de gravité du tronc dans le bas-ventre, en-dessous du nombril.
Relâchez maintenant la sangle abdominale : le ventre fait saillie. Contractez brusquement – je dirais même brutalement – les muscles de la sangle abdominale, les grands droits en particulier. Cette contraction provoque l'expulsion brutale d'une certaine quantité d'air. Relâchez aussiôt – lentement – la sangle abdominale : le ventre fait à nouveau légèrement saillie et une certaine quantité d'air entre dans les poumons, passivement et sans bruit.
Kapâlabhâti consiste en une succession rapide de telles expulsions brusques suivies d'une inspiration passive. Pendant l'inspiration passive, prenez soin de contrôler la relaxation de la sangle, de façon que l'air entre comparativement lentement. La durée de l'expulsion est d'environ 2/10 de seconde, tandis que l'inspiration varie de 8/10 à 3/10 selon le rythme auquel l'exercice est effectué (cf. infra : "Vitesse d'exécution").
Comment savoir si l'expulsion est suffisamment énergique et brève ? Dirigez votre regard vers les ailes du nez (qui doivent être relaxées) : au moment de l'expulsion, elles s'écartent nettement et d'un coup. Pendant l'inspiration, elles ne bougent pas. Contractée, la sangle percute brusquement le bas-ventre, en direction du sacrum. C'est donc principalement la partie sous-ombilicale de la sangle qui agit. N'essayez pas de rétracter la sangle pour faire sortir plus d'air à chaque expulsion, car ce n'est pas la quantité d'air chassé qui importe, parce que le volume est à peine supérieur à la quantité expirée dans la respiration habituelle, mais la puissance du jet. Cette force est

assurée si vous imaginez que vous donnez un coup de boutoir avec la sangle dans la partie de l'abdomen située sous le nombril. Au début, il est fréquent que l'adepte s'efforce de repousser la sangle le plus loin possible vers l'arrière, et qu'il commette l'erreur de rétracter la sangle.

Voici un autre moyen de contrôle visuel de la correction de l'expulsion. Installez-vous devant une glace : au moment de l'expulsion, surveillez ce qui se passe à la naissance du cou et dans l'enfoncement derrière les clavicules (les "salières"). Si l'expulsion a la puissance voulue, vous voyez se produire un soulèvement des salières et un bref gonflement à la naissance du cou, parce que les poumons sont poussés vers le haut (à cause du diaphragme qui est, lui aussi, refoulé vers le haut). Recommencez avec une nouvelle expulsion brusque, suivie d'une inspiration passive, et en relaxant progressivement la sangle abdominale. Kapâlabhâti consiste tout simplement en séries plus ou moins longues de telles expulsions.

RYTHME

La qualité de l'exercice dépend de la qualité de l'expiration, c'est-à-dire de sa puissance, le nombre d'expulsions par minute ne venant qu'au second plan.

Augmentez très progressivement la vitesse d'exécution d'abord jusqu'à 60 expulsions par minute, puis accélérez encore jusqu'à un maximum de 120 expulsions par minute. C'est le maximum toléré à Lonavla, bien que j'aie eu l'occasion de voir cet exercice pratiqué encore plus vite. L'objection à Lonavla est qu'en accélérant au-delà de 120 expulsion par minute, la force de l'expulsion est sacrifiée, avis que je partage.

ERREUR

Chez de nombreux adeptes, un équilibre tend à s'établir entre la durée de l'expulsion et celle de l'inspiration subséquente. C'est (avec la rétraction de la sangle) l'erreur la plus fréquente. La force de l'expulsion étant réduite, l'exercice voit son efficacité diluée. L'inspiration doit durer au moins trois fois le temps de l'expulsion.

CONTROLE DE LA GLOTTE

Il existe deux façons de contrôler la direction du jet d'air expiré. On peut le projeter dans les narines. Le bruit est presque celui que l'on ferait en se mouchant... sans mouchoir ! ... L'expulsion est très bruyante au niveau des narines et les mucosités sont rejetées : prenez la précaution de tenir un mouchoir ouvert sous les narines. Pratiqué ainsi, l'exercice justifie son nom : "nettoyage du crâne". Il doit d'ailleurs être poursuivi jusqu'à ce qu'il ne sorte plus de mucus. Si l'on poursuit l'exercice, ce qui est recommandé en tant que prânayâma, il faut alors contrôler et freiner l'expulsion au niveau de la glotte. Pour cela, il ne faut pas contracter la glotte comme dans Ujjayi, mais d'une façon beaucoup plus atténuée. A ce moment, l'expulsion produit un léger bruit dans la gorge et non dans les narines. L'inspiration est silencieuse. En tâtonnant un peu vous trouverez la technique exacte .

ENTRAINEMENT PROGRESSIF

L'autre élément fondamental de Kapâlabhâti est constitué par le *nombre* d'expulsions par rafale.
Ici aussi, il faut éviter de brûler les étapes. Kapâlabhâti est un exercice vigoureux; il faut que les poumons s'y habituent très progressivement.
Pendant la première semaine, effectuer des rafales de 10 expulsions (bien entendu toujours suivies de l'inspiration freinée). Après la première rafale, reposez-vous durant 30 secondes en respirant lentement, à l'aise. Effectuez ainsi 3 rafales ou séries de 10 au total.
Chaque semaine, ajoutez 10 expulsions, jusqu'à ce que vous atteigniez, par paliers successifs, des rafales de 120 expulsions (soit donc une durée d'une minute) suivie d'un repos de durée égale. Trois séries de 120 expulsions constituent une bonne mesure. En Inde, les yogis montent jusqu'à plusieurs centaines d'expulsions ! En fait, c'est la sangle abdominale qui se fatigue la première !
Si nous comparons Kapâlabhâti à la respiration habituelle, où nous constatons que nous respirons 20 fois par minute, dans Kapâlabhâti la vitesse est multipliée par 6...

Kapâlabhâti est un exercice de respiration abdominale mais très superficielle.

APPLICATIONS

Kapâlabhâti devrait avoir sa place au début de chaque séance de prânayâma et même au début de chaque séance d'âsanas, pour chasser tout l'air résiduel des poumons et provoquer une bonne oxygénation du sang (cf. "Effets").

CONCENTRATION

Au début, sur la correction de l'exercice en lui-même : puissance de l'expulsion, freinage de l'inspiration, vitesse d'exécution, maintien du thorax immobile et bombé, relaxation du visage (ne pas grimacer !).
Par la suite, se concentrer sur la région du ventre située sous le nombril, point d'impact de la contraction des muscles au moment de l'expiration.
Pendant les périodes de repos, continuer à s'intérioriser dans cette partie du corps.

BANDHAS

Les respirations se succèdent sans interruption. Comme il n'y a pas de rétention, ne pas pratiquer Jalandhara Bandha.
Lorsque l'exercice est pratiqué d'une façon intensive (de l'ordre de plusieurs minutes d'affilée), Mula Bandha s'installe automatiquement, même sans le vouloir. Dans ce cas, l'exercice est correct, sinon il ne faut pas effectuer volontairement cette bandha.

CONTRE-INDICATIONS

Cet exercice est soumis aux mêmes restrictions que tous les exercices de prânayâma. Toute personne souffrant d'une affection pulmonaire déclarée doit s'abstenir. Les cardiaques pourront pratiquer cet exercice, mais seulement après une longue période de préparation par la respiration avec sangle contrôlée, etc. En principe, l'emphysème n'est pas une contre-indication, car de toute façon, la partie atteinte par le mal est irréversiblement touchée, donc Kapâlabhâti ne peut l'aggraver. Mais l'emphysème indique quand même un état de fragilité des poumons, qui doit inciter à une grande prudence.

RECAPITULATION

Position

Siddhâsana, Vajrâsana ou le Lotus (indispensable pour la pratique intensive).
Colonne vertébrale bien droite. Tête en équilibre.
Thorax bombé et bloqué pendant tout l'exercice.

L'exercice

La contraction-éclair, vigoureuse, des abdominaux expulse l'air.
La relaxation FREINEE des abdominaux provoque l'inspiration passive. Les abdominaux sont les seuls muscles en action pendant Kapâlabhâti.
Relaxer le visage et notamment les narines.
L'inspiration dure trois fois plus longtemps que l'expulsion d'air.
Partager la pratique en séries progressives en nombre et en vitesse pour arriver à 3 séries de 120 expulsions par minute.
Se reposer et recommencer.

Erreurs

Laisser participer le thorax à l'exercice.
Soulever les épaules.
Equilibrer la durée de l'expiration et celle de l'inspiration.
Rétracter le ventre.
Ne pas garder la colonne rigoureusement droite et immobile.
Pratiquer distraitement.
Sacrifier la puissance de l'expulsion au bénéfice de la vitesse.

VARIANTE EN RESPIRATION ALTERNEE

Dans Kapâlabhâti tel qu'il est décrit supra, les narines sont ouvertes.
Toutefois, Kapâlabhâti peut aussi se pratiquer en respiration alternée, avec tous les avantages que cela implique.

Kapâlabhâti avec respiration alternée existe en deux versions dont voici la plus simple :

Variante I
Pratiquez Kapâlabhâti comme indiqué mais en bouchant la narine gauche pendant 5 expulsions et inspirations. Inversez ensuite en obturant la narine droite pendant le même nombre d'expulsions et d'inspirations successives. Continuez ainsi jusqu'à la fin de la série.
Exercice très facile à réaliser.

Variante II
Dans cette variante, la respiration est alternée à chaque respiration. La difficulté consiste à respecter l'alternance vu la rapidité des mouvements respiratoires.
Autrement dit :
– on expire et inspire à gauche (narine droite bouchée),
– on expire et inspire à droite (narine gauche bouchée),
– on expire et inspire à gauche (narine droite bouchée),
– on expire et inspire à droite (narine gauche bouchée), et ainsi de suite pendant toute la série.
Ne commencez la pratique de Kapâlabhâti en respiration alternée qu'après avoir bien maîtrisé Kapâlabhâti normal. Lorsque le mouvement sera devenu entièrement automatique, et que votre attention concentrée deviendra disponible pour la manipulation des doigts, vous pourrez passer à cette forme de Kapâlabhâti. Commencez d'abord lentement et laisser la vitesse augmenter d'elle-même très progressivement. A part cela, toutes les autres recommandations restent de rigueur.

EFFETS DE KAPALABHATI

Voici les principaux effets de Kapâlabhâti :

Rejet de l'air résiduel
Même la respiration yogique complète ne vide pas totalement les poumons de l'air résiduel, cet air vicié qui demeure dans les poumons même après l'expiration. Par contre, la succession rapide d'expulsions brusques de Kapâlabhâti y parvient, et constitue donc un procédé de nettoyage total des poumons. Il

représente une excellente prévention contre les atteintes de la tuberculose.

CO^2

Kapâlabhâti provoque un rejet massif de CO^2, dont le taux dans le sang baisse rapidement. Il s'en suit un décrassage total de l'organisme si l'exercice est poursuivi pendant deux à trois minutes. Cette diminution du taux de CO^2 dans l'organisme est anormale, mais elle est bénéfique. De plus, le taux normal de CO^2 se rétablit automatiquement et très vite après la cessation de l'exercice. Logiquement, il semblerait donc, à première vue, que l'exercice soit sans utilité, puisque très rapidement le taux de CO^2 dans le sang retrouve son niveau habituel. L'avantage en est que quand le sang circule lentement et que le taux de CO^2 est normal, les cellules ne se débarrassent pas aussi facilement de celui qu'elles produisent en vivant. La chute temporaire du taux de CO^2 sanguin donne l'occasion aux cellules de rejeter rapidement le leur.

Oxygène

Parallèlement, pendant Kapâlabhâti, le sang se sature d'oxygène. Les cellules s'empressent d'en fixer leur part et de rejeter leur CO^2 (voir ci-dessus). Il en résulte un accroissement de l'activité cellulaire, spécialement importante chez le civilisé sédentaire. Kapâlabhâti stimule ainsi la respiration cellulaire, ce qui se manifeste par une sensation de chaleur dans tout le corps.
L'homme naturel vivant à l'état sauvage dans la nature, se dépense suffisamment physiquement pour maintenir automatiquement une bonne activité métabolique des cellules. Le civilisé vivant au ralenti a besoin quotidiennement de ce supplément d'oxygénation du sang et de ce coup d'accélérateur de la respiration cellulaire.

Circulation sanguine

J'ai eu l'occasion à plusieurs reprises d'attirer l'attention du lecteur sur le rôle du diaphragme en tant qu'activateur de la circulation sanguine. Il joue le rôle de coeur veineux. Ce rôle est encore plus important pour le civilisé dont les contractions musculaires sont beaucoup moins fortes que chez l'homme naturel et dont par conséquent la circulation veineuse de retour

s'effectue en permanence au ralenti, ce qui se répercute automatiquement sur le débit cardiaque en sang artériel. Kapâlabhâti transforme le diaphragme en pompe à grand débit, aspirant du sang veineux. Tout le sang veineux est recyclé et réoxygéné. Il en résulte, après une pratique de deux ou trois minutes, une vibration de tous les tissus. Tout l'organisme tressaille sous l' "effet" de Kapâlabhâti.
Les adeptes du Kundalini yoga utilisent la pratique très prolongée de Kapâlabhâti pour activer les centres d'énergie spirituelle correspondant à cette force cosmique qui demeure latente chez l'homme ordinaire. C'est pourquoi les adeptes qui pratiquent un yoga à but spirituel, loin d'être dispensés de la pratique de Kapâlabhâti et d'autres exercices de prânayäma, doivent au contraire les pratiquer avec plus de vigueur et de durée que les adeptes qui ne poursuivent qu'un but hygiénique ! En Occident, on aurait tendance à supposer le contraire !
Kapâlabhâti produit une intense activité prânique dans l'organisme, c'est pourquoi les adeptes qui pratiquent Kapâlabhâti pendant de longues minutes sont tenus à exécuter cet exercice en Lotus. Les réactions de l'organisme peuvent être très violentes et se traduire par des secousses dans tout le corps. Il faut alors que les jambes soient solidement nouées en Lotus.
Il est évident qu'une pratique poussée à ce point n'est autorisée que sous la surveillance directe d'un Guru éclairé (il l'est par définition !). Le danger est assez théorique en Occident, car ces réactions ne se produisent qu'après une pratique si intense qu'elle est hors de la portée de l'Occidental dont les muscles abdominaux seraient fatigués, épuisés, avant d'en arriver au seuil dangereux.

Poumons

Kapâlabhâti purifie et entretient la souplesse de l'éponge pulmonaire. Les échanges deviennent plus actifs.

Diaphragme

En fait, le diaphragme participe très intensément à Kapâlabhâti, mais d'une façon passive. En effet, ce n'est pas la contraction de sa propre ceinture musculaire qui l'actionne : ses mouvements sont produits par le fait que la sangle abdominale repousse les viscères abdominaux vers l'arrière et vers le haut. Le diaphragme est ainsi "manipulé" par la sangle abdominale, par l'intermédiaire des viscères. Il est donc très actif, mais sans contractions musculaires de sa part ! Kapâlabhâti entretient la mobilité et la souplesse du diaphragme, dont l'importance vitale ne saurait être sur-estimée.

Sangle abdominale

Kapâlabhâti procure un excellent contrôle de tous les muscles de la sangle et tout particulièrement des grands droits, qui gagnent en force autant qu'en souplesse, ce qui est particulièrement important pour la qualité de la musculature abdominale. De plus, l'activité de la sangle abdominale tend à éliminer les dépôts de graisse sur la paroi abdominale.

Les tissus indésirables (cellulite, graisse excédentaire etc.) tendent à disparaître par oxydation grâce à la pratique régulière de Kapâlabhâti et des autres exercices de prânayâma.

Organes abdominaux

Tous les viscères de la cavité abdominale sont tonifiés, sans exception, et massés d'une façon physiologique. C'est particulièrement le cas du tube digestif et de ses glandes annexes. La digestion devient plus active et ne traîne pas, ce qui évite cette sensation de lourdeur après les repas.* Kapâlabhâti active aussi le péristaltisme intestinal et lutte contre la constipation, qu'elle soit de nature spastique ou atonique.

Système nerveux

Kapâlabhâti a des effets très profonds sur le système nerveux neurovégétatif en particulier. L'hyperoxygénation du sang, combinée avec la baisse du taux de CO^2, qui est l'excitant naturel du centre respiratoire, apaise celui-ci, ce qui se répercute sur l'ensemble de ce système neurovégétatif.

Kapâlabhâti constitue pour l'entièreté du système nerveux un tonique sans pareil.

*Cela ne signifie pas que Kapâlabhâti doit être pratiqué peu de temps après un repas ! Trop près du repas, il troublerait la digestion au contraire. L'effet cité est donc indirect.

kapâlabhâti ses effets sur le cerveau 26

Dans le chapitre précédent consacré à Kapâlabhâti, nous avons étudié les répercussions générales de cet exercice fondamental de prânayâma.

Les répercussions ainsi décrites justifient à elles seules, la pratique régulière de cet exercice, qui est un puissant tonique pour l'ensemble de l'organisme, car il accroit le potentiel prânique de l'adepte.

Il est un point très important, qui mérite l'étude séparée que vous trouvez ci-dessous : il s'agit des effets de Kapâlabhâti, et d'ailleurs de tous les exercices de prânayâma, sur la circulation et plus particulièrement sur la circulation intracérébrale.

Il est un fait bien connu de ceux qui ont étudié la physiologie, mais totalement ignoré du grand public : la respiration modifie le volume du cerveau !

Chacun se représente plus ou moins parfaitement le cerveau, mais en général on s'imagine qu'enfermé dans le crâne, il y demeure immobile, comme une noix dans sa coque – cette comparaison est souvent utilisée à cause de la ressemblance du cerveau avec une demi-noix. Comme une demi-noix, en effet, le cerveau se partage en deux "lobes" et sa surface présente de nombreuses circonvolutions. Comme une noix le cerveau est enclos dans une coque, le crâne, mais c'est une noix qui palpite et bouge ! Pendant l'inspiration, alors que les poumons se gonflent d'air, le cerveau DIMINUE de volume; à l'inverse, pendant l'expiration le cerveau AUGMENTE de volume. Et

l'amplitude du mouvement est proportionnelle à celle des mouvements respiratoires. Ce mouvement est d'ailleurs légèrement perceptible aux tempes. Concentrez-vous un instant et faites une inspiration rapide et profonde : vous percevrez une légère sensation de dépression aux tempes.
Quoi qu'il en soit, le cerveau se comporte comme une masse spongieuse qui se réduirait et se gonflerait selon le rythme respiratoire. Et tout comme dans une éponge, tour à tour comprimée puis relâchée, ce double mouvement influence la circulation des fluides dans le cerveau, c'est-à-dire en premier lieu la circulation du sang. Si l'on pense que le cerveau est le plus grand consommateur d'oxygène du corps, on mesurera aussitôt l'importance de ce fait.
La respiration yogique complète augmente l'ampleur de ce changement de volume et favorise donc l'irrigation du cerveau. Mais Kapâlabhâti (tout comme Bhastrika) accélère encore ce flux dans d'énormes proportions ! La respiration ordinaire fait varier le volume cérébral environ 18 fois par minute, dans les deux sens. Imaginez ce qui se passe dans Kapâlabhâti où le rythme atteint 120 expulsions par minute ! C'est un véritable massage du cerveau qui se produit ! Un massage accompagné d'une action de "pompage" sur la circulation artérielle, puisqu'à l'expiration le cerveau se "gonfle" de sang. A raison de 120 coups de "pompe" par minute, c'est un véritable torrent sanguin qui est injecté dans le cerveau, le rince, l'irrigue, ouvre tous les capillaires et s'en va vivifier toutes les cellules cérébrales ET celles des glandes endocrines enfermées dans le cerveau, notamment l'hypophyse et l'épiphyse, dont l'importance ne peut être surestimée. Et cela sans aucun danger, car la pression demeure toujours dans les limites physiologiques normales : il n'y a qu'une accélération de la circulation. Cette action de Kapâlabhâti provoque un rinçage du cerveau au sens le plus littéral. Les conséquences en sont incalculables ! Le cerveau irrigué par un sang riche en oxygène bénéficie d'une stimulation naturelle, bénéfique à l'homme moderne, ce sédentaire dont la respiration est insuffisante parce que superficielle, et de surcroît alimentée par un air souvent vicié et pollué (ne pas confondre ces deux notions !).
Combien est logique la démarche yogique ! Les âsanas, tout en libérant toutes les articulations du corps, en étirant les muscles,

en libérant toutes les racines nerveuses, préparent l'organisme à accepter un supplément de prâna sans risque de "courts circuits prâniques". Les âsanas, accompagnées d'une respiration adéquate, accroissent la quantité de prâna disponible dans le corps humain et en permettent la répartition harmonieuse dans tout l'organisme. Puis le prânayâma y ajoute ses effets propres et augmente encore la fixation de prâna, l'emmagasine dans les "accumulateurs" prévus (chakras) d'où il est distribué équitablement et d'une façon équilibrée à tous les organes qui en ont besoin.

Ensuite le prânayâma stimule directement le cerveau, l'organe pensant, qu'il décrasse de tout son sang veineux stagnant (ou, du moins, circulant trop lentement chez le sédentaire), tout en lui apportant un afflux de sang oxygéné frais. Grâce à Kapâlabhâti, cette action atteint son apogée. Mais au fait, si nous reprenons l'étymologie de Kapâlabhâti, qui signifie littéralement "crâne luisant" ou "qui nettoie le crâne (et son contenu)", n'est-ce pas cela la signification réelle du mot Kapâlabhâti, "nettoyage, décrassage du cerveau" qui devient lucide, éveillé, oxygéné ? Nous serions bien tenté d'accepter cette signification : Kapâlabhâti nettoie et purifie littéralement le cerveau !

Ainsi irrigué, rincé, stimulé, oxygéné, le cerveau se trouve préparé pour la grande aventure de l'exploration intérieure du mental. Instrument docile, lame bien affûtée, il fonctionnera avec efficience pendant la pratique de la concentration. Car c'est bien dans cet ordre que sont disposés les huit degrés de Patanjali !

Bien lucide, le cerveau risque beaucoup moins d'être victime de l'incident technique le plus fréquent (qui interrompt les exercices de concentration et de méditation) : l'assoupissement ! Ajoutée à l'accélération de la circulation sanguine dans tout le corps, cette stimulation du cerveau et par conséquent de tout le système nerveux central, produit cette "vibration" particulière du corps où chaque cellule est vivifiée, tonifiée, et vibre de vie et de dynamisme.

Massage du cerveau, massage du système nerveux dans sa totalité, voilà les effets principaux de Kapâlabhâti. Mais la modification du volume du cerveau agit aussi sur la circulation du liquide céphalo-rachidien.

Pour se rendre compte des effets toniques de Kapâlabhâti, il suffit,par exemple, après une journée fort chargée et fatigante, de l'effectuer pendant 3 ou 4 minutes (repos inclus) pour se sentir aussitôt défatigué et prêt à reprendre la tâche. La fatigue et ses toxines est, au sens le plus littéral, dissoute, balayée, par le sang frais affluant à grande vitesse dans le cerveau. En quelques minutes, les cellules cérébrales récupèrent leur vitalité perdue et se retrouvent fraîches et disposes ! Voilà pourquoi Kapâlabhâti agit comme un tonique cérébral pur et unique. Dans la gymnastique et les sports, il arrive aussi que le souffle s'accélère à la suite d'un violent effort physique, mais cet effort réabsorbe presque aussitôt le supplément d'oxygène inhalé par cette respiration accélérée et amplifiée. Dans le yoga, vu l'immobilité du corps, la dépense musculaire est minime et le bénéfice "oxygène" et "prâna" atteint son maximum. Voilà pourquoi le prânayâma repose et recharge nos batteries, tandis que le sport nous fatigue. Ce qui n'est pas un mal, car nous avons aussi besoin de fatigue physique : c'est peut-être une des choses qui manquent le plus à l'homme moderne. Mais justement, l'homme moderne, cérébral presque pur, finit par exiger trop de son cerveau et de son système nerveux. Il a besoin d'un exercice tel que Kapâlabhâti pour compenser ce surmenage cérébral perpétuel.

Vive le sport, mais aussi Kapâlabhâti ! Et Bhastrika !

Pratiquons Kapâlabhâti, et au lieu de vivre avec un cerveau encrassé par les toxines, vivons dynamiques et sereins à la fois avec un "crâne luisant", avec un cerveau bien purifié et oxygéné.

Est-il surprenant que la pratique régulière de Kapâlabhâti accroisse notre faculté de concentration et notre mémoire, qu'elle stimule toutes nos facultés intellectuelles ? Devenons créateurs grâce à Kapâlabhâti !

bhastrika le soufflet

27

Dans les villages de l'Inde, le forgeron est un homme important ! Dans sa forge, le soufflet attise les braises qui rougissent le fer. C'est au soufflet – Bhastrika – que ce prânayâma doit son nom.

C'est un "classique" et pourtant que de malentendus à son sujet ! Même la Gheranda Samhita n'est pas très explicite à ce propos (versets 75 et 76) : *"Comme le soufflet du forgeron se dilate et se contracte constamment, de même qu'il (le yogi) inspire l'air par les deux narines, lentement, en gonflant l'abdomen; puis qu'il le rejette rapidement (l'air faisant le bruit du soufflet).*

Ayant ainsi inspiré et expiré vingt fois, qu'il effectue Kumbhaka (rétention du souffle) et rejette l'air par la même méthode. Que le sage pratique ce Bhastrika-Kumbhaka trois fois. Il ne souffrira jamais d'aucune maladie et sera toujours en bonne santé.

Cette description pourrait aussi bien correspondre à Kapâlabhâti !

En effet, Bhastrika présente des points communs avec Kapâlabhâti : il arrive que l'on confonde les deux exercices, au point que certains Maîtres ne font pas de différence entre eux.

Pourtant, si l'on confronte diverses opinions et techniques, on constate qu'il y a une différence notable entre les deux exercices. Voyez en fin de chapitre le tableau comparatif.

Kapâlabhâti peut néanmoins être considéré comme une forme atténuée de Bhastrika et par conséquent comme une préparation à ce prânayâma.

TECHNIQUE

Posture : Siddhâsana ou le Lotus, à l'exclusion de toute autre posture. Une tolérance au début : la pose peut être Vajrâsana si les deux premières ne sont pas à la portée de l'adepte.
Dans la pratique de Bhastrika, c'est l'ensemble de l'appareil respiratoire qui entre en action. La base de Bhastrika est donc la respiration yogique complète en trois temps (cf. "J'apprends le Yoga", pp. 39 et suiv.), mais pratiquée avec sangle abdominale contrôlée (cf. p. 146).

Pour apprendre Bhastrika :
A partir de la posture choisie, en gardant la colonne vertébrale rigoureusement droite et immobile pendant tout l'exercice, effectuer des respirations avec sangle contrôlée aussi complètes que possible, puis accentuer l'expiration en contractant la sangle et accélérer le rythme sans réduire l'ampleur. L'accélération doit être très progressive pour ne pas sacrifier l'ampleur de la respiration à la vitesse (qui ne dépassera jamais 60 respirations par minute). Pendant Bhastrika, le léger blocage de la glotte (Ujjayi) produit un bruit caractéristique.
Il faut absolument que les narines soient bien propres et dégagées pour pratiquer Bhastrika.
Après une minute environ et quel que soit le nombre de coups de soufflet atteint pendant ce temps, il est obligatoire de retenir le souffle avec les trois Bandhas (Bandha Traya)* (cf. p. 265).
Au début, ne pas dépasser 40 expulsions, puis monter lentement jusqu'à 60, à la condition d'être à même de pratiquer sans la moindre fatigue pendant une minute au moins. La rétention du souffle sera précédée d'une inspiration aussi profonde que possible. Le souffle sera retenu jusqu'aux limites des possibilités de chaque adepte, en respectant les recommandations valables en matière de rétention du souffle.
A la fin de la rétention, reprendre quelques centimètres cubes d'air avant d'expirer LENTEMENT et à fond par la narine DROITE (Pingala).

*Habituellement Bandha Traya est effectué à poumons vides pour faciliter et accentuer l'Uddiyana. Ce Bandha Traya est particulier à Bhastrika.

Intériorisation :
Pendant la rétention en Bandha Traya, s'intérioriser à Muladhara Chakra : C'EST ESSENTIEL.

VARIANTE DE BHASTRIKA

Toutes autres indications demeurant inchangées, Bhastrika peut se pratiquer en respiration alternée. Inspirer par Ida (narine gauche), expirer par Pingala (narine droite), réinspirer par Pingala, expirer par Ida, réinspirer par Ida et ainsi de suite. Au début, il faudra procéder aussi lentement qu'il sera nécessaire pour synchroniser les mouvements de la main réglant cette respiration alternée et la respiration en Bhastrika.
Cette variante est plus puissante encore que Bhastrika. Il ne faut l'utiliser que lorsque la formule précédente est bien assimilée et confortable. Vitesse maximum : 50 respirations par minute.

EFFETS PHYSIOLOGIQUES

Comme pour tous les exercices d'hyperventilation, Bhastrika a des répercussions profondes sur l'organisme. C'est un exercice très puissant qu'il faut manipuler "avec des gants", surtout au début.
Le sang se sature d'oxygène tandis que de grandes quantités de CO^2 sont expulsées. Le pH du sang et sa teneur en CO^2 se modifient temporairement. Le CO^2 n'est pas un gaz toxique. Il entre dans la composition normale du sang en quantité bien déterminée et remarquablement stable. Les suffoqués ne sont pas sauvés par une administration d'oxygène, mais on leur insuffle du CO^2 (sans que l'on sache encore très exactement pourquoi le CO^2 agit ici en sauveur). Donc, en temps ordinaire, seul l'excédent de CO^2 est éliminé du sang au moment de son passage dans les alvéoles pulmonaires. Le rejet d'importantes quantités de CO^2 pendant Bhastrika (et pendant Kapalabhati également), abaisse le taux de CO^2 dans le sang. Pour rétablir au plus vite le taux normal de CO^2, l'adepte bloque le souffle à poumons pleins. Mais entretemps la respiration cellulaire a été accélérée par Bhastrika, ce qui produit une revitalisation de l'organisme au sens le plus strict.
Pour les autres effets de Bhastrika : s'en référer à Kapâlabhâti.

EFFETS PRANIQUES

Du point de vue du prânayâma, Bhastrika est un exercice fondamental.
Pendant l'exercice lui-même, l'accélération sanguine dans le cerveau agit à la fois sur les centres résonateurs d'Ajna Chakra et de Sahasrara Chakra, qui sont activés. Pendant la rétention du souffle, les organes et plexus résonateurs des chakras inférieurs sont activés. L'intériorisation en rétention du souffle, doit, nous l'avons vu, s'effectuer à Muladhara Chakra. Pendant Bhastrika, il y a équilibre entre Prâna et Apâna qui se rejoignent. Leur union agit sur Kundalini (stimulation des centres psychiques créateurs dans l'être humain).
Par ailleurs, Bhastrika guide les énergies prâniques à travers Sushumna, le conduit central. L'ascension de cette énergie se trouve habituellement bloquée par des "nœuds" (traduction littérale de "granthis"). La pratique de Bhastrika permet aux énergies suscitées par le prânayâma, de percer ces "noeuds" et de poursuivre leur ascension vers les centres conduisant au niveau d'intégration individuel dans le cerveau ou plutôt dans son correspondant subtil, le Sahasrara.
Ce prânayâma constitue un des meilleurs exercices préparatoires à Pratyahara (retrait des sens) et à Dharana (concentration yogique) qui sont les étapes suivantes du yoga.

PRECAUTIONS

Bhastrika étant l'un des exercices les plus puissants du yoga, non seulement par lui-même mais par la rétention maximum du souffle à poumons pleins qu'il requiert, il faut le pratiquer avec bon sens et mesure. Pas de hâte ! Bhastrika peut avoir des effets néfastes sur le coeur (arythmie, par exemple), mais ces effets négatifs cessent avec l'arrêt de la pratique; ils sont donc (heureusement) réversibles. Pour les poumons c'est moins agréable, car ils peuvent éventuellement être atteints d'emphysème qui, lui, est irréversible.
Pour s'exercer en toute sécurité, il faut toujours pratiquer sans brutalité. La vitesse ne doit pas être l'objectif initial ni se confondre avec la précipitation ! Grâce à une sage progressivité, l'élasticité des poumons s'accroît ce qui leur permet de

supporter Bhastrika sans dommages. Souvenons-nous que les alvéoles pulmonaires comptent parmi les tissus les plus délicats du corps.
Au point de vue cardiaque, Jalandhara Bandha, avec sa contraction puissante des muscles du cou, garantit la sécurité.
Le tableau ci-dessous récapitule et compare en même temps la technique de Kapâlabhâti et celle de Bhastrika.

Le tableau ci-dessous récapitule et compare en même temps la technique de Kapâlabhâti et celle de Bhastrika.

	KAPALABHATI	**BHASTRIKA**
Type de respiration	Thorax bloqué (très bombé). Diaphragmatique pure et assez superficielle	Respiration complète (3 temps) avec sangle contrôlée, beaucoup plus profonde.
Partie en action	la sangle abdominale.	Le thorax participe activement, comme tout l'appareil respir.
Proportion inspir-expir	Inspir double de l'expir Priorité à l'expiration.	idem
Vitesse maximum	120 respir./minute.	60 respir./minute.
Ujjayi	très légère fermeture de la glotte.	idem.
Puissance	Moyenne.	Exerc. très puissant.
Effets	Purifie les voies respiretoires. Hyperventilation.	Les voies respir. doivent être libres avant de commencer l'exercice.
Intériorisation	Manipura Chakra	Muladhara Chakra (pendant la rétention.

ujjayi 28

Ujjayi est l'un des principaux prânayâmas, non seulement en tant que tel, mais encore parce qu'il est un élément important de la pratique des âsanas : cette application particulière est détaillée en fin du présent chapitre.
Tandis que pour Kapâlabhâti, l'étymologie ne présente aucune difficulté, pour Ujjayi les interprétations – fort divergentes d'ailleurs – varient selon les auteurs. Parfois Ujjayi est décomposé en : préfixe "Ud", s'élever (cf. Ud-diyana Bandha) et "Jaya", qui est une ancienne forme de salut en Inde (Jaya Ram, par exemple).Par extension Ujjayi signifierait "ce qui s'exprime à haute voix", parce que ce prânayâma n'est pas silencieux. D'autres affirment qu'Ujjayi signifie "ce qui mène au succès" ou le "Victorieux" parce que le thorax doit y être expansé comme la poitrine d'un guerrier.
Qui a raison ? Peut-être tout le monde, car en combinant le bruit et l'expansion du thorax, on réunit les deux éléments essentiels d'Ujjayi.

TECHNIQUE

Ujjayi en tant qu'exercice de prânayâma proprement dit, se présente sous deux formes principales, toutes deux classiques et complètes, quoique l'une soit plus particulièrement accessible aux débutants.
Avant d'étudier ces deux formes, retenons que l'élément

caractéristique d'Ujjayi réside dans le blocage partiel de la glotte, destiné à freiner tant l'entrée que la sortie de l'air. Essayez ! Contractez les muscles du cou au niveau de sa naissance, près de l'insertion des clavicules, puis inspirez. La friction de l'air ainsi freiné engendre un son sourd et continu, qui n'est produit ni par les cordes vocales ni par le frottement de l'air contre le voile du palais comme dans le ronflement. La contraction de la glotte rétrécit volontairement les conduits d'entrée de l'air. But de cette obstruction partielle : cf. "Effets".

L'inspiration aussi bien que l'expiration seront modérément bruyantes et pratiquement au même diapason.

Lorsqu'il est indiqué : "respirer en Ujjayi" dans la pratique des âsanas, c'est ce blocage partiel de la glotte qui est demandé.

UJJAYI NORMAL

Position :

Bien qu'Ujjayi puisse se pratiquer dans toutes les positions et en toutes circonstances, lorsqu'il accompagne la pratique des âsanas il s'agit alors uniquement de la fermeture partielle de la glotte. Quand Ujjayi devient un prânayâma, la position requise sera Siddhâsana, le demi-Lotus, ou le Lotus, cette dernière position étant de loin préférable aux autres. Vajrâsana n'est toléré que pour les débutants. La position des bras a une importance spéciale dans Ujjayi. Ils doivent être tendus, le dos de la main contre les genoux. Les mains font Jnana Mudra, ce qui signifie le Mudra de l'Initié (voir chapitre suivant).

Colonne vertébrale :

La colonne vertébrale se place correctement si le bassin est légèrement basculé vers l'avant, ce qui est automatique quand le Lotus est pris avec les deux genoux en contact avec le sol : ainsi, la région lombaire se creuse légèrement.

Inspiration (Puraka) :

L'inspiration s'effectue avec sangle abdominale contrôlée (voir p. 146 et suiv.), elle sera lente et principalement thoracique.

Dès que le diaphragme s'est un peu abaissé et rencontre une

résistance croissante de la part de la sangle abdominale contrôlée, l'inspiration continue et on s'efforce d'absorber autant d'air que possible en soulevant et en écartant les côtes au maximum. Achever de remplir les poumons à bloc en soulevant le haut du thorax (respiration subclaviculaire). A la fin de l'inspiration, il ne doit plus être possible de faire pénétrer un seul cm3 d'air; le thorax est largement bombé, justifiant le nom "le Victorieux".
Pendant toute l'inspiration, répétons-le, la glotte reste partiellement bloquée, l'air produit le son régulier, au même diapason, caractéristique d'Ujjayi. En fin d'inspiration, arrêter le souffle en fermant tout à fait la glotte pendant deux secondes – pas plus –, puis expirer.

Expiration (Rechaka) :
Ouvrir légèrement la glotte puis contracter plus vigoureusement encore, la paroi abdominale ce qui déclenche l'expiration qui s'accompagnera du même son uniforme et régulier qu'à l'inspiration. Ensuite, contracter les muscles thoraciques expirateurs pour rapprocher les côtes. Quand le thorax s'est refermé, terminer en abaissant les clavicules, sans courber le dos. Important : la colonne vertébrale demeure rigoureusement rigide et immobile pendant tout l'exercice.
L'expiration doit durer au moins DEUX FOIS le temps de l'inspiration, et grâce à la contraction active de la sangle abdominale, tout l'air doit être chassé.
A la fin de l'expiration, bloquer le souffle pendant deux secondes, puis réinspirer comme décrit ci-dessus.

Intériorisation :
Pendant toute la durée de l'exercice, "s'intérioriser" sur :
– le passage de l'air dans les narines et particulièrement contre le dôme des cornets du nez;
– le bruissement de l'air au niveau de la glotte (cf. Effets sur le mental).

Durée :
Effectuer des cycles de 10 respirations minimum. Se reposer, puis reprendre l'exercice, à raison de 4 à 5 cycles. Il faudrait pratiquer Ujjayi quotidiennement pendant cinq à dix minutes.

Après l'exercice, se relaxer pendant deux ou trois minutes en Shavâsana en respirant normalement.

PÛRNA-UJJAYI

Pûrna-Ujjayi est la forme la plus intensive de ce prânayâma et doit être réservée aux adeptes avancés, bien exercés à la fois à la forme normale d'Ujjayi et aux rétentions de souffle. En effet, Pûrna-Ujjayi implique une rétention de souffle prolongée à poumons pleins.

Position :
Siddhâsana (qui peut être rendu plus confortable sans nuire à son efficacité, par un petit coussin sous les fesses) ou le Lotus, nettement préférable.
Le bras gauche est posé comme dans Ujjayi simple, avec la main en Jnana Mudra. Le bras droit, lui, est replié pour permettre à la main droite de boucher le nez, suivant la technique utilisée pour la respiration alternée.*
Exécuter Ujjayi intégralement en Jalandhara Bandha, quoique certains yogis n'utilisent Jalandhara Bandha que pendant la rétention du souffle (Kumbhaka).

Inspiration :
L'inspiration se fait par les DEUX narines, la main droite restant en place, prête à boucher les narines.
Fermeture partielle de la glotte : identique à l'Ujjayi simple.
Sangle contrôlée, respiration thoracique et subclaviculaire comme dans Ujjayi simple.
Relâcher les muscles du visage pendant l'inspiration et veiller à ce que le freinage se fasse toujours au niveau de la glotte et non pas dans les narines, où l'air doit glisser en douceur (projeter le courant d'air contre la muqueuse nasale est proscrit).
L'inspiration sera toujours aussi lente que dans l'Ujjayi simple.
Personnellement je préfère travailler avec Jalandhara à toutes les phases.

*Pour mémoire, l'index et le médius sont repliés, le pouce droit bouchant la narine droite, l'annulaire et le petit doigt bouchant la narine gauche. C'est le procédé habituel. Certaines écoles font reposer l'index et le majeur à la racine du nez .

Rétention (Kumbhaka) :
La rétention du souffle, qui n'était que symbolique dans l'Ujjayi simple, devient ici un élément essentiel de l'exercice et Jalandhara est de rigueur pendant cette phase. Ce Jalandhara sera très énergique, en d'autres termes la contraction des muscles du cou sera intense au point de bloquer totalement les voies respiratoires. Le nez est bouché par les doigts. La rétention du souffle sera aussi longue que possible, compte tenu des indications générales relatives aux rétentions. Le thorax est gardé bien bombé par les muscles inspirateurs. Pendant la rétention, s'efforcer de rétracter la sangle abdominale pour repousser les viscères vers la colonne vertébrale, ce qui accroît encore la pression intra-abdominale.
Kumbhaka doit nécessairement s'accompagner de Mula Bandha. Ceci est TRES IMPORTANT.

Expiration (Rechaka) :
La rétention du souffle peut être faite jusqu'à perception d'une légère sensation de vibration dans la région du plexus solaire, pas au-delà.
L'expiration s'effectue par LA NARINE GAUCHE EXCLUSIVEMENT.
Durée de l'expiration :l'adepte s'efforcera d'allonger le plus possible l'expiration; sa durée sera au moins le double de celle de l'inspiration. L'entraînement progressif permet d'arriver au quadruple, ce qui est l'objectif final qu'il ne faut pas se presser d'atteindre. L'inspiration sera correcte si le son de l'Ujjayi demeure continu et sur le même diapason.
L'expiration sera, bien entendu, aussi complète que possible, et même forcée.
Réinspirer après une courte rétention de deux ou trois secondes à poumons vides. Cette nouvelle inspiration constitue un test. Il ne suffit pas de bloquer le souffle confortablement, puis d'expirer à l'aise et lentement, encore faut-il être en mesure de réinspirer d'une façon aussi contrôlée que pendant l'Ujjayi simple. Si, après une rétention suivie d'une expiration aussi lente, vous êtes forcé de réinspirer en toute hâte, c'est l'indice que vous avez exagéré votre rétention du souffle. Réduisez par conséquent la durée de Kumbhaka jusqu'à ce que vous soyez en mesure de poursuivre "confortablement" tout le cycle de Poorna-Ujjayi

S'il vous arrive de dépasser occasionnellement votre capacité respiratoire, ce n'est pas grave. C'est seulement si cette exagération devenait habituelle qu'elle pourrait entraîner à la longue des inconvénients cardiaques ou pulmonaires (voir : "Contre-indications").

Intériorisation :
Identique à l'Ujjayi simple.

Durée des cycles :
En Inde, les yogis "full-time" pratiquent de 250 à 300 cycles ! ... Compte tenu d'une rétention très moyenne, cela représente environ un nombre égal de minutes (au moins) ! Conclusion : Ujjayi devrait être pratiqué durant trois heures ou plus ! Inutile de préciser que cela ne convient pas à l'Occidental qui se contentera, au début, de séries de 5 à 20 Ujjayi. Augmenter progressivement jusqu'à pratiquer pendant 15 ou 20 minutes, ce qui n'est déjà pas si mal.

CONTRE-INDICATIONS

Tous les exercices de prânayâma avec longues rétentions sont déconseillés aux cardiaques et aux personnes atteintes d'affections pulmonaires. Toutefois, si Ujjayi est pratiqué sans rétention (Ujjayi simple), en position couchée et avec les jambes surélevées, il devient bénéfique pour le coeur. Pour les personnes en bonne santé, Ujjayi est un merveilleux exercice pour le coeur.

EFFETS

Le yoga est la seule discipline cherchant à créer d'importantes modifications de pression à la fois dans l'abdomen et dans les poumons. Uddiyana Bandha, Nauli, la respiration avec sangle contrôlée modifient considérablement les pressions intracorporelles. Seuls de tels exercices sont en mesure de créer des dépressions notables et contrôlées dans l'abdomen et dans le thorax. Il est certain que l'air inspiré normalement ne peut pénétrer dans les poumons que grâce à une dépression dans le thorax, mais cette dépression est relativement faible. De même

l'air s'échappe des poumons à l'expiration grâce à la relaxation des muscles intercostaux, éventuellement complétée par la contraction des abdominaux, ce qui crée une légère surpression dans les poumons. La cage thoracique se comporte comme un soufflet de forge. Cette comparaison va d'ailleurs nous faire comprendre la raison de l'occlusion partielle de la glotte. Si vous réduisez l'ouverture de votre soufflet pour faire pénétrer la même quantité d'air dans le même laps de temps, il faudra plus d'énergie (dépression plus puissante), et à l'expiration, vous devrez appuyer plus fort pour chasser l'air. Le blocage partiel de la glotte agit de même et a pour conséquence d'augmenter la dépression intrathoracique pendant l'inspiration, ce qui accroît considérablement l'effet de succion qu'exerce l'éponge pulmonaire sur la circulation veineuse. Les effets déjà considérables de la respiration avec sangle contrôlée sont puissamment accrus par l'Ujjayi. A l'expiration, la pression intrapulmonaire augmente, ce qui est excellent pour les poumons, dont l'élasticité est maintenue.
Les échanges gazeux et prâniques sont meilleurs en Ujjayi qu'en respiration ordinaire, et même qu'en respiration yogique avec sangle contrôlée. La compression des organes abdominaux stimule les centres d'énergie psychique en relation avec le bas-ventre, notamment Manipura Chakra et Svadisthana Chakra. La pratique de Mula Bandha, outre qu'elle est indispensable pour protéger le plancher pelvien de la surpression intra-abdominale, agit aussi sur Muladhara Chakra.

EFFETS SUR LE MENTAL

Dans Ujjayi, et surtout dans Poorna-Ujjayi, l'interpénétration réciproque du Hatha et du Raja-Yoga apparaît avec évidence. L'intériorisation du mental qui se produit en dirigeant l'attention sur le passage de l'air dans les narines ainsi que sur le bruit continu, a pour effet d'absorber complètement le mental et de réduire au minimum l'activité parasite de l'intellect. Un Ujjayi très atténué aide beaucoup à entrer en méditation. Les énergies prâniques et psychiques sont réveillées par la pratique d'Ujjayi.
Jalandhara qui accompagne Poorna-Ujjayi y ajoute ses effets propres.

UJJAYI PENDANT LES ASANAS

Une caractéristique du yoga tel qu'il se pratique dans le Sud de l'Inde est l'introduction d'Ujjayi dans la pratique des âsanas et de la Salutation au Soleil. La fermeture partielle de la glotte et le bruit caractéristique d'Ujjayi sont maintenus pendant toute la séance. Le souffle ne s'arrête à aucun moment. Toujours il va et vient en bruissant au niveau de la glotte. Toujours l'inspiration et l'expiration s'équilibrent, afin d'égaliser prâna et âpana ce qui est considéré comme extrêmement important. Il arrive cependant que le rythme s'accélère, notamment lorsque l'adepte arrive à la phase maximum d'une âsana. Par exemple, dans le Cobra poussé au maximum, pendant la phase dynamique, le souffle est équilibré en Ujjayi, mais assez lent. A mesure que la pose devient plus intense, le souffle tend de lui-même à s'accélérer; il en va de même pendant la Salutation au Soleil : il ne faut pas s'opposer à cette tendance, au contraire. Ujjayi peut être pratiqué en marchant et même en courant.

jnana mudra 29
le geste de l'initié

Jnana Mudra, le Geste de l'Initié, est un geste symbolique accompagnant la méditation et certains prânayâmas. Il consiste à orienter la paume vers le ciel, et à tendre tous les doigts y compris le pouce; puis à replier l'index tandis que le pouce va à la rencontre de celui-ci.

L'ongle de l'index se place au milieu du pouce, dans le pli de la phalange. Le majeur, l'annulaire et le petit doigt demeurent tendus et joints. La réunion du pouce et de l'index a une valeur symbolique particulière dans Jnana Mudra.

Le pouce symbolise le Soi et particulièrement son expression sous la forme humaine. Le pouce est le doigt le plus spécifiquement humain; aucun autre animal ne possède un pouce. Même le singe qui a cinq doigts séparés comme l'homme, n'a pas de véritable pouce, car celui-ci ne peut se mettre en opposition avec les autres doigts. C'est cette opposition qui a transformé la patte en main, c'est-à-dire en instrument créateur, capable de modeler la matière brute et d'y insuffler de l'intelligence. Privés du secours du pouce, les autres doigts seraient impuissants à exécuter le moindre travail humain.

Pour remplir son rôle, le pouce se tient à part des autres doigts et leur fait face. Il les regarde, les juge, mais il est toujours prêt à collaborer avec eux. C'est aussi celui qui a l'empreinte la plus personnelle ! Quand on prend une empreinte digitale, c'est surtout celle du pouce qui importe !

L'INDEX

L'index est le doigt de l'individualisation. Il symbolise le petit Moi individuel. Il indique, d'où son nom : index. Quand, dans une assemblée, le chef veut désigner un individu bien précis, il pointe son index vers lui.
Le pouce est le symbole du Soi, l'index, celui du Moi.

RENCONTRE DU POUCE ET DE L'INDEX

Les autres doigts symbolisent divers aspects de l'être humain et leur symbolisme varie selon les écoles. Par exemple, l'annulaire, qui porte l'anneau, symbole du mariage, devient parfois celui de l'attachement au plaisir des sens. Le majeur, celui de l'ambition rajasique, etc. Toutefois l'élément essentiel dans le symbolisme de Jnana Mudra est la jonction, l'union de l'index et du pouce (dans le yoga on retrouve toujours cette idée d'union, de relier ce qui était séparé). Il faut que l'index (le petit moi) s'éloigne des autres doigts et s'oriente vers le pouce (le Soi) pour qu'aussitôt celui-ci se dirige aussi vers lui. De leur jonction naît un cercle, un anneau, symbole de l'infini.
Ainsi l'union de l'index et du pouce symbolise l'intégration cosmique du petit "moi" au "Soi".

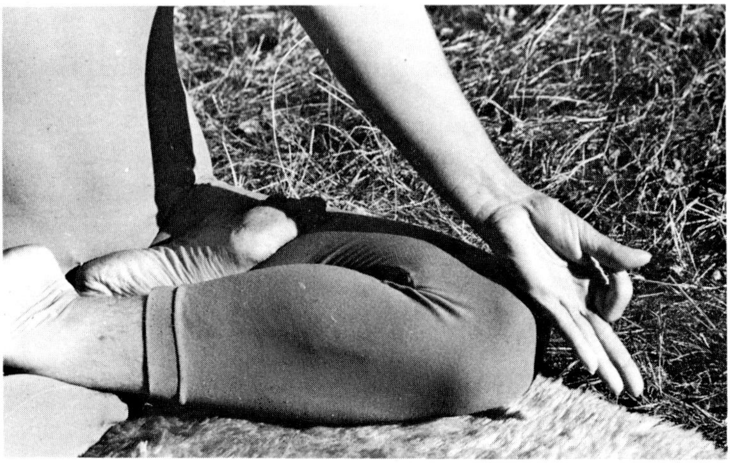

sitkari sitali plavini

30

Les trois prânayâmas cités dans le titre, sont des exercices mineurs comparés à ceux que nous avons étudiés en détail jusqu'à présent.
Leurs applications pratiques en Occident sont fort limitées, notamment pour des raisons climatiques. Nous ne les citons que pour mémoire.

SITKARI – SITALI

Sitkari et Sitali incluent une respiration par la bouche qui est censée rafraîchir le corps. Il est évident que cette particularité les rend précieux dans les climats tropicaux et ils sont donc très utiles aux adeptes vivant en Inde. Ils sont aussi censés combattre la soif. En Occident, dans nos climats humides, il est peu recommandé de respirer par la bouche, car le nez doit préalablement réchauffer et conditionner l'air. La pratique des exercices mentionnés ci-dessus pourrait provoquer des angines, réveiller des bronchites, si elle était prolongée.

BHRAMARI

Bhramari est une respiration accompagnée d'un bruit caractéristique; il est difficile de décrire de façon intelligible comment la pratiquer.

PLAVINI

Plavini, "le flottant" est un prânayâma mineur. L'adepte avale de l'air par la bouche et, à travers l'œsophage, l'envoie dans l'estomac jusqu'à ce que celui-ci se gonfle comme un ballon : en le tapotant il rend d'ailleurs un son creux ! L'adepte peut alors flotter indéfiniment dans l'eau, d'où son nom "le flottant". En Occident, nous ne voyons guère l'utilité pratique ou prânique de cet exercice.

le pranayama ésotérique

ses bases... et sa pratique

prâna et apâna 31

Jusqu'ici nous n'avons pas fait de distinction dans cette étude, entre le Prâna, c'est-à-dire l'énergie cosmique sous toutes ses formes dans l'univers autour de nous, et le prâna, c'est-à-dire l'énergie qui pénètre en nous, s'y accumule, y circule et en sort, parce que le prâna qui oeuvre en nous est simplement une spécialisation temporaire de l'énergie cosmique universelle, tout comme il n'y a chimiquement aucune différence entre l'eau qui couvre les trois quarts du globe sous la forme des océans, qui ruisselle du toit sous forme de pluie, que nous absorbons dans nos aliments, dans nos boissons et celle qui constitue les trois quarts du poids de notre corps. L'eau parcourt un cycle planétaire. De l'océan elle s'évapore, parcourt le ciel sous forme de nuages, tombe en pluie, anime la matière vivante, – sans eau, pas de vie –, puis s'écoule dans les rivières pour retourner vers l'océan d'où elle est sortie. Toutefois dans notre vocabulaire, dès qu'elle entre dans le corps, l'eau change de nom selon sa fonction interne. Absorbée par le tube digestif, elle devient notre sang, qui est en somme de l'eau de mer diluée, additionnée de globules rouges qui la colorent, de globules blancs et d'autres constituants. L'eau originelle devient aussi la lymphe, liquide interstitiel dans lequel baignent nos cellules, et liquide intracellulaire. Selon les fonctions qu'elle exerce, l'eau change de nom sans que cela heurte notre logique.
De même le Prâna cosmique pénètre dans notre corps et y constitue notre corps prânique, notre corps énergétique. C'est le

corps prânique qui anime la matière brute et dense et qui forme notre corps visible et tangible. Pour les yogis, tout comme l'eau se "spécialise", le prâna se diversifie, lui aussi, dans le corps prânique. Et change de nom ! L'ensemble des énergies vitales animant notre corps matériel, devient le souffle, le pneuma, en sanscrit : Vâyu (se prononce vâiou), qui signifie littéralement "air". Vâyu, le souffle vital, assure les diverses fonctions du corps. A l'inverse du corps physique dense qui se subdivise en structures anatomiques distinctes, le corps prânique constitue une entité indivisible, seulement subdivisée en activités vitales, en fonctions particulières, qui ne sont pas rigidement localisées en un endroit particulier du corps. Les fonctions créent les organes correspondants et les animent !
Tout comme le corps dense doit se nourrir, autrement dit s'approprier dans le monde extérieur les éléments matériels qui le composent et qui constituent d'ailleurs un flux constant de particules, de même le corps prânique doit s'approprier du prâna dans le monde extérieur.
La fonction d'appropriation d'énergie s'appelle Prâna-Vâyu.
Prâna-Vâyu inclut donc l'ensemble des mécanismes subtils d'absorption de prâna et son organe essentiel est constitué par les voies respiratoires. Son siège principal se situe dans le thorax, bien qu'il y ait encore d'autres voies de pénétration (la langue et la peau, par exemple). L'absorption de nourriture solide ou liquide dépend aussi de Prâna-Vâyu. Ensuite l'énergie est assimilée. Toutes les fonctions d'assimilation de notre corps dense sont dirigées par une forme spéciale d'énergie appelée Samâna-Vâyu. Cette spécialisation du prâna digère nos aliments, les assimile, les conduit vers le foie, etc. Siège principal : entre le diaphragme et le nombril. Puis l'énergie doit être distribuée et mise en action partout où le besoin s'en fait sentir. Cette fonction est assurée par Vyâna-Vâyu, qui a une action beaucoup plus diffuse que les précédentes car elle "imbibe" le corps tout entier. Elle assure aussi bien la circulation sanguine et lymphatique que la circulation d'énergie nerveuse le long des nerfs. Par opposition aux objets inanimés, une des caractéristiques de la vie est d'être un processus dynamique, un flux constant tant de particules physiques que de courants énergétiques électromagnétiques et éventuellement d'autres formes d'énergie qu'on pourrait encore découvrir. La vie est un fleuve ! Seules les rives

(la forme du corps) ont quelque constance, mais l'eau du fleuve n'est jamais la même !
Toutefois il ne suffit pas d'assimiler de l'énergie et de la matière, il faut aussi l'évacuer.
La fonction "élimination" est assurée par Apâna-Vâyu.
Avec Prâna-Vâyu, Apâna-Vâyu est le prâna le plus important du corps. Toutes les fonctions d'excrétion dépendent d'Apâna-Vâyu, dont l'action est orientée vers le bas et vers l'extérieur. C'est Apâna-Vâyu qui anime les reins, filtre l'urine, relâche les sphincters pendant la miction et vide la vessie. C'est Apâna qui dirige les selles vers le rectum et, au moment voulu, libère le sphincter anal et expulse les matières. Apâna-Vâyu rejette les menstrues. Apâna-Vâyu éjacule le sperme. Chez la femme, c'est Apâna-Vâyu qui travaille pendant l'accouchement. Ainsi donc, Apâna est plus spécialement localisé dans le bas-ventre (région sub-ombilicale) et s'occupe particulièrement des organes pelviens, notamment des organes sexuels. Mais son rôle ne s'arrête pas là : c'est aussi Apâna-Vâyu qui évacue l'excès d'eau sous forme de transpiration. Enfin, Apâna-Vâyu rejette les résidus gazeux par les voies respiratoires.
Les poumons ont donc une double fonction prânique. Ils sont d'abord le siège de Prâna-Vâyu avec tous les conduits d'air allant de l'orifice du nez aux alvéoles pulmonaires, puisqu'ils servent surtout à capter le prâna extérieur, nous l'avons précisé. Mais les poumons constituent en outre un émonctoire important. Pendant l'expiration, avec le rejet du CO^2 et d'autres déchets sous forme gazeuse, c'est Apâna-Vâyu qui est en action.
D'autres Vâyus oeuvrent dans notre corps, et l'anatomie énergétique des yogis n'est pas moins complexe que notre anatomie descriptive !
Le dernier des principaux Vâyus est Udâna-Vâyu qui a son siège dans la gorge et dont la fonction est l'expression, parce que l'être humain s'exprime surtout par la phonation. C'est Udâna-Vâyu (à prononcer Oudan'-Vaiou) qui permet à la pensée de s'exprimer, règle le débit de l'air et la tension des cordes vocales quand nous parlons. D'autres Vâyus (ou Prânas) accessoires s'occupent de fonctions aussi particulières que l'éternuement (Devadatta), le bâillement (Krikal), le cillement (Kurma), etc.
Peut-être serait-il bon de se résumer !
L'absorption de Prâna sous quelque forme que ce soit et à

quelqu'endroit du corps qu'elle se produise, est l'oeuvre de Prâna-Vâyu qui constitue le pôle "entrée". Tout ce qui sort de l'organisme, à quelqu'endroit que ce soit et sous quelque forme que ce soit est contrôlé par Apâna-Vâyu. Les deux doivent s'équilibrer, car notre santé en dépend. La constipation, le dysfonctionnement des reins, l'insuffisance d'évacuation de CO^2 par les poumons, de même que le manque de perméabilité des pores de la peau, constituent les sources principales de nos maladies. Si l'une de ces fonctions cesse complètement, c'est le drame ! Que les reins cessent de fonctionner, c'est la mort par urémie. Apâna-Vâyu est aussi vital que Prâna-Vâyu. Le pôle "sortie" doit équilibrer le pôle "entrée". Ainsi nous comprenons pourquoi les yogis, notamment ceux du Sud de l'Inde attachent une importance particulière à équilibrer soigneusement (en durée) l'inspir et l'expir pendant la pratique des âsanas (cf. "Je perfectionne mon Yoga", p. 14). Entre les deux pôles, s'échelonnent des circuits intérieurs (assimilation - Samâna; distribution - Vyâna; expression - Udâna) essentiels eux aussi; mais du point de vue pratique ils sont beaucoup plus malaisés à contrôler que les deux pôles "entrée" et "sortie". Le fonctionnement équilibré de Prâna-Vâyu et d'Apâna-Vâyu, conditionne et assure presque automatiquement le fonctionnement correct des fonctions d'assimilation et de circulation d'énergie.
La fonction équilibrante d'Apâna est essentielle. Retenons qu'elle s'exerce principalement au-dessous du nombril.
Asvini Mudra et Mula Bandha* permettent d'acquérir le contrôle conscient et volontaire de ces énergies. Mais ce n'est pas seulement l'équilibre des deux pôles que les yogis s'efforcent d'obtenir. Pendant le prânayâma, ils s'efforcent d'inverser la direction du flux d'énergie d'Apâna, généralement dirigé vers le bas, pour l'attirer vers le haut et l'amener à rencontrer Prâna-Vâyu. L'union de Prâna-Vâyu et d'Apâna-Vâyu est considérée comme donnant des résultats particulièrement importants pour l'expérience ultime du yoga.

*Cf. ch. 34 et 35 (pp. 251 et suivantes).

LES 5 PRINCIPALES MODIFICATIONS DU PRANA (VAYUS)

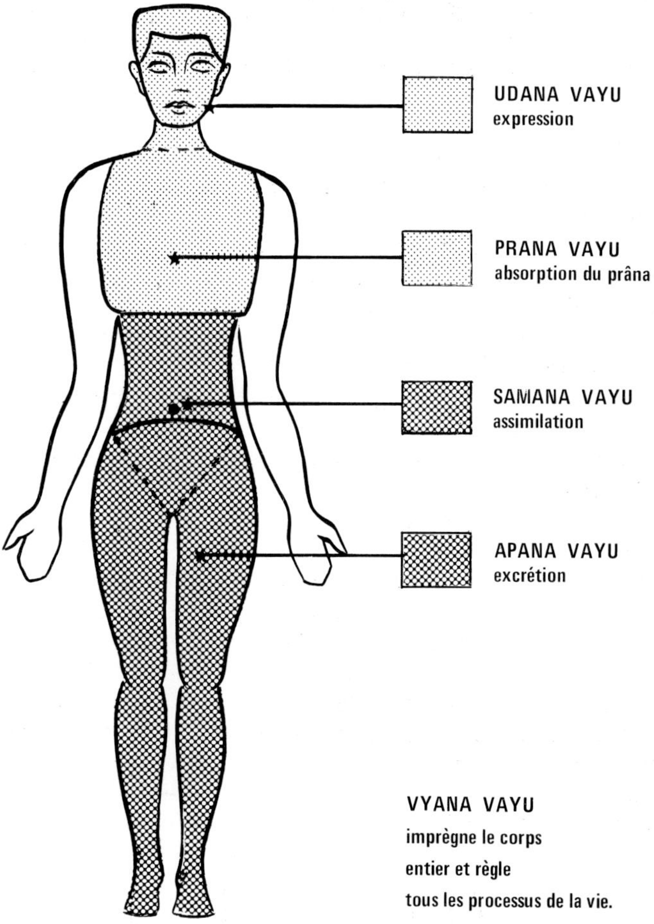

surya bheda kumbhaka 32

La valeur et le sens de Surya Bheda Kumbhaka ne s'apprécient que si l'on a bien assimilé les notions de "Prâna Vayu" et d' "Apana Vayu", et compris l'importance de leur équilibre. Le yogi cherche à unir et à contrôler ces deux forces; Surya Bheda Kumbhaka est à cet égard un exercice incomparable.
Voyons d'abord le nom et son origine.
Surya – le soleil – nous est devenu familier grâce à Surya-Namaskar, le Salut au Soleil que pratiquent les yogis au lever du jour. Mais ce qui est visé ici, c'est la narine solaire, c'est-à-dire Pingala, la narine droite.
Bheda, signifie "ce qui perce". Le but de l'exercice sera de "percer" le nâdi solaire, de le rendre perméable.
Qu'il nous soit permis de faire observer que bien des ouvrages appellent tout simplement cet exercice "Surya Bhedana" et omettent le "Kumbhaka". Il est certain que cela allège le vocabulaire, mais je crois qu'il est utile, au moins dans le titre, de reprendre le nom complet tel que le mentionne la Hatha Yoga Pradipika, car la caractéristique de cet exercice est précisément la rétention poussée du souffle. En fait, Suryabheda est surtout une forme particulière de rétention du souffle.
Voyons maintenant la technique.

POSITION

Toute posture autre que le Lotus ou Siddhâsana est exclue.

Vajrâsana est toléré. La main est disposée comme pour la respiration alternée, puisque les narines seront bouchées tour à tour (cf. ch. 12, pp. 98 et suivantes).
Dans Suryabheda, l'inspiration se fait TOUJOURS par la narine solaire (droite). Inspirer le plus profondément possible avec la sangle contrôlée, puis boucher les deux narines.
Bloquer le souffle en Jalandhara Bandha.
A la fin de la rétention du souffle, lorsqu'elle cesse de devenir confortable, donc juste avant d'expirer, rétracter l'abdomen le plus possible (Uddiyana Bandha) en essayant de repousser au maximum les organes de l'abdomen vers la colonne vertébrale. En même temps faire Mula Bandha. C'est en somme Bandha Traya, mais effectué uniquement tout à la fin de la rétention du souffle. Jalandhara est contracté au maximum. Puis quand la rétention devient inconfortable, expirer lentement par la narine lunaire (Ida) à gauche.
Ne pas se reposer, mais enchaîner aussitôt avec une nouvelle inspiration par la narine solaire et répéter le processus.
Pour la sécurité : il faut que l'on demeure capable d'expirer lentement et de reprendre aussitôt l'exercice sans devoir prendre des respirations normales entre deux Suryabhedas. Si on ne contrôle pas l'expiration et si l'on éprouve le besoin de reprendre haleine entre deux de ces rétentions, on a dépassé sa capacité ! Si cela n'arrive qu'une fois, ce n'est pas grave. Il suffit de revenir en arrière et de bloquer le souffle moins longtemps la fois suivante, mais il serait hasardeux de dépasser régulièrement sa capacité.
Les yogis poussent très loin cet exercice. Ils retiennent le souffle jusqu'à ce que la transpiration leur perle à la racine des cheveux et aux ongles. Les adeptes occidentaux seraient mal avisés de vouloir les imiter, tout d'abord parce que cette limite dépasse de loin ce qu'il est possible de pratiquer seul sans danger, d'autre part parce qu'en Inde la transpiration apparaît beaucoup plus rapidement (et pour cause !) qu'en Occident. Il est préférable de pratiquer plus longtemps et dans la sécurité que de risquer des ennuis pulmonaires ou cardiaques.

LES EFFETS

La Gheranda Samhita proclame :

"Surya Bheda Kumbhaka détruit la dégénérescence et la mort, éveille Kundalini et accroît le "feu du corps." Ce "feu" étant la respiration cellulaire, qui se manifeste par une sensation de chaleur aux joues d'abord, dans tout le corps ensuite, et par l'activation de la digestion ("feu digestif"). Hatha Yoga Pradikipa ajoute :
"Par ce procédé, l'air est dirigé de force dans Sushumna." Il s'agit par conséquent d'un exercice qui confère le contrôle du prâna dans le corps humain. La percée du nâdi solaire, le rendant perméable, tandis que Bandha Traya et Kumbhaka éveillent les énergies latentes et ouvrent Shushumna nâdi.
Sans nous attarder à ces répercussions subtiles, ce prânayâma – à réserver cependant aux adeptes avancés, surtout si la rétention est longue – constitue un tonique général du corps, renforce la vitalité et le tonus psychique. Cet exercice n'est pas à pratiquer trop près du moment du coucher. Le meilleur moment est le matin ou à midi, avant le repas. Il ne doit donc jamais être effectué immédiatement après un repas.
Toutefois, si la rétention est vraiment brève, tous les adeptes, débutants inclus, peuvent le pratiquer avec bénéfice.

RESUME

– Inspirer lentement par Pingala (narine droite).
– Rétention à poumons pleins (avec Bandha Traya) prolongée au maximum.
– Expirer LENTEMENT par Ida (narine gauche) et ainsi de suite.

En moyenne une série de cinq suffit en Occident.

kundalini 33

LE POLE "INDIVIDU" ET LE POLE "ESPECE"

La minute de vérité pour chaque individu se situe à l'instant où le spermatozoïde paternel pénètre l'ovule et le féconde. Ils étaient des millions au départ de la grande course à la survie de l'espèce. Quelques-uns seulement, les plus rapides, les plus forts, parviennent à proximité de l'ovule qui les attend. Puis après une dernière sélection, le vainqueur s'introduit dans l'ovule qui se referme aussitôt sur lui, et à cet instant la première cellule complète d'un nouvel individu est formée.
Pour que VOUS, lecteur ou lectrice, et moi, l'auteur de ces lignes, soyons présents en ce moment, il a fallu un nombre incalculable de "hasards". Si un autre spermatozoïde, parmi les millions qui étaient au départ de la grande course à la vie, avait pénétré l'ovule, ce n'est pas tout-à-fait "VOUS" qui seriez venu au monde. Si votre père avait épousé une autre femme, il y aurait peut-être un autre être humain qui porterait votre nom et qui serait peut-être né vers la même époque, mais ce ne serait pas VOUS. Même en admettant que votre père ait bien épousé votre mère, s'il avait été en voyage au moment où vous avez été engendré, l'ovule qui a donné naissance à cet être qui est vous-même, n'aurait pas été fécondé et vous ne liriez pas ces lignes. Imaginez qu'il en a été de même avec vos grands-parents maternels, paternels et ainsi de suite jusqu'à l'origine de l'espèce humaine ! Quelle somme incroyable, invraisemblable de

"hasards" il a fallu pour que nous soyons vivants dans la seconde moitié de ce XXe siècle décisif !
Dès l'instant où le spermatozoïde était dans l'ovule, les dés étaient irrévocablement jetés. Vous étiez là tout entier, porteur du capital héréditaire de l'espèce et d'une somme énorme de potentialités dont vous n'avez réussi à manifester jusqu'à présent qu'une faible partie, plus d'innombrables autres qui resteront à l'état latent.
La cellule fécondée, c'est l'union de la moitié du capital génétique paternel avec la moitié du capital génétique maternel.
Les forces mystérieuses de l'espèce ont agi pour réunir deux êtres humains et les accoupler. Elles ont agi depuis les profondeurs de leur psychisme inconscient, et maintenant c'est un moment faste pour l'espèce : elle poursuit son oeuvre dans un nouvel individu.
Au départ l'homme est unicellulaire, mais pas pour longtemps !
Sous l'impulsion du dynamisme vital de la cellule-mère (l'ovule fécondé), première cellule complète de son individualité dont toutes les autres seront des soeurs, elle va bientôt se polariser : les éléments essentiels du noyau vont se séparer, se diriger vers les pôles de la cellule qui va se scinder en deux, c'est la première mitose. Les événements se succèdent vite. Les deux cellules deviennent bientôt quatre, huit, seize et ainsi de suite. Le dynamisme vital de la multiplication cellulaire va se poursuivre ainsi pendant des années à un rythme inimaginable pour notre cerveau, qui est pourtant lui-même constitué de milliards de ces mêmes cellules, toutes descendantes de la première.
Mais n'allons pas trop vite. Revenons au moment où nous étions constitués de quatre cellules, car une différentiation capitale va se produire : trois de ces cellules vont se multiplier très rapidement et par évolutions successives, développer les trois grands groupes de cellules.
Le premier, c'est l'ectoderme qui donnera naissance à la peau et au système nerveux. Ce sera notre garde-frontière, notre service "relations-publiques" et aussi les "cadres", les cellules nerveuses qui gouverneront toute notre vie intérieure et de relation.
Une autre cellule en se multipliant va constituer notre squelette, l'habiller de muscles volontaires, y former des vaisseaux, – artères, capillaires, veines – et le remplir de sang : c'est le mésoderme.

Une troisième engendrera le système respiratoire (larynx, bronches, bronchioles, poumons) plus tout le tube digestif et ses glandes annexes, foie, pancréas, etc. : c'est l'endoderme.
Mais que devient la quatrième ?
Tandis que ses soeurs se multiplient à toute allure, la quatrième se reproduit beaucoup plus lentement. Bientôt elle est recouverte et enveloppée par les formations engendrées par les trois autres cellules. Elle donne naissance au système génital. C'est l'enclave de l'espèce, qui à travers elle veut sauvegarder l'avenir. C'est le "quart" de réserve.
Oui, les cellules sexuelles forment réellement LE QUART de toutes les cellules du corps. Jusqu'à la puberté et jusqu'à l'âge adulte, elles demeurent à l'arrière-plan tandis que les cellules "individu" se multiplient à l'infini; lorsque cet individu est adulte, leur activité multiplicatrice se ralentit mais en revanche les cellules sexuelles se multiplient.
Les cellules sexuelles forment l'enclave de l'espèce, le pôle "espèce" situé dans le bassin, dans la région sacrée. Quant au pôle "individu", il est localisé à l'extrémité opposée, il s'est réfugié dans le crâne, dans le cerveau où éclôt la pensée individualisée. Entre les deux il y a la colonne vertébrale, axe vital, lien entre les deux pôles.
Les cellules de réserve, c'est l'immortalité de l'espèce enfermée en nous, car les cellules sexuelles échappent à la mort, en quittant le corps et en allant s'unir à une autre moitié pour reformer une nouvelle cellule-mère qui donnera naissance à un nouvel individu. Seules les descendantes des trois premières cellules, les cellules somatiques, connaîtront la mort.
Et durant toute notre vie, entre ces deux pôles une activité va s'établir et une interaction constante. Dans le pôle "individu", c'est-à-dire dans le cerveau, l'hypophyse agit sur les organes génitaux et pendant toute la jeunesse elle en freine le développement. Vice-versa le pôle "espèce" agit sur l'ensemble des fonctions du corps par ses hormones mâles ou femelles, détermine la forme de notre corps (caractères sexuels secondaires) et agit même sur notre psychisme. L'interaction équilibrée des deux pôles est essentielle.
Le dynamisme de l'espèce, immortel et moteur de l'évolution à travers les générations, se situe donc au bas de la colonne vertébrale. Ce dynamisme cosmique, porteur de tous les

pouvoirs latents d'évolution future de l'espèce, porteur aussi de tout son passé et maître de son présent, c'est sans doute Kundalini. Ce réservoir de potentialités d'évolution personnelle et génétique, donc d'évolution de l'espèce, sommeille au sein de chaque être humain. Réveiller ce dynamisme, c'est l'ambition du prânayâma poussé à ses limites.

Pour l'espèce, l'individu est à la fois tout et rien; elle doit, pour exister, être portée et manifestée à travers des individus : sans individus, pas d'espèce ! D'autre part l'individu est négligeable pour l'espèce. Pour l'espèce immortelle (du moins aussi immortelle qu'on peut l'être sur le plan de la manifestation terrestre, car un jour cette planète elle-même rentrera dans le néant d'où elle est sortie), la mort des individus est non seulement un incident sans importance, elle est la condition même de son évolution. En effet, c'est parce que les individus sont mortels que l'espèce peut les remplacer par d'autres et par conséquent évoluer. La mort des individus rend l'évolution possible en assurant la plasticité de l'Espèce, et de ce fait engendre une situation paradoxale, car pour se survivre, l'espèce dote chaque individu d'un intense désir de vie et de manifestation : c'est l'instinct de vie, de survie, d'où découlent tous les autres instincts de l'homme ou plutôt de l'individu, car cela s'applique à toutes les espèces. C'est pourquoi nous souhaitons tous vivre le plus longtemps possible, c'est pourquoi la mort effraye ceux qui n'ont pas compris son sens profond. Pour évoluer, l'espèce doit éliminer les individus après un certain temps. Il arrive que l'espèce conduise des millions d'individus au suicide pour se survivre à elle-même !

Prenons le cas des lemmings. Ces petits rongeurs, voisins du campagnol, se comportent d'une façon bien étrange. Pendant deux, trois, parfois même quatre ans, rien d'extraordinaire ne se passe. Ils vivent dans leurs terriers, se nourrissent, se reproduisent, et comme tous les rongeurs, cette espèce a une énorme capacité de "production" d'individus. Puis, tout-à-coup, comme sur un signal radio, ils quittent leurs terriers par milliers. Comme pour une migration parfaitement organisée ils se mettent en files de plusieurs centaines, et comme les ruisselets vont grossir les ruisseaux, enflent les rivières et forment des fleuves qui se jettent finalement dans la mer, ainsi des centaines de milliers de lemmings forment des troupes innombrables qui traversent tout dans leur “Drang nach Westen”. Dans leur marche vers l’Ouest, vers la mer, ils traversent les champs, les forêts, les rivières, les fleuves, les villes même ! Ce qui est remarquable c’est que cela se produit simultanément chez tous les individus, même à grande distance. Ils arrivent ainsi au bord de la mer qui ne les arrête pas non plus ! Le fleuve de lemmings débouche dans la mer qui se couvre de rongeurs nageant vers l’Ouest. Ils n’iront pas bien loin, hélas. Bientôt épuisés, ils sombrent et se noient par millions. Leurs cadavres, rejetés par la marée viennent s’accumuler sur le rivage. Certains savants ont cru expliquer ce comportement étrange en évoquant la mémoire atavique de l’espèce qui aurait émigré dans les temps lointains vers une terre plus accueillante située à l’Ouest. Ils auraient voulu prouver ainsi la dérive des continents. Hélas pour les tenants de cette théorie, l’espèce “lemming” ne s’est formée qu’au cours de l’ère tertiaire et à cette époque, les continents se trouvaient déjà à peu près à la même distance qu’aujourd’hui, c’est-à-dire à des milliers de kilomètres. Les biologistes ont éclairci le mystère : ce suicide collectif et massif survient lorsque le territoire surpeuplé ne permet plus la survie de l’espèce. Menacée d’extinction totale, elle préfère sacrifier des millions d’individus au profit d’un petit nombre qui reste sur la terre ferme et s’y reproduit, assurant la continuité de l’Espèce.

L’Espèce peut être considérée comme un niveau d’intégration englobant les individus, et capable d’action sur eux. L’Espèce ne serait pas un mythe mais bien un dynamisme actuel, présent dans chaque individu et le dépassant cependant. Mais il y a un autre élément qui s’y ajoute. L’espèce s’est polarisée sur un autre plan. Elle se manifeste sous deux aspects complémentaires, l’aspect Féminin Absolu, et l’Aspect Masculin Absolu, dont chaque individu est un reflet plus ou moins parfait. Et cette polarisation est fondamentale : toutes les espèces, sauf les unicellulaires, sont sexuées et le sexe est un des aspects cosmiques de la manifestation et de la vie. Le sexe imprègne l’individu tout entier, imbibe son corps aussi bien que son psychisme et conditionne tout son comportement. Quand Freud affirme que tout est libido, il veut dire que notre sexe nous imprègne totalement et conditionne nos relations avec tout autre individu de notre espèce voire même d’autres espèces ou même avec des objets inanimés. Le concept “sexe” ne se limite donc pas, comme on l'imagine trop souvent, aux parties génitales ! Il est évident qu'on a les organes génitaux de son sexe, mais le sexe est bien plus que cela ! C'est un mode d'être ! La relation sexuelle, elle non plus, n'est pas limitée à l'acte sexuel ! Avoir des relations sexuelles est, dans l'esprit de la majorité, synonyme d'accouplement ! Grave confusion ! Si Freud affirme que le nouveau-né à des relations sexuelles avec sa mère, cela signifie que le comportement même du nouveau-né est déjà conditionné par son sexe. Un bébé de sexe masculin agit différemment vis-à-vis de sa mère que de son père, son frère ou sa soeur. A la limite, on pourrait dire qu'on a des relations sexuelles même avec des objets ! Car un homme conduit sa voiture autrement que ne le fait une femme ! Si l'on entend par "relations sexuelles" tout comportement influencé par le sexe de l'individu, on pourrait aller jusqu'à dire que nous avons des relations sexuelles avec tous les hommes et toutes les femmes ! Il n'en demeure pas moins que c'est dans les organes du sexe que la polarisation s'exprime au maximum.

Lorsque l'aspect Féminin Absolu, manifesté dans un individu de ce sexe, rencontre l'aspect Masculin Absolu dans un autre individu et que de cette rencontre naît un couple, même temporaire,c'est un événement cosmique pour l'espèce. Les cellules sexuelles et les organes qui servent à les produire et à les perpétuer, sont donc le point de rencontre à la fois du pôle de l'espèce dans l'individu, et le point de rencontre des énergies polarisées sous la forme féminine ou masculine. La sexualité est donc le moteur de l'individu, et le dynamisme de base de l'espèce en nous. Dans l'acte sexuel l'individu et l'espèce trouvent leur accomplissement. Transposer la sexualité sur le plan cosmique est la seule façon de lui conférer un caractère sacré au sens le plus absolu du terme.

Vis-à-vis de la sexualité, l'humanité oscille entre diverses positions : 1) le tabou, qui aboutit au refoulement à travers un puritanisme excessif; 2) une "saine sexualité" qui vise à la satisfaction "normale" d'un besoin normal sans entraves morales rigides, exactement comme pour toute autre fonction corporelle; 3) une "sublimation" qui ne peut être qu'une situation exceptionnelle et 4) une "cosmisation", qui inclut la satisfaction "saine" tout en la dépassant. C'est cette dernière qui est caractéristique du yoga, et non la continence comme certains le croient ! Cette cosmisation est la base des pratiques secrètes du tantrisme, cette forme peut-être la plus ancienne du yoga autochtone de l'Inde ancienne, le yoga actuel étant probablement né d'une interaction des conceptions apportées par les envahisseurs aryens et des acquis, peut-être préhistoriques, des autochtones dravidiens notamment. Ha - Tha Yoga, le yoga du soleil (HA) et de la lune (THA) : le Yoga de la polarisation masculine et féminine, le Yoga de la polarisation d'Ida et de Pingala, le Yoga de la polarisation "Espèce-Individu". C'est pourquoi le tantrisme inclut des pratiques sexuelles rituelles : il serait vain de le nier. Le but était de rendre sacrée toute la sexualité. D'ailleurs, est-ce par hasard que la base de la colonne vertébrale s'appelle le "sacrum" ? Nous y reviendrons lorsque nous parlerons des chakras.

L'activation du pôle "espèce" est un des éléments essentiels du prânayâma, puisque nous tirons notre vie du dynamisme même de l'Espèce. La pratique de Mula Bandha et d'Asvini Mudra a pour but de contrôler le pôle espèce et de créer un courant entre ce pôle sacré et le pôle individu, situé dans le cerveau, le Lotus aux Mille Pétales, le chakra supérieur (entendu au sens individuel). Lorsque les forces de l'espèce font leur ascension à travers la colonne vertébrale pour se réunir aux puissances de l'individu, cette rencontre est, elle aussi, un événement cosmique. Le dynamisme de l'Espèce, celui-là même qui a provoqué et contrôlé l'évolution de la race humaine à travers des millions d'années, est inclus en nous. Il est très actif jusqu'à l'âge adulte puis il s'assoupit, devient latent : c'est Kundalini. Aussi Kundalini est représentée sous la forme du Serpent, qui symbolise la puissance de l'espèce, et ce serpent s'enroule trois fois et demie autour du lingam, du signe de Shiva, le phallus sacré, inclus dans un triangle, tourné la pointe en bas, qui symbolise le sexe féminin. Ainsi donc, Kundalini n'est pas la sexualité, ni la rencontre des sexes : si cela était il aurait suffi aux yogis de représenter le lingam dans un triangle dont un sommet serait dirigé vers le bas, sans plus. Kundalini est donc relié à la sexualité, s'exprime à travers elle, mais n'est pas elle-même cette sexualité.

D'ailleurs toute la mythologie hindoue n'est en fin de compte que la représentation symbolique des forces cosmiques. Shiva, c'est le principe cosmique masculin. Shakti est son complément

polaire féminin. De leur union naissent les espèces. Shakti c'est la nature primordiale.
Pour en revenir au pôle "espèce" et "individu" en nous, c'est par le contrôle conscient de la région du périnée, par Mula Bandha et Asvini Mudra notamment, que l'individu peut mobiliser et réveiller les forces latentes de l'espèce et les utiliser "créativement" en lui comme facteur d'évolution individuelle.
Souvent les adeptes du yoga s'imaginent, d'après les descriptions qui en sont données dans certains ouvrages, que l'éveil de Kundalini est aussi subit et explosif qu'une réaction en chaîne au niveau de l'atome et qu'il se fait sans transition. Ils ont sans doute raison en ce sens que Kundalini peut s'éveiller d'une façon spectaculaire et transmuer tout l'être humain. Mais cet éveil ne peut être réalisé qu'au prix d'années d'efforts, moyennant la connaissance et la mise en oeuvre de techniques très secrètes, appliquées sous la surveillance personnelle et continue d'un Guru. Ces cas sont rarissimes et je ne suis pas certain d'avoir connaissance d'un cas authentifié à notre époque. Par contre, une certaine intensification du courant normal entre l'espèce et l'individu peut parfaitement se réaliser. Alors que l'éveil total de la Kundalini peut être très dangereux (rassurez-vous, il n'est pas possible d'y arriver "accidentellement" par les pratiques décrites dans cet ouvrage ni dans d'autres), l'éveil partiel et progressif est sans danger, car il est contrôlable par celui qui applique les techniques du yoga. Pas d'explosion ni même de court-circuit à redouter !
Celui qui pratique le prânayâma, en liaison avec les bandhas, non seulement s'assure le contrôle des énergies prâniques qui pénètrent en lui, devient capable de les accumuler et de les diriger à volonté, mais il peut encore bénéficier du dynamisme vital de base, représenté en lui par le pôle génital et développer sa "créativité" réelle.

asvini mudra 34

La pratique du prânayâma est indissociable de celle des Mudras et des Bandhas. Quand le prânayâma entraîne des inconvénients pour la santé physique ou psychique, c'est en général soit parce que l'adepte applique le prânayâma sans se soumettre à la discipline des âsanas, soit parce qu'il pratique en se basant sur des indications théoriques et fragmentaires glanées au hasard des lectures, et notamment sans intégrer les mudras et les bandhas à l'exercice du prânayâma. Les mudras et les bandhas servent à contrôler et à guider les forces prâniques et psychiques absorbées, engendrées ou mises en circulation par le prânayâma. Pratiquer le prânayâma sans bandhas est aussi désastreux que de lancer du courant électrique dans un réseau qui ne comporterait ni transformateurs ni fusibles : des courts-circuits localisés, qui seraient sans le moindre danger si le réseau était normalement protégé par des fusibles, mettraient l'ensemble du réseau en court-circuit et causeraient des dommages incalculables. Des adeptes bien intentionnés mais mal renseignés, créent ainsi des courts-circuits prâniques dans leur organisme.

Jalandhara Bandha nous est bien connu, ainsi qu'Uddiyana Bandha.

Nous allons maintenant ajouter à notre panoplie deux exercices qui présentent tant de points communs qu'il est nécessaire de les étudier conjointement : il s'agit d'Asvini Mudra et de Mula Bandha.

Pour comprendre l'importance ainsi que le rôle de Mula Bandha et d'Asvini Mudra, et aussi pour s'en servir à bon escient, une brève incursion dans les domaines de l'anatomie et de la physiologie est indispensable. Rassurez-vous, nous n'entrerons pas dans des détails anatomiques trop compliqués. Nous savons que dans le prânayâma le yogi manipule les pressions et les dépressions dans le tronc, tant à l'étage thoracique (au-dessus du diaphragme) qu'à l'étage abdominal.

Dans les respirations du prânayâma avec sangle abdominale contrôlée, nous savons qu'une lutte a lieu entre la musculature qui abaisse le dôme diaphragmatique, refoule les organes vers le bas et vers l'avant d'une part, et d'autre part la sangle abdominale contrôlée et contractée qui, au lieu de céder mollement, résiste à cette pression. Il en résulte une augmentation de la pression intra-abdominale avec toutes les heureuses répercussions qui en découlent.

Comparons l'abdomen à une marmite. Au-dessus, le couvercle (mobile), c'est le dôme du diaphragme, les parois latérales sont constituées par la sangle, les muscles des flancs, du dos et par la colonne vertébrale, tandis que le fond est formé par le bassin. Examinez une représentation du bassin, vous verrez que le fond de ce bassin osseux est ... percé ! Il est obturé par plusieurs muscles et ligaments importants, dont l'ensemble constitue le plancher pelvien.

Imaginez la marmite bien remplie,– et elle l'est avec tous les organes abdominaux. Si, à l'aide du couvercle, vous appuyez sur le contenu, la pression va se répartir dans toutes les directions, donc horizontalement et vers le fond de la marmite. Horizontalement la pression est solidement contenue par la sangle contrôlée. En ce qui concerne la pression qui s'exerce sur le fond de la marmite, du côté des os du bassin, aucun danger, ils peuvent résister à n'importe quelle pression physiologique ! Mais, nous avons vu que le fond du bassin était partiellement constitué par le plancher pelvien : si celui-ci est mou et relâché, il va subir passivement la pression venant du haut. Il faut donc le contrôler lui aussi, autrement dit le contracter et le fortifier. La contraction du plancher pelvien est assurée par Mula Bandha et Asvini Mudra.

De quoi se compose le plancher ?

Principalement des muscles releveurs de l'anus (Levatores Ani) et des muscles du coccyx (Coccygei). Ce plancher obture

entièrement le "trou" inférieur du bassin et s'accroche solidement depuis la symphyse pubienne jusqu'au coccyx et au sacrum. C'est en quelque sorte un hamac musculaire tendu entre les divers os du bassin. Ce hamac musculaire est à son tour percé d'ouvertures pour livrer passage aux organes génitaux et à l'anus, qui sont autant de points faibles.
Pour assurer la solidité de l'ensemble, si nous considérons que les muscles forment le tissu du hamac, il est renforcé par un filet constitué d'une couche fibreuse très résistante. Mula Bandha et Asvini Mudra, en contractant ces muscles, permettent au hamac de résister à la pression accrue des organes, consécutive à la poussée de haut en bas du diaphragme. Notons qu'en réalité c'est plus compliqué que cela : il y a dans cette région une multitude de muscles très importants ainsi que des centres nerveux vitaux mais, pour notre usage, ce qui précède suffit.

ASVINI MUDRA

Nous allons étudier successivement – et pratiquer – Asvini Mudra, la manipulation du sphincter anal et la contraction de la musculature du plancher pelvien, qui constitue l'élément central de Mula Bandha. Asvini Mudra provoque une prise de conscience de cette région, fortifie les muscles intéressés et permet de pratiquer ensuite Mula Bandha sans la moindre difficulté.

ETYMOLOGIE

Littéralement, "Asvini" signifie "jument" en sanscrit. Pourquoi cette Mudra s'appelle-t-elle la "Mudra de la Jument" ? La raison en est bien simple ! Après avoir expulsé son crottin, la jument dilate et contracte plusieurs fois l'anus : Asvini Mudra imite ce geste et fait travailler le sphincter anal.
Tout au long de la journée ce sphincter ferme l'orifice inférieur du tube digestif, l'anus. Comme tous les sphincters, ce muscle circulaire demeure contracté en permanence et ne se relâche que pour ouvrir l'orifice lors de l'évacuation de matières fécales. Voilà les deux situations normales, habituelles et quotidiennes du sphincter anal (sauf pour les constipés...).
Le sphincter anal et la musculature qui l'entoure peuvent aussi

se trouver dans deux autres situations, moins habituelles mais normales quand même. Supposez qu'au moment où la nature vous incite à aller à la selle, des circonstances extérieures vous en empêchent : il vous est possible de résister au besoin. Le bébé n'en est pas capable car il n'a pas encore le contrôle conscient de ce muscle : le petit ange souille ses couches. Ce qui est impossible au bébé, vous le pouvez. Plus le besoin sera pressant, plus vous devrez contracter fermement et volontairement le sphincter anal et toute la région voisine du périnée. En termes yogiques, cette contraction s'appelle "Acuncana".
La situation contraire se produit aussi !
J'espère que vous n'êtes pas constipé. D'ailleurs si vous pratiquez régulièrement vos âsanas et si votre alimentation est correcte, vous n'aurez pas cet ennui. Imaginez un constipé installé à la selle, attendant en vain l'événement souhaité : il s'efforce d'aider la nature en "poussant". Le sphincter s'ouvre, mais – hélas ! – sans succès. L'anus fait saillie hors du périnée. Cela s'appelle "Prakashana". Asvini Mudra est la combinaison d'Acuncana et de Prakashana qui se succèdent. Il y a d'abord la contraction très forte du sphincter anal et du muscle releveur de l'anus. Il faut donc resserrer l'anus et l'attirer musculairement vers le haut. Ensuite, au contraire, repousser l'anus vers le bas en relâchant le sphincter.
La répétition de ce processus en série ininterrompue n'est rien d'autre qu'Asvini Mudra.
Rythme : 3 secondes de contraction suivies de 3 secondes de relâchement.
Séries : commencer par des séries de 5, puis augmenter progressivement le nombre.

Position :
Exceptionnellement nous plaçons la description de la position après la description technique de l'exercice. En fait, Asvini Mudra peut se pratiquer dans n'importe quelle position. Toutefois pour l'apprentissage et pour pratiquer Asvini en tant qu'exercice séparé, certaines attitudes sont recommandées.

EN DECUBITUS DORSAL

Se coucher à plat-dos.

Replier les genoux jusqu'à ce que le bas du dos se plaque bien au sol.
Les pieds sont écartés d'environ 30 centimètres.
Dans cette position, il est beaucoup plus facile de faire travailler le sphincter anal, car la sangle abdominale peut être relâchée très facilement. Pratiquer pendant cinq minutes. Se relâcher ensuite.

COMBINE AVEC DES ASANAS

Asvini Mudra se pratique aussi en Sarvangâsana.
Prendre la position classique de Sarvangâsana, puis replier légèrement les jambes en écartant les genoux.
Asvini est particulièrement utile aux personnes souffrant de flatulence .
Autre variante : en Shirsâsana. Prendre la position classique, puis écarter les genoux et laisser les pieds descendre vers l'arrière, mais pas assez pour créer une traction dans la musculature dorsale de la gouttière vertébrale.
VATAYASANA ou PAVANAMUKTASANA. Une position particulièrement favorable pour la pratique d'Asvini Mudra : Pavanamuktâsana, qui signifie littéralement "la pose qui libère les vents". Désolé, mais c'est ainsi ! Partant de la position couché sur le dos, replier les deux genoux qu'on entoure des bras pour les attirer vers la poitrine. De cette manière les cuisses compriment l'abdomen et son contenu. Pratiquer Asvini Mudra dans cette position. Si l'intestin renferme des gaz, soyez assuré du résultat : cela ne rate pas ! Pavanamuktâsana n'est autre que la pose finale de VATAYASANA.

LA RESPIRATION

Asvini Mudra se pratique de préférence en synchronisation avec la respiration. Nous savons qu'Asvini Mudra se combine très bien avec l'un des principaux exercices de prânayâma avec rétention de souffle, le Prânayâma Carré (cf. ch. 21, pp. 173).
Asvini Mudra se pratique également de la façon suivante :
Inspiration (Puraka) : sphincter relaxé;
Kumbhaka (rétention à poumons pleins) : dilater le sphincter;
Expiration (Rechaka) : sphincter relaxé;

Kumbhaka (Rétention à poumons vides) : contraction du sphincter.
Pratiquer ainsi pendant dix respirations.
Après un temps de repos, recommencer le même cycle en **inversant** la pratique pendant les rétentions : Kumbhaka à poumons pleins : contracter le sphincter – Kumbhaka à poumons vides : dilater le sphincter.

EFFETS HYGIENIQUES

Asvini Mudra est l'exercice idéal pour fortifier le plancher pelvien. En fortifiant la musculature de cette région et en la plaçant sous le contrôle de la volonté, on évite les ptoses du rectum, de l'utérus, du vagin, de la vessie. La contraction et la dilatation successives du sphincter lui-même préviennent les hémorroïdes, si désagréables. Les veines de l'anus sont favorablement influencées et décongestionnées.
Pour la future maman, cet exercice est particulièrement important, car il agit sur l'ensemble du système génital. Un plancher pelvien à la fois souple et fort est très favorable à l'accouchement. Si les jeunes femmes pratiquaient régulièrement Asvini Mudra, les accouchements deviendraient beaucoup moins pénibles. Asvini constitue un complément fort utile aux techniques habituelles de l'accouchement sans douleurs.
L'action d'Asvini Mudra (et de Mula Bandha) sur la partie pelvienne du parasympathique est telle que la constipation est combattue efficacement par ces deux exercices. Mais leur influence ne se limite pas à l'action sur le système nerveux autonome qui règle les mouvements d'évacuation du côlon et du rectum (péristaltisme de la partie terminale du tube digestif), elle s'étend aux muscles qui collaborent à l'expulsion des matières fécales.
Bien d'autres phénomènes se produisent pendant la pratique d'Asvini Mudra, mais nous y reviendrons en détail lors de l'étude de Mula Bandha.

mula bandha 35

Quelles que soient les considérations philosophiques et autres qu'on peut relier aux pôles "espèce" et "individu" chez l'être humain, les bénéfices purement physiologiques que Mula Bandha procure s'expliquent anatomiquement et suffisent à en justifier la pratique dans le prânayâma. C'est pourquoi avant d'aborder son étude pratique, nous ferons une nouvelle incursion dans le domaine de l'anatomie et de la physiologie.

La commande nerveuse de notre organisme est assurée d'une part par le système nerveux de la vie consciente et volontaire, et d'autre part par le système nerveux autonome qui freine ou accélère selon le cas, le fonctionnement des viscères.

Ce système nerveux, qualifié d'autonome parce qu'on le supposait entièrement indépendant du système nerveux volontaire, se subdivise à son tour en deux branches :

1) **le sympathique**, qui longe la colonne vertébrale depuis les vertèbres dorsales jusqu'aux deux premières vertèbres lombaires et innerve notamment le coeur, dont il accélère les battements. Il commande aussi le tube digestif et ses glandes annexes.

2) **le parasympathique**, ou nerf vague, qui part du bulbe céphalo-rachidien, à la base du cerveau, innerve lui aussi ces mêmes organes à peu d'exceptions près. Sympathique et parasympathique sont antagonistes. Le vague ralentit les battements du coeur, le fait battre puissamment et lentement. Ainsi, à coups d'accélérateur ou de frein, l'organisme viscéral réagit et s'adapte aux circonstances avec infiniment de sensibilité.

Cela est bien connu et nous en avons déjà parlé. Mais ce tableau est incomplet ! Il y a un grand "oublié" : le parasympathique pelvien.

IMPORTANCE DU PARASYMPATHIQUE PELVIEN

Nous pourrions comparer l'être humain à une plante qui s'enracine dans le bassin ou plus précisément dans le sacrum, d'où s'élève sa tige longue et souple, la colonne vertébrale. Au sommet s'épanouit comme une fleur le cerveau illuminé par la conscience individuelle. Mula Bandha est la contraction de la racine, de la base et se prononce "Moul'Bandha". Le sacrum constitue la base de tout l'édifice squelettique. Il est aussi, nous l'avons vu, le siège du pôle "espèce" tandis que le pôle "individu" se trouve à son opposé, le crâne. Le sacrum est infiniment plus qu'un "gros os" triangulaire. Il est formé par cinq vertèbres sacrées qui se sont soudées. Aux trous de conjugaison, il livre passage aux nerfs sacrés dont l'importance ne peut être surestimée. Les fibres nerveuses qui émergent de ces "trous" se réunissent comme autant de fils électriques, en un "câble" plus gros (le nerf pelvien) qui passe par un transformateur de courant (le plexus pelvien) d'où il envoie du "courant nerveux" vers tous les organes pelviens, par l'intermédiaire de fils conducteurs (nerfs). Certains de ces fils moteurs relient le côlon descendant, le rectum, l'anus, et la vessie (Apana !). D'autres fils (fibres vasodilatatrices) vont vers les organes cités et aussi vers le pénis (le clitoris et la vulve chez la femme) ainsi que vers la musculature des organes génitaux externes. Ainsi le parasympathique pelvien contrôle des fonctions stratégiques. Examinez attentivement, si vous le voulez bien, la représentation schématique ci-contre; elle est particulièrement frappante à propos de l'importance du sympathique pelvien. Vous comprendrez alors beaucoup mieux ce qui se produit dans le prânayâma. Lors des rétentions du souffle, le parasympathique est excité à son origine, dans le bulbe à la base du cerveau. Nous en avons étudié les répercussions (cf. Kumbhaka, le réflexe de plongée, etc.). Cette excitation se propage de proche en proche à tout le système parasympathique et augmente les fonctions constructives (anaboliques) du corps. Toutefois, la partie sacrale, pelvienne du

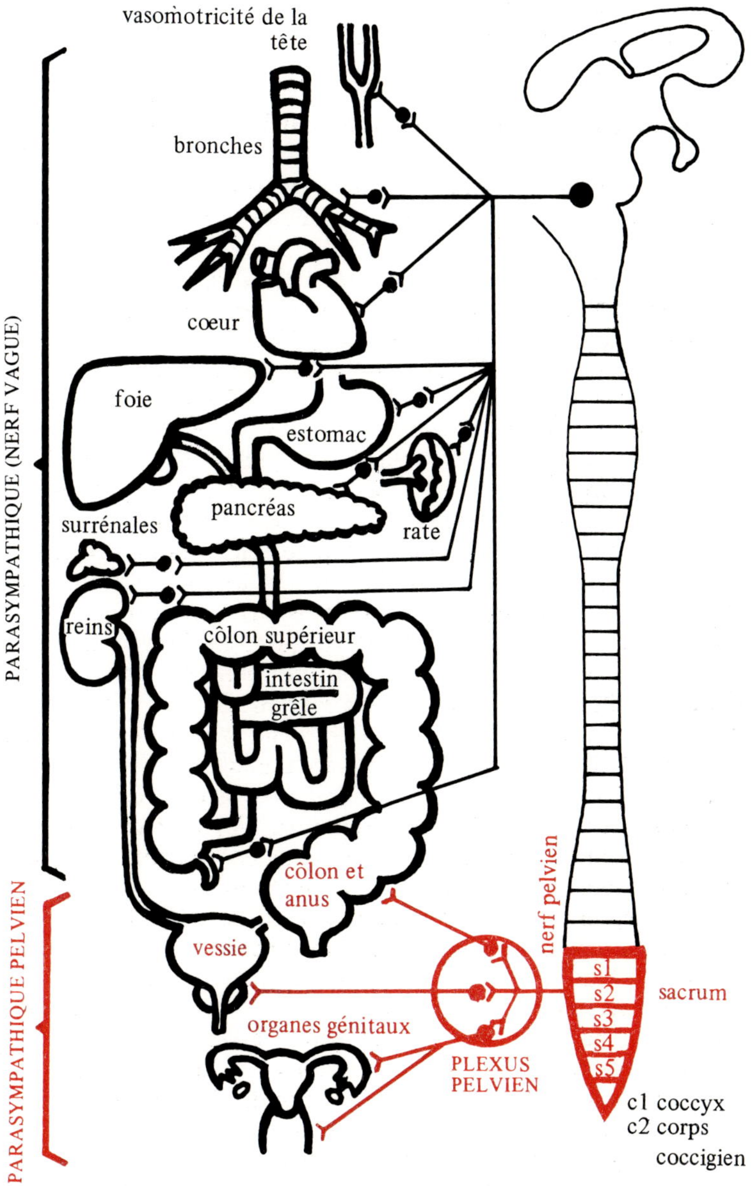
vasomotricité de la tête
bronches
cœur
foie
estomac
pancréas
rate
surrénales
reins
côlon supérieur
intestin grêle
côlon et anus
vessie
organes génitaux
PLEXUS PELVIEN
nerf pelvien
s1
s2
s3
s4
s5
sacrum
c1 coccyx
c2 corps coccigien
PARASYMPATHIQUE (NERF VAGUE)
PARASYMPATHIQUE PELVIEN

parasympathique, échappe presque totalement à cette stimulation, et c'est précisément ce qu'il faut éviter. C'est le système *tout entier* qui doit être stimulé, car une stimulation limitée à sa partie originaire de la base du cerveau, risque de créer un déséquilibre.

Comment étendre la stimulation à la partie sacrale et pelvienne du système parasympathique ? Par la pratique d'Asvini Mudra et de Mula Bandha, qui sont complémentaires. Toutes deux intéressent la même région du corps et ont des répercussions prâniques assez semblables. Ce qui s'applique à l'une, au point de vue des mécanismes nerveux, par exemple, peut s'étendre à l'autre. Toutes deux agissent notamment sur le chakra de base, Muladhara Chakra, que nous étudierons en détail (chap. 38, pp. 280 et suiv.).

Puisque nous voilà lancé dans l'anatomie, reprenons un paragraphe traduit du livre d'un médecin hollandais, le Dr. Rama Polderman,yogathérapeute)*.

"Avant de clôturer cette leçon d'anatomie, nous devons tourner notre attention vers la glande coccygienne de Luschka (corps de Luschka) dont le rôle physiologique et pratique est fort peu connu. Il s'agit d'une masse irrégulière de cellules localisées à la pointe du coccyx. De la grosseur d'un pois, elle est ovale, irriguée de capillaires et dispose de fibres nerveuses autonomes. Cette glande ressemble au "corps carotidien" situé dans le cou près de l'artère carotide, qui exerce une influence sur la tension artérielle, la respiration et le sommeil. Le nerf qui commande le corps carotidien s'appelle "Vijnanâdi" en yoga**. Le "corps coccygien" remplit une fonction analogue. Pendant la pratique de Mula Bandha, les terminaisons nerveuses du "corps coccygien" sont stimulées. Par l'intermédiaire de ses fibres nerveuses, le corps coccygien se trouve relié directement au ganglion impair, un centre nerveux autonome. La physiologie occidentale n'a, jusqu'à présent, accordé qu'une attention limitée à cette minuscule mais très importante structure. Le sinus carotidien a fait l'objet d'études plus poussées et sa

*"Doe zelf de volgende stap in yoga", édité par "Stichting Yoga Nederland", p. 59.

**Nous avons parlé des sinus carotidiens lors de l'étude de Jalandhara Bandha. Nous constatons ici que tout se tient et que les Bandhas forment un tout structuré et interdépendant.

signification physiologique a été démontrée amplement. Les yogis, eux, connaissaient la fonction et l'utilité de ces deux corps depuis des siècles."

TECHNIQUE

Asvini Mudra constitue la préparation obligatoire à Mula Bandha. En effet, dans Asvini Mudra, la contraction est suivie d'une dilatation, tandis que dans Mula Bandha la contraction du sphincter anal est à la fois plus puissante et plus prolongée, ce qui représente une difficulté supplémentaire. En réalité ce n'est pas une difficulté, mais comme le muscle releveur de l'anus et le sphincter anal sont des structures musculaires qui ne font pas l'objet d'un entraînement systématique, leur puissance de contraction s'accroît par une pratique progressive et régulière. Avant d'en arriver aux indications pratiques précises, retenons les éléments essentiels de Mula Bandha :
1) contraction continue et simultanée du sphincter anal externe et interne ;
2) contraction du muscle releveur de l'anus;
3) contraction du "plancher pelvien" (cf. Asvini Mudra);
4) contraction du bas-ventre pour repousser les viscères vers le sacrum;
5) Kumbhaka, c'est-à-dire rétention du souffle à poumons pleins. Cet élément n'est pas indispensable, car souvent Mula Bandha est maintenu pendant un temps très long, s'étendant sur plusieurs prânayâmas.
Si l'un des quatre premiers éléments énumérés manque, l'efficacité et la correction de l'exercice est réduite d'autant.

Nous pouvons maintenant passer à la pratique.
Mula Bandha confère un contrôle parfait sur cette partie vitale du corps et permet de la commander à volonté; et le contrôle devient si total qu'il permet d'aspirer de l'eau par l'anus pour la rejeter ensuite et évacuer le contenu du côlon tout en nettoyant à fond les intestins (Basti). Les personnes ne pratiquant aucun nettoyage ne se rendent pas compte que l'anus, le rectum et le côlon ne sont jamais débarrassés des résidus de selles qui devraient être éliminés, et deviennent ainsi le point de départ de nombreuses maladies qui affaiblissent le

corps et empoisonnent l'existence*. Au début la bandha est maintenue pendant quelques secondes, mais ce temps s'allongera avec l'entraînement. Il faut ensuite relaxer le muscle complètement, c'est-à-dire défaire la bandha. Elle doit se pratiquer régulièrement deux fois par jour, par séries de vingt contractions. Ainsi l'adepte acquiert une maîtrise complète de cette partie du corps et jouit d'une splendide santé. Il faut également pratiquer cette bandha tout de suite après avoir été à la selle, afin de rejeter les derniers résidus qui sans cela demeureraient dans le côlon. Voici comment procéder :

Après une profonde inspiration, bloquer le souffle et contracter l'anus. Lorsqu'on ne peut plus retenir l'air, expirer et relaxer le sphincter. Répéter vingt fois, comme indiqué plus haut.

Mula Bandha, en dehors de la selle, peut être pratiquée à l'aide d'une chaise. Asseyez-vous à l'envers et à cheval sur la chaise, en amenant le tronc le plus près possible du dossier, les jambes étant à côté des pieds de la chaise, les mains posées sur le dossier. Pour ce faire, l'estomac doit être vide. Faites alors les contractions comme indiqué plus haut. Un test très simple permet de déterminer si le contrôle du sphincter est acquis. Le voici :

pendant que vous inspirez, contractez le sphincter et faites Mula Bandha. Maintenez la contraction pendant toute la durée de la rétention du souffle,et lorsque vous expirez, essayez de ne pas relâcher les muscles, donc maintenez la Bandha. Si le sphincter n'est pas parfaitement sous votre contrôle, la bandha aura tendance à se décontracter d'elle-même.

Pendant l'exécution de Mula Bandha, ainsi d'ailleurs que pendant Asvini Mudra, l'adepte doit contracter les DEUX sphincters qui bloquent l'anus. Il y a le sphincter anal externe, qui ferme l'extrémité du tube digestif, cela tout le monde le sait. Mais il est ESSENTIEL de retenir que l'anus est pourvu d'un second anneau musculaire, le sphincter interne, situé environ 2 à 3 cm. plus haut dans le rectum. IL FAUT CONTRACTER LES DEUX SPHINCTERS. Il est d'ailleurs assez facile de se rendre compte qu'il y en a deux. Dirigez votre attention vers l'anus et contractez-le. Puis concentrez-vous

*La parfaite propreté du tube digestif tout entier est assurée par Shank Prakshalana, une des méthodes de rajeunissement décrites dans "Je perfectionne mon Yoga",p. 31.

légèrement au-dessus de ce sphincter et contractez-le : à ce moment vous percevrez une intense contraction de toute la région anale et du périnée. C'est alors seulement que Mula Bandha est correcte et bien rares sont les ouvrages qui mentionnent ce détail ... si rares que nous n'en connaissons pas un ! L'importance de la contraction du second sphincter découle du fait que c'est juste au-dessus de cet anneau que se situent les terminaisons de certains nerfs qui ont une action sur le côlon, la sangle abdominale et le diaphragme, en somme tous les organes qui entrent en action au moment de l'évacuation des matières fécales. L'efficacité de Mula Bandha dépend de la contraction simultanée des deux sphincters.

bandha traya 36

Bandha Traya signifie les Trois Bandhas.
Dans cet exercice, les trois bandhas sont exécutées simultanément. Ainsi les effets maxima sont obtenus, car ils s'additionnent et se complètent mutuellement. Bandha Traya s'effectue généralement à poumons vides.
Les trois Bandhas se bloquent dans l'ordre suivant :
1) Mula Bandha
2) Uddiyana Bandha
3) Jalandhara Bandha

UDDIYANA BANDHA

Nous allons brièvement rappeler Uddiyana Bandha qui a été décrite dans "J'apprends le Yoga", p. 269. Uddiyan signifie en sanscrit "s'envoler". Pendant qu'on la pratique, on sent l'estomac, au sens littéral, s'élever, "s'envoler" vers le haut ! Cette bandha, elle aussi, se pratique à jeun, et le moment le plus favorable se situe après la séance d'âsanas du matin. Penchez-vous légèrement vers l'avant, placez les mains sur les cuisses, au-dessus des genoux ou vers l'aine et videz les poumons *complètement* (le poids du tronc doit reposer sur les bras). Puis par une fausse inspiration, relevez le diaphragme, attirez vers la colonne vertébrale les intestins qui sont refoulés vers l'arrière : ainsi le ventre se rétracte. Maintenez durant quelques secondes, ensuite relâchez la bandha et inspirez à nouveau. Cette bandha est très importante pour le tube digestif; d'une certaine façon Mula Bandha et Uddiyana Bandha se complètent,car les organes intéressés sont en étroite relation et parfaitement synchronisés. Nous devrions pratiquer parallèlement ces bandhas. Après avoir appris à les maîtriser séparément, il faut les combiner en un seul exercice.

Les meilleurs résultats s'obtiennent en combinant les trois bandhas, c'est-à-dire en y ajoutant la contraction jugulaire, Jalandhara Bandha, pratiquée à poumons vides. Eventuellement, les néophytes peuvent commencer l'apprentissage avec les poumons pleins,car c'est plus facile. Lorsque les poumons sont emplis d'air, les côtes se soulèvent (ce qui entraîne l'expansion du thorax), le cou s'abaisse jusqu'à ce que le menton fasse pression sur le corps. Pour pratiquer ces bandhas il est préférable de choisir un endroit calme où vous ne serez pas dérangé et où vous serez seul, car la concentration y joue un rôle capital. Lorsque vous travaillez les bandhas séparément, IL FAUT TOUJOURS vous concentrer sur les muscles que vous contractez, tandis que si vous combinez les trois bandhas, il faut d'abord vous concentrer sur Mula Bandha puis sur Uddiyana Bandha, qu'il faut bloquer en second lieu et, enfin, sur Jalandhara Bandha. Restez concentré sur les trois à la fois et lorsque les bandhas se relâchent (en sens inverse, donc défaire d'abord Jalandhara, puis Uddiyana, enfin Mula Bandha), concentrez-vous sur chaque bandha qui se décontracte.

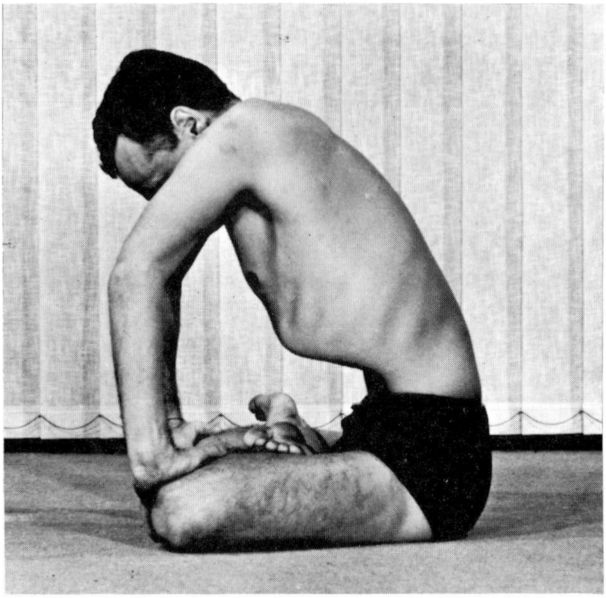

Dans Bandha Traya, qui combine Jalandhara, Mula et Uddiyana Bandha, le menton se place légèrement plus bas vu la courbure particulière du dos, visible sur la photo de profil.

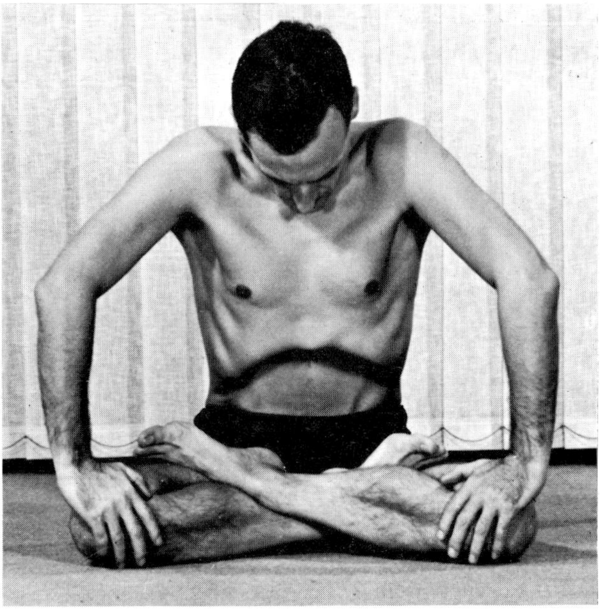

Sur la photo de face, on voit que les muscles obliques de l'abdomen font saillie.

koshas et chakras 37

Pour saisir le sens profond du prânayâma et ses dimensions qui débordent le cadre purement physiologique et corporel, il est indispensable d'avoir assimilé certains concepts fondamentaux de la pensée de l'Inde. Que le lecteur occidental se rassure, rien ne heurtera ses conceptions philosophiques et religieuses ! Qu'il nous excuse d'utiliser un vocabulaire sanscrit, car ces mots n'ont aucun correspondant exact dans nos langues romanes ou germaniques, bien que celles-ci soient dérivées de la même souche sanscrite.
La conception indienne de la structure d'un être humain est très élaborée, mais nous nous efforcerons d'être aussi "panoramique" que possible, c'est-à-dire de dégager les grandes lignes et d'abandonner les détails aux spécialistes... ou de les réserver à une étude future !
Depuis des millénaires, en effet, les sages et les penseurs de l'Inde se sont posé la question : *"Qui suis-je ?" "Que suis-je ?"*. A défaut de vérité révélée comme les Evangiles et l'Ancien Testament, ils ont cherché la réponse en eux-mêmes par l'introspection et l'observation. Pénétrant peu à peu des couches de plus en plus profondes de leur corps et de leur psychisme, ils se sont approchés de leur être profond. Ils ont disséqué et identifié les divers constituants de leur être et leur empirisme millénaire a une valeur inestimable, non seulement du point de vue théorique mais aussi en vue d'applications pratiques.
Nous ne tenterons pas de reconstituer, ni même d'esquisser le

lent cheminement qui les a conduits à élaborer leur système psycho-biophysique, nous préférons en aborder d'emblée les grands thèmes.
Selon les penseurs et les rishis de l'Inde, l'être humain se compose de stratifications allant de l'état d'être le plus subtil à sa manifestation la plus dense, le corps visible.
Chaque stratification se nomme une "kosha", terme que, pour la facilité mnémotechnique, nous serions tenté de traduire par "couches", si ce mot n'impliquait l'idée de séparation des divers constituants, idée étrangère à la pensée de l'Inde, qui considère l'être humain comme un tout insécable et indissociable.
Réfléchissons un instant, voulez-vous. En tant qu'être humain, nous disposons "d'abord" d'un corps matériel, visible, pondérable, constitué de molécules et d'atomes identifiables.
Mais à la différence des molécules et des atomes de l'univers non organique, ces particules matérielles sont structurées en une forme corporelle animée elle-même d'une mystérieuse énergie vitale, qui les soustrait jusqu'à la mort à l'entropie. Nous percevons, nous pensons, nous aimons, nous souffrons, nous marchons, nous mangeons, mais surtout... nous changeons. Rappelons une fois de plus que nous ne sommes jamais exactement deux fois identiques à nous-mêmes, ni du point de vue de la composition matérielle, ni même du point de vue mental. Et cet ensemble dit : "moi-je".
Voyons comment les Indiens conçoivent ce complexe biophysique. Certes, il s'agit d'un "individu", d'un centre de vie séparé, du moins en apparence, des autres "individus" de même espèce ou non. Mais où se situe la source ? Pour les penseurs indiens, les couches les plus denses tirent leur origine des stratifications les plus subtiles, celles-ci étant causales par rapport aux autres. La démarche indienne va en quelque sorte à l'opposé de celle de notre science : elle regarde dans la lunette par le bout opposé ! Ainsi, pour notre science occidentale, la conscience se localise indubitablement dans le cerveau, elle est considérée comme un épiphénomène de l'activité corticale. Pour les yogis et les penseurs indiens, au contraire, notre cerveau n'est que l'instrument de notre psychisme et se trouverait dans notre mental plutôt que l'inverse. Pour le penseur indien, c'est le psychisme qui fabrique et utilise le cerveau ! Et le cerveau est dans le psychisme ! Absurde ? Paradoxal ? Peut-être. Mais avant de

nous prononcer, songeons que pour le sauvage qui se trouverait pour la première fois en présence d'un poste de radio, il ne ferait aucun doute que "ce qui parle" se trouve bien "dans" le poste. Pour nous, c'est le poste de radio qui se trouve dans l'onde, le poste de radio n'étant que l'instrument de manifestation de l'onde !
Pour les penseurs indiens, notre couche causale, notre "kosha" la plus profonde, source de toutes les autres, c'est Anandamaya Kosha.

ANANDAMAYA KOSHA

Anandamaya Kosha, cause des autres koshas, est caractérisée par la félicité (ananda) absolue qui auréole Jivatman. "Jivatman" est composé de "Jiva" qui signifie "homme" en sanscrit et "atman" qui correspondrait assez bien au concept "âme". "Jivatman", c'est l'âme de l'homme, c'est notre essence même. C'est le Soi, avec majuscule, de l'être humain. Jivatman est le Spectateur profond et l'Architecte caché de toutes les autres stratifications. Sa nature, c'est la conscience pure, concept qui échappe à notre pensée occidentale. Anandamaya Kosha est hors du temps et au-delà de l'espace. Jivatman est situé au-delà des contingences et des paires d'opposés.
Pour la pensée indienne, l'homme n'est pas un corps et une âme, c'est une âme qui s'est fabriqué un corps, ce qui n'est pas en opposition avec la pensée chrétienne. La seule différence fondamentale est que, pour le penseur chrétien, l'âme n'a qu'un unique contact avec la matière, une seule incarnation. Pour le penseur indien, l'âme est prise dans la ronde éternelle des naissances et des morts successives et reprend chaque fois contact avec la matière lorsque ses instruments corporels se sont dissous dans la mort. Le lecteur m'objectera que cette "seule différence" est de taille ! D'accord, mais si nous nous en tenons à la structure d'un individu bien déterminé, à une incarnation, cela n'y change pas grand-chose du point de vue structurel. Nous pouvons donc "oublier" cette différence de conception !
C'est à partir de ce centre dynamique que les couches successives vont se matérialiser. Cette couche causale se situant en dehors du manifesté ne sera donc jamais un objet de "science". Notre psychologie n'en parle pas.

VIJNANAMAYA KOSHA

Dans son processus dynamique de matérialisation, Jivatman, ou l'âme, se crée d'abord un centre individuel et subit une première densification : "Vijnanamaya Kosha".
Cette kosha se structure autour du concept "Ahamkara", qui signifie : le sens de l'ego. C'est le "soi" (avec minuscule) de la psychologie moderne. C'est cette faculté mystérieuse qui me fait prendre conscience que "je" suis un individu, un centre de conscience séparé des autres. C'est le principe de l'individualisation. Le "moi-je" est le centre de référence auquel se rapportent toutes les expériences de la vie, comme les rayons d'une roue se rapportent à l'axe. A ma naissance, j'étais bien différent, physiquement et mentalement, de ce que "je" suis maintenant. Et dans quelques années "je" serai encore bien différent. Et cependant, "je" serai présent. Ce sens profond de l'individualisation, ce centre permanent de référence est le pivot autour duquel s'organise Vijnanamaya Kosha, qu'on pourrait traduire d'une façon assez approximative par l'intellect, la raison. *"Je pense, donc "je" suis"*, se situe dans le Vijnanamaya Kosha. C'est à ce niveau également que se trouve la conscience, entendons par là ce qui nous donne le sens du bien et du mal (et non ce qui est conscient de notre activité mentale). C'est là que se localise aussi la raison (Buddhi).

MANOMAYA KOSHA

Vijnanamaya Kosha et Manomaya Kosha s'imbriquent et s'interpénètrent. Manomaya Kosha, c'est toute l'activité psychique autre que celle reprise dans le concept "Vijnanamaya Kosha". Elle renferme tous nos instruments psychiques de perception du monde extérieur. Elle constitue notre psychisme (c'est-à-dire celui étudié par la psychologie moderne), qui évolue parallèlement au corps. Elle comprend aussi bien nos instincts, hérités de nos ancêtres, que tous les conditionnements individuels acquis depuis notre naissance. Elle comprend nos "complexes", nos sensations conscientes et notre inconscient individuel. C'est cette couche qu'essaie d'atteindre le psychanaliste. Elle inclut aussi tous les contenus de notre mémoire, accumulés depuis notre naissance. Lorsque "je" rêve, je suis conscient et ma mémoire fonctionne, puisqu'au réveil je puis me rappeler le contenu de mes rêves. "Je" peux éprouver des sentiments pendant que je rêve, être effrayé ou joyeux selon la nature du rêve. Tout ce qui participe à ce rêve, c'est-à-dire mon inconscient, ma faculté de créer des images mentales, tout ce qui conditionne le contenu de mes rêves (mes pulsions inconscientes, mes souvenirs, mes désirs refoulés, etc.) fait partie de Manomaya Kosha. Quand "je" rêve, mon intellect ne fonctionne pas, ni ma raison. "Je" peux rêver que je vole comme un oiseau sans m'en étonner. Parce que ma raison et mon intellect (Vijnanamaya Kosha) ne fonctionnent pas pendant le rêve. Manomaya Kosha comprend aussi mes instruments psychiques d'action. "Je" veux m'exprimer, agir dans le monde extérieur. Derrière mon corps qui bouge, il y a l'animant, un mental avec ses motivations profondes".

Vijnanamaya Kosha et Manomaya Kosha peuvent, pour la facilité, être considérées comme la "couche psychique". Elles constituent ce que les occultistes appellent le "corps astral", expression ambiguë que nous n'aimons guère utiliser.

Tandis que la kosha causale (Anandamaya Kosha) se situe hors du temps et de l'espace (l'âme est immortelle), le corps psychique a une seule dimension. Il est non spatial mais temporel. Tandis que "je" dors, mon rêve n'occupe pas *x* mètres cubes ! Mais le rêve se situe quand même dans le temps, puisqu'un encéphalographe peut me dire à la seconde près, par l'observation du tracé encéphalographique, à quel moment le rêve a débuté et quand il s'est terminé. Par parenthèse, le "temps" du rêve est très différent du "temps" de l'horloge. Un rêve qui ne dure en réalité que très peu de temps d'horloge peut me donner l'impression d'occuper plusieurs heures ! De même nos sentiments n'occupent aucun volume, n'ont aucun poids. Combien de grammes pèse une colère ? Question absurde, évidemment. C'est d'ailleurs parce que notre psychisme est unidimensionnel qu'il peut réunir en une même perception globale des "sensations" produites en diverses parties de l'écorce cérébrale correspondant aux "centres" de perception du cortex.

PRANAMAYA KOSHA ET ANNAMAYA KOSHA

Pensons un mouvement, et voilà que notre squelette, nos

muscles et nos tendons s'animent. C'est bien naturel sans doute, mais si mystérieux à la réflexion ! Comment la pensée, insaisissable, peut-elle mettre en mouvement ces particules matérielles ? C'est ce que nous allons voir.
Examinons d'abord la couche la plus dense, la couche corporelle, Annamaya Kosha.
L'analyse d'un corps humain nous apprend qu'il se compose approximativement de 65% d'oxygène, 18% de carbone, 10% d'hydrogène, 3% d'azote, 2% de calcium, 1% de phosphore. Ce qui représente 99% (environ). Le 1% restant se répartissant entre 23 autres éléments allant du fer au titane, en passant par le cobalt, le nickel et le molybdène. Voilà donc les constituants matériels de notre corps. D'où proviennent-ils ? De notre nourriture, bien entendu, "nourriture" étant compris dans le sens d'aliments solides, liquides ou gazeux (air). Par définition, ces éléments matériels sont inertes. Ce qui les fait bouger, ce sont les énergies qui les groupent et les animent. L'ensemble de ces énergies (prânas). *Prânamaya Kosha* (attention : pas "prânayâma" !) C'est notre corps prânique subtil, mais matériel quand même. Ce sont toutes les énergies électriques, magnétiques et autres à l'oeuvre dans notre corps et qui lui donnent l'apparence de la vie. La couche matérielle (Annamaya Kosha) est parcourue de courants électriques énergétiques suivant des lignes de forces et des conducteurs matériels : nous retrouvons ici les nâdis.
Annamaya Kosha étant la plus dense est de ce fait souvent méprisée : c'est une erreur que l'Occident a commise durant des siècles ! Et cependant Annamaya Kosha, le corps moléculaire, est la seule Kosha où toutes les autres koshas se rencontrent. Elle est la scène sacrée sur laquelle se déroule le drame cosmique que représente une existence humaine. Sans elle, la manifestation humaine sur le plan terrestre serait impossible. Elle conditionne l'aspect et la perfection de la manifestation de l'homme dans sa totalité. Elle est pénétrée, imprégnée de psychisme (dont elle est l'expression). Le but du yoga est de la rendre aussi parfaite que possible et de la spiritualiser. Mais par elles-mêmes ces deux couches sont inertes. Elles sont quadridimensionnelles. Elles existent dans le temps et l'espace et se dissolvent entièrement à la mort pour retourner aussitôt au monde physique. Le véritable moteur derrière les mouvements

d'Annamaya Kosha (la couche formée par la nourriture) et Prânamaya (la couche énergétique) est le psychisme (Manomaya Kosha et Vijnanamaya Kosha). L'endroit où les énergies psychiques agissent sur les couches inférieures et entrent en contact avec elles sont les "chakras" que nous allons étudier.

LES CHAKRAS

La comparaison – établie plus haut – avec le poste de radio nous permet en outre de saisir par analogie une notion très importante en matière de prânayâma : celle de la transposition d'une activité se déroulant dans un plan d'être déterminé en manifestation sur un autre plan. Les ondes de radio (ou de télévision) correspondent à une certaine activation du champ électromagnétique. En agissant sur une structure déterminée (le poste) par l'intermédiaire d'un autre type d'énergie (le courant électrique dans le poste) la "vibration" subtile du champ électromagnétique s'extériorise sous la forme de vibrations "grossières" de l'air ambiant, vibrations perceptibles à l'oreille humaine. Et cependant ces diverses activités se superposent dans l'espace : les ondes de radio inaudibles occupent tout le volume de la pièce où je les écoute sous la forme d'ondes sonores. Notons que la vibration du champ électromagnétique est devenue vibration de l'air sans cesser pour autant d'être vibration du champ électromagnétique. Et les deux vibrations se superposent dans l'espace. De même, le dynamisme psychique débouche sur le plan manifesté (actes du corps) par l'intermédiaire des chakras et du corps prânique.
Le processus est réversible. Une vibration de l'air (la voix d'un speaker) captée par un micro, transformée par l'émetteur passe sur le plan des ondes de radio. Les diverses koshas sont donc autant de "plans d'existence" de l'être humain, elles s'entremêlent, se superposent, agissent les unes sur les autres, sans cependant se mélanger. Voici un exemple de "transformation" d'énergie psychique en mouvement corporel.
Un homme en insulte un autre. Dans le psychisme de l'offensé, la colère (une seule dimension : le temps) monte. Elle agit sur certains centres d'énergie cérébraux et nerveux (chakras) qui déclenchent toute une série de réactions prâniques (le visage devient "rouge" de colère, parce que le sang y afflue), les poings

se serrent. Que la colère monte encore un peu en intensité et on en vient aux coups : les nâdis ont commandé les mouvements des molécules et atomes des muscles de l'offenseur.
Le yogi est un homme capable de passer consciemment d'un plan à l'autre, ou plutôt de contrôler par la volonté et la conscience tous ces processus, d'en augmenter l'intensité ou de la réduire à son gré. C'est cela qui s'appelle la maîtrise du corps et de l'esprit, essence du yoga. Le yogi peut aussi mettre en veilleuse l'activité de tous les plans (koshas) et se replier dans Anandamaya Kosha, le Spectateur profond, ou plutôt laisser le Spectateur profond se détacher momentanément de tout ce qui n'est pas son essence. Il baigne ainsi dans la félicité absolue (Ananda). C'est l'expérience suprême, le Samadhi. A ce moment aussi le Spectateur entre en contact avec le cosmos tout entier, et cela sans passer par l'intermédiaire des sens. Des secrets lui sont alors révélés qui peuvent ensuite modifier le fonctionnement des koshas de matérialisation, c'est-à-dire toutes les autres koshas. C'est pourquoi la tradition yogique affirme : c'est un homme ordinaire qui entre en Samadhi, c'est un Sage qui en sort. Cette modification des koshas de matérialisation est d'ailleurs l'indice d'un réel Samadhi : la simple mise en veilleuse (sans modifications) des koshas, sans expérience suprême, peut de bonne foi être prise pour un Samadhi.
Il serait sans doute indiqué de nous résumer ici et de reconstituer rapidement l'ensemble, mais en partant des éléments les plus denses cette fois. Annamaya Kosha, composée des éléments matériels apportés par la nourriture, est pénétrée, animée et contrôlée par Prânamaya Kosha (l'ensemble des énergies prâniques) circulant le long de centaines de milliers de nâdis. Prânamaya Kosha, à son tour, est régie et pénétrée par Manomaya Kosha et Vijnanamaya Kosha (corps psychique) qui lui apportent la pensée consciente et inconsciente et le sens du "moi". Mon bras matériel se lève, parce que l'énergie prânique le fait se lever sous l'influence d'une pensée, d'une volition. Quelle que soit la motivation qui me fait lever le bras, celle-ci appartient à l'univers psychique.
C'est ici qu'interviennent les chakras, qui sont avec les nâdis l'un des sujets les plus prolifiques dans la littérature yogique, sans que leur nature soit pour autant bien précisée ! Les chakras sont les points de contact privilégiés, où le corps psychique

s'intègre au corps énergétique (Prânamaya Kosha). Les chakras sont des centres énergétiques subtils, où le dynamisme psychique, spirituel, entre en contact avec les éléments inertes (que sont le corps dense et le corps prânique) et les contrôle. Aux chakras, les énergies psychiques changent de plan de manifestation.

Pour mieux préciser notre pensée, nous allons reprendre la comparaison avec le poste de radio.

Le champ électromagnétique des ondes de radio vibre à une fréquence donnée, mais est inaudible à l'oreille humaine; pour le "matérialiser", nous avons besoin d'un intermédiaire, le poste de radio. Bien que le poste tout entier soit en contact avec l'onde de radio et y baigne, l'antenne constitue un point privilégié où l'onde "pénètre" dans le poste. Ce point de contact privilégié serait un "chakra" du poste de radio ! A partir de ce chakra les ondes sont véhiculées le long des circuits (nâdis) par l'énergie du poste (prâna) provenant des piles ou du réseau, peu importe. Finalement le haut-parleur "manifeste" l'onde. Ainsi l'onde est passée du plan subtil au plan "grossier". Il n' en va pas autrement avec un être humain. Le corps psychique, c'est l'onde de radio, les chakras sont les points où l'énergie psychique pénètre le corps prânique et y forme un tourbillon (chakra : roue, tourbillon, en sanscrit). Aux chakras, les couches psychiques rencontrent et contrôlent les couches énergétiques et denses. Ce sont à la fois des centres d'énergie et de conscience. Chez l'homme ordinaire, chakras et nâdis fonctionnent automatiquement, sans intervention du moi conscient et volontaire. Chez le yogi, non seulement la conscience pénètre en ces "tourbillons", mais est à même d'augmenter la tension d'énergie psychique là où elle le souhaite, et cela tant sur le plan matériel que sur le plan de l'esprit. C'est pourquoi un vrai yogi (exception !) est un être "extra-ordinaire", au sens le plus strict. Les chakras sont nécessairement en contact avec les nâdis. Ils sont comme des cabines à haute tension sur un réseau électrique.

Les chakras psychiques n'existent que pendant la vie, bien qu'ils aient des supports matériels, corporels. Ils peuvent être étudiés et décrits soit comme étant certaines structures anatomiques, soit comme des centres de perception, selon qu'ils sont perçus dans la couche psychique, ou dans la couche anatomique. Il y

aurait un rapprochement intéressant à faire entre l'acupuncture et les chakras et nous regrettons de n'être pas en mesure de le faire. Nous avons vu que certains nâdis correspondent aux méridiens de l'acupuncture. Les "points chinois", c'est-à-dire les centres où les acupuncteurs agissent sur les énergies véhiculées dans les méridiens en y plantant des aiguilles d'or ou d'argent, sont des "chakras". Aussi, il existe des milliers de chakras dans le corps humain.
Mais tout comme pour les nâdis, s'il n'est pas indispensable de se lancer dans une étude complexe, il est cependant essentiel de connaître les principaux chakras. D'ici, nous embrassons le vaste panorama du prânayâma, de la dynamique du souffle.
Les divers exercices de prânayâma modifient les conditions d'absorption du prâna, de circulation le long des nâdis, d'accumulation et de répartition dans et à travers les chakras, mais l'élément dynamique principal est le MENTAL. Effectués sans concentration, les exercices de prânayâma ne sont que des exercices de respiration hygiénique, sans plus. Avec l'aide de la concentration, ils permettent de manifester pleinement les ressources de notre dynamisme psychique sur le plan de la manifestation terrestre. Le corps prânique (Prânamaya Kosha) est donc une stratification privilégiée dans notre structure humaine : c'est pourquoi le yoga est impensable sans le prânayâma. Le contrôle des couches supérieures est impossible sans l'intégration et le contrôle conscient des couches dites "inférieures". Mais ne nous imaginons pas que ces couches soient distinctes comme les pelures d'un oignon : elles s'interpénètrent et leur action est réversible, soit du psychisme vers le monde extérieur dense, soit du monde extérieur dense vers l'univers psychique subtil. Ainsi le "moi" passe d'un "plan" à l'autre. Le Spectateur profond est comme le grain de sable dans l'huître. Le grain de sable est la cause cachée et oubliée de la perle, dont il constitue le centre. Ainsi le Jivatman se crée des instruments et se cache en eux. L'âme se crée un corps et l'anime. Ce qui transcende le temps et l'espace, et est par conséquent immortel en l'homme, est le Spectateur profond. Tout le reste, ce sont ses instruments, son "corps" (sous-entendu psychique, mental, prânique et dense). Ainsi, descendant d'un plan à l'autre, le Spectateur entre en contact avec des couches de plus en plus denses, sans devenir lui-même temporel ni

spatial. L'onde de radio ne cesse pas d'ébranler tout le champ électromagnétique, même lorsqu'elle entre en contact avec un récepteur qui la matérialise. Elle aborde le plan de la manifestation, sans cependant quitter celui de l'onde électromagnétique subtile et inaudible à l'oreille humaine.

Le prânayâma pourrait se définir comme étant le processus psychophysiologique d'activation des divers chakras, accompagné de l'éveil de la conscience de ces centres énergétiques.

Couche causale

ANANDAMAYA KOSHA

Stratification causale. Sa nature est JOIE et FELICITE pure, au-delà des dualités.
Son centre est Jivatman (âme de l'homme) qui est le Spectateur-Architecte profond.

Corps subtil ou psychique

VIJNANAMAYA KOSHA

Siège de l'Ego (Ahamkara, principe d'individualisation dans l'homme). Ses instruments sont l'Intellect et Buddhi (raison, discrimination).
Cette stratification peut agir sur Manomaya Kosha et contrebalancer par exemple les pulsions inconscientes , et peut inhiber ou contrôler les instincts.
C'est le centre permanent de référence. Lorsque l'être humain dit "Je pense que je pense" c'est une action réflective due à Vijnana Maya Kosha.

MANOMAYA KOSHA

C'est le psychisme en général, c'est-à-dire les mécanismes de conscience de veille, l'inconscient étudié par la psychologie occidentale avec ses pulsions et instincts, ses complexes.
Comporte les instruments subtils de perception et d'action.
Comprend aussi la mémoire individuelle et la mémoire héritée de nos ancêtres.
C'est Manomaya Kosha qui ordonne les actions du corps.
Le dynamisme psychique de Manomaya Kosha agit sur la stratification prânique, à travers les CHAKRAS qui sont donc des centres de transformation d'énergie psychique.

Corps dense ou "grossier"

PRANAMAYA KOSHA

Est constitué de l'ensemble des énergies à l'oeuvre dans le corps humain.
A partir des impulsions d'action provenant de Manomaya Kosha, met les éléments denses du corps en mouvement. Les énergies circulent dans les NADIS.
Cette couche énergétique est inerte et insensible. Elle est l'instrument d'action de Manomaya Kosha.

ANNAMAYA KOSHA

Stratification la plus dense de l'être humain. Est composé des éléments chimiques (atomes et molécules) provenant de la nourriture (aliments solides, boissons, oxygène de l'air).
Inerte et dense, elle est l'instrument d'action et de manifestation des stratifications supérieures.

Corrélation avec doctrine chrétienne : Ananda Maya Kosha correspond à l'âme. Les autres stratifications sont le corps dans ses aspects denses et subtils.
Les Koshas supérieures interpénètrent et englobent les couches inférieures.
Annamaya Kosha et Pranamaya Kosha ont 4 dimensions (3 dimensions de l'espace + le temps).
Manomaya Kosha et Vijnana Maya Kosha n'existent que dans le temps.
Ananda Maya Kosha est au-delà du temps et de l'espace.

muladhara chakra 38

En contrôlant l'arrivée du courant et les boutons au tableau de commande d'un ordinateur, je contrôle toute la circulation et l'utilisation de l'énergie électrique dans l'appareil et je règle son travail. De même en maîtrisant un nombre restreint de chakras-clés, l'ensemble du corps prânique et dense est contrôlé.
Certains chakras sont en rapport avec le pôle "espèce", dans le bassin et d'autres avec le pôle "individu", au cerveau. Les deux pôles sont reliés entre eux par les principaux conduits de prâna, les nâdis Ida, Pingala et Sushumna, sur le trajet desquels s'échelonnent d'autres chakras, chacun contrôlant une partie du "circuit" prânique total.
Le chakra que nous allons étudier en premier lieu est plus particulièrement relié au pôle "espèce" : il s'agit du "Chakra-racine", Muladhara Chakra. Mula "racine" – Adhara "support". Muladhara Chakra est donc le chakra qui supporte la racine de l'être humain pris dans sa totalité, et pas seulement de son corps dense !
Ce centre d'énergie est particulièrement privilégié, car il se situe à la fois à l'origine des 3 principaux nâdis, mais il est en outre le siège de Kundalini, l'énergie latente de l'espèce en chaque être vivant. De plus, il est l'un des organes principaux d'Apana.
Pour l'équilibre prânique du corps (dense et subtil), l'équilibre de Prâna Vayu et d'Apana Vayu est essentiel, nous l'avons vu. Apana Vayu se contrôle le plus efficacement à Muladhara Chakra, c'est-à-dire à l'anus. Muladhara Chakra constitue donc

LE carrefour stratégique dans la structure prânique et dans l'échafaudage des chakras.
N'est-il pas surprenant que Kundalini ait précisément choisi pour y siéger la partie la moins noble du corps ? La réponse à cette question éclairera du même coup une autre question, souvent controversée dans les ouvrages traitant du prânayâma, à savoir : les chakras sont-ils situés dans la colonne vertébrale ou en dehors de celle-ci ? En fait Kundalini ne siège pas dans l'anus mais se situe dans les centres nerveux qui commande à la fois le rectum, l'anus, la vessie ET les organes génitaux. Souvenez-vous du réseau parasympathique pelvien dont nous avons parlé au cours de l'étude d'Asvini Mudra. Il est impossible de commander directement le parasympathique pelvien, mais la volonté peut agir sur son extrémité, c'est-à-dire le sphincter anal, et à partir de là agir sur le centre nerveux lui-même (plexus pelvien) et sur les centres nerveux de la moelle sacrée. Le centre du réflexe sexuel se situe dans la moelle épinière, enclose dans le sacrum. En agissant sur le pôle terminal, l'anus et le périnée, le yogi agit indirectement sur le centre de commande nerveux, le plexus sacré qui est le véritable siège de Kundalini, ou plutôt le point de contact de Kundalini, énergie subtile et cosmique de l'espèce, avec les centres nerveux de l'individu dans le sacrum. Pour le néophyte ou le non-initié, il est impossible d'être conscient du plexus lui-même. Par des exercices d'activation de ce chakra au départ des terminaisons les plus extrêmes, le yogi (à l'aide de techniques spéciales de Kriya Yoga) éveille le "chakra" en question, c'est-à-dire qu'il arrive à percevoir et prend conscience du centre lui-même (le plexus nerveux). Cette prise de conscience donne naissance à des impressions qui apparaissent dans le champ de la conscience sous forme de couleurs, irréelles puisqu'elles ne naissent pas de stimulations lumineuses extérieures. Une vibration peut y être perçue aussi. C'est pourquoi les yogis ont décrit les couleurs de ces chakras, ont transposé en syllabes les vibrations perçues aux divers chakras. Les impressions "visuelles" sont instables, mais semblent tourner et tourbillonner : de là aussi l'emploi du terme "chakra" = roue, tourbillon. Parfois les chakras sont symbolisés par des lotus, parce que ces couleurs irréelles suggèrent des fleurs. Pour les yogis, tantriques en particulier, l'être humain (microcosme) reproduit le macrocosme (l'Univers). Les énergies individuelles

sont une manifestation microcosmique d'une Energie macrocosmique, représentée symboliquement par une déesse. Chaque chakra est le siège d'une forme spécialisée d'énergie à la fois psychique (dans son aspect Manomaya Kosha) et énergétique (Prânamaya Kosha); cette énergie se trouve symbolisée et personnifiée, les adeptes en ont fait le siège d'une "déesse". Cela donne lieu à diverses représentations picturales des chakras qui sont, faut-il le dire, purement subjectives et conditionnées par la formation religieuse et philosophique de ceux qui en ont fait l'expérience. Ce serait une erreur de prendre ces représentations à la lettre et de les transposer en Occident telles qu'elles sont dépeintes en Inde et qu'Arthur Avalon les a publiées.

Dans notre étude des chakras, nous allons en décrire chaque fois la correspondance anatomique (pour autant que ce soit possible et que les auteurs s'accordent), la contrepartie psychique et, dans le cas de Muladhara Chakra, la contrepartie cosmique.

A la base du sacrum, en plus du plexus sacré cité plus haut, il y a un important centre nerveux (à la jonction avec le coccyx). A cet endroit se mêlent de nombreuses terminaisons nerveuses, motrices aussi bien que sensitives. Par la pratique des exercices voulus, à partir des terminaisons nerveuses (motrices et sensitives) du sphincter anal, l'adepte agit infailliblement sur le centre de commande réel, peu importe où il se localise réellement. La contraction du sphincter anal et du périnée agit aussi sur les organes sexuels, tant chez la femme que chez l'homme. Par conséquent, il est possible d'agir ainsi sur les centres qui commandent l'activité sexuelle réflexe dans la moelle épinière. C'est pourquoi, dans les représentations du chakra-racine, on trouve le lingam (organe viril), symbolisant l'aspect créateur masculin du cosmos, lui-même représenté par Shiva, qui n'est qu'un symbole d'une force cosmique et non un "dieu" au sens occidental.

Ce lingam se trouve dans un triangle orienté avec la pointe vers le bas. Ce triangle représente l'yoni, c'est-à-dire le sexe de la femme, et à travers lui l'aspect féminin cosmique universel. Il représente la nature, la Shakti créatrice. C'est au chakra de base que l'aspect cosmique féminin et masculin se rejoignent. Quand l'automobiliste occidental voit un triangle inversé, il sait qu'il s'agit d'un signal "Stop" ! Et celui qui l'ignorerait ne circulerait pas longtemps sur nos routes ! En Inde, chacun sait qu'un triangle inversé symbolise yoni. Aussi, à mesure qu'une évolution se faisait en Inde en faveur d'une certaine continence (confondue avec chasteté, ce qui est une erreur : il s'agit de deux choses fondamentalement différentes), certains Maîtres ont légèrement "triché". Au lieu de représenter Muladhara Chakra comme la tradition le décrit : un triangle inversé plus le lingam et le serpent, ils ont "oublié" le lingam et renversé le triangle avec la pointe vers le haut ! ...

Swami Sivananda fut l'un d'eux, et même le premier – à ma connaissance – à modifier la représentation traditionnelle du Muladhara Chakra. Par la suite, d'autres auteurs (Occidentaux notamment) ont purement et simplement "recopié" ce "dessin" revu et corrigé. Pour quelle raison ? Swami Sivananda, en tant que moine et placé à la tête d'un ashram où la continence était de rigueur, répugnait probablement à cette représentation traditionnelle. Car il y eut en Inde, notamment dans la branche dravidienne – la seule qui soit réellement autochtone et originelle – tout un culte shaktique qui engendra le tantrisme dont certains aspects se basent sur des rites et pratiques sexuels; de là des abus qui ont déclenché une réaction et discrédité le tantrisme. C'était à la fois justifié à cause des abus et néanmoins profondément injuste vis-à-vis du tantrisme, dont Arnaud Desjardins disait qu'il représentait, dans notre âge de Kali, la forme la plus authentique d'un retour aux sources cosmiques de notre être.

Quoi qu'il en soit, point n'est besoin de s'intéresser au tantrisme pour agir sur Muladhara Chakra.

Quelques Maîtres (modernes uniquement et moines en général) ont mis les adeptes en garde contre l'utilisation de ce chakra. Cela, avec tout le repect qu'on leur doit, est probablement une erreur. En n'activant que le pôle individuel, il se crée une rupture d'équilibre et l'homme se coupe de sa source profonde, de ses racines qui plongent dans l'Espèce avec son dynamisme créateur et évolutif. Car Kundalini est aussi la représentation de la force évolutive, qui guide les modifications de toutes les espèces. Kundalini renferme toutes les potentialités actuelles et futures d'évolution de l'être humain. Il serait tout aussi erroné de n'activer que le chakra-racine. Le courant électrique naît d'une différence de potentiel entre deux pôles. Il en va de même avec l'être humain.

RESUME

Muladhara Chakra, le chakra-racine, est à la fois le point de contact du pôle "espèce" dans l'homme, le point de départ des trois principaux nâdis (Ida, Pingala et Sushumna), et l'un des principaux organes d'action d'Apana-Vayu, l'activité évacuatrice du corps, laquelle doit s'équilibrer avec Prâna-Vayu, l'entrée du prâna sous toutes ses formes, dans l'être humain.
Les applications pratiques se situent au niveau d'Asvini Mudra et de Mula Bandha ainsi que dans les Kriyas qui permettent d'activer ce chakra.

sahasrara chakra 39

Après Muladhara Chakra, nous étudierons son pôle opposé, Sahasrara Chakra, le chakra du pôle "individu", dans le cerveau. S'il est possible, d'après les descriptions des anciens traités et en les reliant à nos connaissances anatomiques de localiser avec une certaine précision le chakra-racine et certains autres, il n'en va pas de même pour Sahasrara : il est situé dans le cerveau, voilà tout ce qui est acquis.
Toutefois, en tant que point de contact et d'échange dynamique entre Manomaya Kosha et le centre de commande du pôle "individu", il est possible d'en prendre conscience sans trop de difficultés; et c'est plus important que sa localisation anatomique réelle qui n'a qu'un intérêt purement académique.
Entre le Chakra-racine et le Sahasrara Chakra, le circuit de liaison se compose d'Ida, de Pingala et de Sushumna. Les autres chakras s'égrènent le long de cet axe comme les villes le long d'une autoroute. D'incessants échanges d'énergie prânique ont lieu le long de cette ligne principale. En contrôlant ces deux chakras opposés le yogi s'assure la maîtrise de tous les autres chakras et de leur activation, et par ricochet celle de l'organisme dans son ensemble.

PRISE DE CONSCIENCE DE SAHASRARA CHAKRA

Voici la technique destinée à faire prendre conscience de Sahasrara Chakra. Assis en âsana de prânayâma, la colonne vertébrale bien droite et verticale, respirez d'abord calmement. Lorsque la respiration est régulière et paisible, orienter le regard intérieur dans le crâne. Intérioriser la pensée en un point situé dans la tête au milieu d'une ligne imaginaire reliant les tempes. Avec un peu de pratique et de patience, en concentrant toute son attention vers cette région, on y perçoit des pulsations. Une pratique prolongée y fait naître la perception de sons subtils et de sensations lumineuses, mais cela n'est ni indispensable ni important. C'est une éventualité, sans plus.

Si l'on ne réussit pas à percevoir les battements dans la tête, on peut s'y entraîner de la façon suivante : poser d'abord la pulpe des doigts sur les tempes afin d'y sentir les pulsations des artères. S'intérioriser à cet endroit et essayer de les percevoir aussi nettement que possible. Ensuite éloigner les doigts et s'exercer à percevoir les battements des artères aux tempes sans contact des doigts. Ce n'est pas très difficile.

Lorsque cela est bien acquis et que la concentration en cet endroit ne présente plus de difficultés, imaginer que les battements se propagent peu à peu à l'intérieur de la tête jusqu'à ce que les deux pulsations se rencontrent à mi-chemin entre les tempes. C'est la façon la plus rapide et la plus pratique pour arriver à percevoir les battements dans cette zone. Parfois les pulsations sont perçues vers le sommet du crâne : c'est correct également.

Sahasrara Chakra occupe tout l'encéphale, mais il n'est pas le cerveau, celui-ci étant seulement son instrument, sa contrepartie corporelle.

Parce que des impressions lumineuses y sont assez rapidement perceptibles, il est représenté par un Lotus lumineux aux innombrables pétales. Le nombre "mille" cité dans les textes ne doit pas être pris à la lettre. Il signifie "beaucoup" ou "innombrables". Il ne faut pas lui attribuer une précision comptable !

SUSHUMNA

Sushumna est le principal conduit de prâna (nâdi) et beaucoup d'encre a été utilisée à son sujet !

S'il est vrai que les tantriques situent son origine dans le coeur, presque unanimement les écritures yogiques placent son point de départ à Muladhara, d'où Sushumna se dirige vers l'Ouest. L'Ouest signifie, en langage codé d'initié, la face postérieure du corps. L'origine de cette codification réside dans le fait que les yogis pratiquent toujours avec le visage tourné vers le Levant, vers l'Est. La face du corps éclairée par le soleil levant est la "face Est", le dos devenant l'Ouest. C'est ainsi que Paschima (Ouest) dans Paschimottanâsana signifie l'étirement de la face Ouest, l'étirement dorsal.

Pour en revenir à Sushumna, à partir de Muladhara, il se dirige vers l'arrière, c'est-à-dire vers le sacrum, puis remonte le long de Merudanda qui est unanimement identifié à la colonne vertébrale.

A son émergence de la colonne vertébrale – donc dans le crâne – Sushumna bifurque. Tandis que l'une des branches se dirige vers le sommet de la tête (Brahmarandra), là où les cheveux se couronnent, l'autre rejoint Ajna Chakra (espace entre les deux yeux).Sushumna peut être EN PARTIE identifiée à la moelle épinière, mais pas exclusivement ! C'est valable pour son trajet dans la colonne. Sushumna est le trajet de l'énergie nerveuse qui va de l'anus au sacrum, rejoint et longe la moelle épinière. Son trajet se prolonge vers les centres supérieurs dans le cerveau.

Il est relativement peu important du point de vue technique et pratique de déterminer avec une précision rigoureuse le trajet exact de Sushumna, pas plus que de situer exactement les chakras. Les traités précisent en outre qu'au passage Sushumna "perce" divers chakras, ce qui implique que ceux-ci sont situés DANS la colonne, alors que certaines descriptions les situent en dehors de la colonne vertébrale. A notre avis les deux points de vue peuvent très bien se concilier. Il est fort possible que le centre nerveux dans la colonne vertébrale soit plus particulièrement activé par un chakra donné (le chakra étant à la frontière entre l'anatomique et le psychique). Par contre en se concentrant sur un organe ou sur une région déterminée située en dehors de la colonne, par exemple sur les battements du coeur, les répercussions se situent au niveau de Sushumna. Autrement dit, les méthodes d'activation des chakras basées sur une conception extérieure à Sushumna sont parfaitement dans la ligne et n'infirment pas l'hypothèse que les chakras soient à l'intérieur de Sushumna.

L'importance de Sushumna est considérable en yoga. Alors que

chez l'homme ordinaire les courants prâniques circulent principalement en Ida et Pingala, le yogi vise à attirer et à faire circuler Prâna et Apâna DANS Sushumna. La prise de conscience de la colonne vertébrale est essentielle, et la pratique des âsanas en se concentrant notamment sur le déroulement de la colonne vertébrale pendant les phases dynamiques est un facteur important. L'importance des âsanas en tant que préparation au prânayâma apparaît à nouveau ici.
Pour guider l'énergie dans la colonne vertébrale, l'image mentale est primordiale. Le yogi imagine Sushumna comme un tube creux à l'intérieur de sa colonne vertébrale. En entendant le mot "imagine", les non-initiés en déduisent qu'il s'agit d'autosuggestion pure et simple. En fait, si j'imagine que j'envoie du prâna vers mes mains, j'y déplace réellement du sang et mes mains se réchauffent effectivement. L'image mentale précède et renforce le physiologique. L'importance accordée à Sushumna dérive du fait qu'il perce les chakras, ce que ne font ni Ida ni Pingala. Chez l'homme ordinaire, non entraîné aux techniques yogiques, les chakras sont des centres autonomes, travaillant de façon automatique et inconsciente, agissant parfois en corrélation l'un avec l'autre, mais toujours à l'insu de la personne et, par conséquent, sans son contrôle conscient exactement comme l'intestin fonctionne sans qu'on ait à s'en préoccuper. En dirigeant Apana et Prâna dans Sushumna, le yogi acquiert la maîtrise consciente du prâna et des chakras; au passage il y éveille des forces psychiques subtiles. C'est donc plus dans un but d'activation des énergies mentales et spirituelles que ces pratiques sont suivies.
Sushumna a une autre importance capitale. Activé chez le yogi, Sushumna synthétise l'action d'Ida et Pingala et réalise la liaison entre les centres des pôles "espèce" et "individu". Elément purificateur par excellence, il permet d'intégrer l'action de tous les principaux chakras à tous les niveaux. C'est aussi le long de Sushumna que Kundalini se déplace, lorsqu'elle s'éveille (cas rarissime...). La sécurité se trouve donc dans l'ouverture de Sushumna, ouverture qui est réalisée par sa prise de conscience et qui s'obtient par un travail patient et persévérant, pouvant s'étendre sur des années, il n'y a pas d'illusions à se faire dans ce domaine.

les chakras de liaison 40

Toutes les tentatives faites pour identifier les chakras à des structures organiques précises, aussi séduisantes soient-elles, ne résistent pas à un examen approfondi et surtout ne concordent pas avec les expériences des yogis ni avec les écritures classiques. L'identification avec les plexus semblerait être encore la plus plausible et "coller" le plus près à la théorie yogique. Il subsiste malgré tout de grandes discordances qui rendent cette identification inacceptable dans son ensemble.

Ces tentatives d'identification partent de l'hypothèse que les chakras sont des organes, alors qu'ils sont des centres énergétiques (et pas seulement d'énergie physique mais d'énergie psychique). Les chakras font au moins autant partie de Manomaya Kosha, c'est-à-dire de notre structure psychique unidimentionnelle que de Prânamaya Kosha, le corps prânique. Et le travail d'activation se fait en ordre principal dans le psychisme, dans le mental. Cela explique aussi l'IMPORTANCE DU ROLE ACCORDE au travail mental, à la prise de conscience. Dans le concept chakra il faut donc inclure :

– le centre dans la stratification mentale (Manomaya Kosha)
– son point de contact avec Prânamaya Kosha
– son trajet dans les nâdis (principalement Ida et Pingala) puis des nâdis moins importants qui le conduisent à son aboutissement qui est...
– ...l'organe de résonance, ou les organes de résonance, le même chakra pouvant avoir plusieurs organes de résonance.

Ainsi Muladhara Chakra a son point de résonance terminal dans l'anus, son trajet prânique va vers le sacrum et de là le trajet corporel remonte vers l'encéphale et les centres de commande cérébraux. Lorsque le yogi fait Mula Bandha, il est conscient de son action et cette contraction est volontaire (elle a par conséquent une contrepartie dans le cerveau et le mental). Le simple fait de penser à Muladhara établit aussitôt un circuit énergétique entre l'extrémité actionnée (l'anus) et les centres de commande cérébraux. Le trajet exact est, du point de vue pratique, sans grande importance. Lorsqu'on compose un numéro de téléphone et que l'on nous répond au bout du fil, ce qui importe c'est la liaison. A part la Régie des téléphones, qui se préoccupe du trajet réel de la conversation le long des fils, à la centrale, etc.? De même dans la pratique de l'activation des chakras, c'est le pôle terminal et sa contrepartie consciente qui sont essentiels et le contact est automatiquement assuré dès que l'on s'y concentre ou qu'on y projette sa volonté.
Après avoir étudié les deux Chakras polaires (Muladhara et Sahasrara) et esquissé l'importance de Sushumna, le grand axe vital reliant ces deux pôles, nous pouvons aborder l'étude des autres chakras principaux. Combien y en a-t-il ? La majorité des ouvrages n'en mentionnent que six. Rendons un hommage mérité à Sir John Woodroffe (Arthur Avalon) et à son monumental ouvrage "La puissance du Serpent" qui en décrit six (tous les auteurs ont d'ailleurs adopté sa classification).
En réalité, comme nous l'avons vu, il y a des centaines, sinon des milliers de chakras. Déterminer quels sont les plus importants parmi ceux-ci est donc une question d'appréciation.
Les six chakras choisis par Arthur Avalon sont certainement les principaux, mais il est opportun d'y ajouter deux autres, rarement décrits, mais qui du point de vue pratique sont cependant importants car ils sont inclus dans les Chakras Kriyas, c'est-à-dire destinés à activer les chakras. Les deux chakras que nous ajoutons aux six décrits par Avalon sont Surya Chakra (le Chakra Solaire) et Chandra Chakra (Chakra Lunaire).

SVADISTHANA CHAKRA

Quelle est l'étymologie secrète de ce nom ? Sva signifie "ce qui lui est propre" (qui appartient à "soi") et Disthana veut dire

"siège". Svadisthana veut dire "son siège proprement dit". Le siège de qui ? De Kundalini ! Les deux chakras sont donc indissociablement liés et très proches l'un de l'autre. En agissant sur Muladhara Chakra, on agit en même temps sur Svadisthana. C'est d'ailleurs immédiatement au-dessus de Muladhara Chakra que se situe Svadisthana Chakra. Les textes les localisent légèrement au-dessus et en avant de Muladhara. Selon les sources les plus sérieuses qu'il nous a été donné de consulter (littéraires et directes) nous admettrons qu'il est situé pour l'homme à la racine du pénis (lingam), pour la femme soit à l'utérus, soit à la base du clitoris (homologue féminin du lingam).
Muladhara Chakra et Svadisthana Chakra sont aussi dominés tous deux par Apana Vayu, c'est-à-dire l'énergie excrétoire. C'est sans doute pourquoi certains auteurs les situent à la vésicule séminale. Le correspondant de Svadisthana Chakra se localiserait en fait dans la région lombaire, le véritable centre de commande. En effet, les organes pelviens sont certes régis par le parasympathique pelvien dont nous avons longuement parlé, mais aussi par des fibres originaires de la moelle lombaire. Lors de l'évacuation (selles, urine, éjaculation) c'est le parasympathique pelvien qui est en action. Mula Bandha agit exclusivement sur ces centres réflexes du sacrum. Lorsqu'on se retient d'aller à la selle ou d'uriner ou d'éjaculer, ce sont les centres réflexes de la moelle lombaire dorsale inférieure qui inhibent Apana Vayu.
Les fibres nerveuses émanant de ces centres se réunissent au ganglion mésentérique inférieur. Le contrôle de Muladhara et de Svadisthana Chakra assure à la fois la maîtrise des énergies d'excrétion et des réflexes sexuels ainsi que d'Apana Vayu.

MANIPURA CHAKRA

La Cité des Gemmes en traduction littérale ! Mani : le Joyau (souvenez-vous du fameux mantra bouddhique OM MANI PADME HUM : O le joyau dans le lotus). Puri signifie "ville, cité". Jaipur : la ville de Jai Singh, le Roi qui l'a créée. Udaipur, etc. Le nom indique l'importance de ce chakra, parfois appelé Nabhi Chakra, c'est-à-dire le Chakra de l'ombilic parce que c'est en se concentrant à l'ombilic que le yogi maîtrise ce chakra.

Patanjali a, dans ses aphorismes, écrit : "Nabhichakra Kayavyuha Jnanam" *"La concentration continue au nombril donne la connaissance du corps tout entier".*
Manipura Chakra est régi par Samana Vayu, le prâna de l'assimilation de la nourriture. La concentration et l'activation de ce chakra donne le contrôle de toute l'assimilation de la nourriture. Ce chakra contrôle donc l'estomac, le foie, l'intestin grêle. Son action s'arrête au côlon.
Wilhelm Reich a écrit : ("La fonction de l'orgasme", L'Arche-Paris 1952, p. 232)
"Il doit exister un centre végétatif d'où naît l'énergie bioélectrique (prâna) *et où elle retourne. La cavité abdominale, le siège attribué aux émotions, contient des générateurs d'énergie biologique* (chakras). *Ce sont de grands centres du système nerveux autonome, particulièrement le plexus solaire, le plexus hypogastrique et le plexus lombo-sacral ou pelvien. Un coup d'oeil sur le schéma du système neuro-végétatif montre que les ganglions végétatifs sont les plus denses dans les régions abdominales et génitales."* (Les parenthèses ont été ajoutées par nous, le lecteur s'en sera douté !)
Le "centre végétatif central" entrevu par Wilhelm Reich est-il autre-chose que le Manipura Chakra des yogis ?
Certains auteurs n'hésitent d'ailleurs pas à localiser Manipura Chakra dans le plexus solaire. Ont-ils tort ou raison ? Nous savons combien il est hasardeux d'établir une identité entre un chakra déterminé et une structure anatomique précise. La maîtrise de Nabhi Chakra ou de Manipura Chakra, comme vous voudrez l'appeler, s'obtient en se concentrant à la région du nombril. D'ailleurs, pendant les exercices de prânayâma avec rétention de souffle prolongée (à poumons pleins), lorsque l'adepte arrive au stade où elle cesse d'être tout à fait confortable, des contractions réflexes se manifestent dans la sangle abdominale et plus particulièrement dans la région ombilicale où se produisent des vibrations. Si l'on pousse la rétention encore plus loin, la contraction et les vibrations se propagent jusqu'à Svadisthana et Muladhara Chakra. C'est la limite extrême où l'adepte occidental peut se hasarder, et encore avec une lente progression et à condition de pratiquer régulièrement aussi bien le prânayâma que les âsanas. Et aussi à la condition d'être en parfaite forme physique.

SURYA CHAKRA et CHANDRA CHAKRA

Surya Chakra, c'est le Chakra Solaire (Surya : soleil en sanscrit). Moins important certes que Manipura dont il complète l'action, il est situé à droite, vers le foie, donc un peu au-dessus du nombril. Tout comme Nabhi Chakra, Surya Chakra est le siège de Samana Vayu, l'énergie assimilatrice de l'organisme.
Chandra Chakra est le chakra polaire de Surya Chakra comme son nom l'indique : Chandra signifie Lune en sanscrit. Il est symétrique à Surya Chakra par rapport au nombril, donc légèrement à gauche et au-dessus de l'ombilic. Leur action équilibrée et en corrélation avec Nabhi Chakra est indispensable à la parfaite régulation de Samana Vayu, l'énergie assimilatrice.

ANAHATA CHAKRA

Anahata Chakra est le chakra du coeur dont l'activation s'obtient par la prise de conscience et la concentration sur les pulsations cardiaques. Le coeur est considéré comme étant le siège de Jivatman, l'âme individuelle. Pour se désigner soi-même, on oriente l'index vers le coeur, non pas vers le cerveau ! Les yogis y situent donc le siège de notre personnalité, mais il ne faut pas prendre cette affirmation à la lettre. Ce n'est évidemment pas dans l'organe lui-même que se situe notre personnalité, notre âme individuelle, mais l'énergie qui fait battre le coeur qui est directement reliée à notre individualité. Sans doute est-ce parce que le coeur répond aussitôt à nos émotions par une modification de ses battements, que nous associons son action aux mouvements de notre psychisme ? C'est donc en méditant sur "cela" qui fait battre le coeur plus que sur le lambeau de chair appelé coeur que le yogi prend conscience de son Moi profond. La concentration sur le "coeur mystique" a d'ailleurs occupé une grande place dans les techniques mystiques de l'Occident chrétien. Le Christ est représenté avec un coeur rayonnant. Il est évident que les mystiques chrétiens non plus n'avaient pas en vue l'organe de chair mais bien son correspondant psychique.

VISHUDDHA CHAKRA

Ce chakra a son centre de résonance dans la gorge, plus particulièrement dans le pharynx, et aux cordes vocales. C'est en prenant conscience de cette région qu'on active le chakra, dont le centre plus profond est situé dans la colonne cervicale. Ce chakra contrôle "Udana Vayu" c'est-à-dire toutes les formes d'énergie psychophysique qui aboutissent à une expression. Lorsque l'homme exprime et manifeste sa pensée, c'est Udana Vayu qui est en action. Nous parlons par l'intermédiaire d'Udana-Vayu, dont la région n'est d'ailleurs pas limitée aux cordes vocales, mais à toute la zone incluant la gorge et la bouche ainsi que le visage. Toute la mimique dépend aussi d'Udana Vayu.
La respiration en Ujjayi constitue un moyen de contrôle efficace de ce Chakra.

AJNA CHAKRA

Ajna Chakra se localise entre les sourcils, au milieu du front. En voyant des représentations de ce chakra, bon nombre d'adeptes occidentaux l'imaginent quelque part sur le front. En fait, le centre d'activation correspondant à ce chakra se localise dans le cerveau, en un point situé entre les sourcils mais DERRIERE l'os frontal. Si l'on réussit bien la concentration sur Sahasrara, on n'éprouve aucune difficulté à percevoir les battements aussi bien en Ajna Chakra qu'en Sahasrara. Il est bon de révulser les yeux et de les orienter vers ce point imaginaire situé entre les sourcils. Cette position des yeux doit d'ailleurs être conservée pendant toute la durée des exercices de Laya Yoga ou de Kriya yoga dont nous parlerons bientôt.
Certains auteurs n'hésitent pas à identifier ce chakra avec l'épiphyse, nom moderne de la fameuse "glande pinéale" considérée pendant longtemps comme étant le siège de l'âme. Cette minuscule glande, qui ne mesure que 8 mm de long, est bien mystérieuse et même aujourd'hui ses fonctions ne sont pas connues. Certains auteurs n'hésitent pas non plus à l'identifier avec le fameux "troisième oeil". Heureusement ces considérations ont plus d'intérêt académique que pratique ! Aussi nous garderons-nous de nous fourvoyer dans ce dédale !

L'importance pour nous sera de noter qu'Ajna Chakra est un carrefour essentiel au point de vue prânique. Sushumna, nous le savons, lui envoie l'une de ses branches terminales. Ida et Pingala prennent leur origine dans les narines, mais remontent tout droit vers Ajna Chakra. Ce carrefour est donc l'un des plus importants après Muladhara Chakra.

Ajna Chakra est parfois appelée "Siva Netra" c'est-à-dire l'oeil de Siva ou Jnana Netra, l'oeil de la sagesse. L'activation d'Ajna Chakra a la réputation d'éveiller l'intuition. Nous croyons que la concentration sur ce centre et l'activation qui en résulte peut effectivement développer l'intuition, parce que ce centre est celui de l'intégration de l'activité cérébrale totale, et pas seulement du cortex, siège de l'intellect.

Ajna Chakra ouvre aussi l'accès à Sahasrara Chakra. Tous les deux fonctionnent de pair et leur activation repose sur les mêmes principes : rendre conscientes les pulsations du sang dans diverses parties du cerveau, ce qui y augmente la vascularisation (pour rester dans le domaine des explications physiologiques) et favorise l'exercice des facultés qui s'y rapportent.

SAHASRARA CHAKRA

Habituellement Sahasrara est décrit après Ajna Chakra. Nous ne le citons plus que pour mémoire, l'ayant traité dès le début en sa qualité de Chakra polaire de Muladhara Chakra.

l'éveil des chakras 41

Dans notre description des chakras, nous nous en sommes tenus à l'essentiel et ce chapitre devrait pratiquement être connu sur le bout des doigts. Nous ne nous sommes pas attardés à détailler le nombre de pétales, les couleurs, les "divinités" des chakras, etc., ce travail ayant été fait in extenso, et mieux que nous ne pourrions le faire, par Avalon et d'autres. Nous en sommes restés aux notions pratiques indispensables à l'application des techniques d'éveil ou d'activation consciente des chakras.

PRELIMINAIRES

Afin de se prémunir contre tous dangers, que nous comparons à des courts circuits prâniques, avant toute activation des chakras, il faut d'abord pratiquer les âsanas, puis le prânayâma du programme de chaque adepte. Ensuite seulement passer à l'activation des chakras. Les âsanas rendent le corps dense perméable au prâna. Le prânayâma fait le plein d'énergie et complète l'action des âsanas. Alors les exercices se font sans danger.

EN QUOI CONSISTE CETTE PRATIQUE ?

L'adepte, assis obligatoirement en Lotus ou en Siddhâsana, le dos de la main appuyé contre le genou, en Jnana Mudra, va ramener progressivement l'énergie du pôle de l'espèce au pôle de l'individu en passant par tous les centres d'énergie rencontrés. Dans la technique indiquée ci-après, la concentration a lieu, non dans le centre correspondant de Sushumna, mais sur les organes résonateurs de ces chakras. Il est infiniment plus facile de prendre conscience des organes résonateurs des chakras que des centres dans la colonne vertébrale ou dans la Manomaya Kosha. Le prânayâma de base pour l'activation des chakras tel qu'il est décrit dans le présent exercice, qui fut longtemps le secret jalousement gardé de rares initiés, est le prânayâma carré. Il a l'avantage de prémunir l'adepte contre toute exagération dans les rétentions du souffle et d'équilibrer parfaitement Prâna et Apana, ce qui est essentiel dans ces exercices. Par conséquent, il ne faut entamer la pratique de l'activation des chakras qu'après avoir parfaitement maîtrisé la technique du prânayâma carré (cf. pp. 173). Il est important que pendant toute la durée de l'exercice le OM soit répété sur le rythme des battements du coeur. Le OM sert ainsi de métronome à toute cette pratique.

EVEIL DE MULADHARA CHAKRA

L'adepte fait Mula Bandha et prend conscience de l'énergie Apana, c'est-à-dire pense à la fonction évacuatrice de l'organisme qui siège au Muladhara. Il évoque aussi, en se concentrant toujours en Muladhara et en Mula Bandha, le dynamisme de l'espèce qui se manifeste sous la forme de la sexualité. Il peut évoquer cette puissance qui, au cours des millions d'années, a réuni les innombrables couples qui ont transmis la vie jusqu'à nous, sans aucune interruption. Ce qui importe c'est de percevoir cette puissance comme impersonnelle, comme située au-delà des individus. Pour l'individu il était – évidemment ! – important que SON père rencontrât SA mère. Pour l'espèce, c'est un détail très secondaire !

Par l'attrait sexuel, l'espèce poursuit son oeuvre et assure sa perpétuation.

Dans Mula Bandha, ne pas perdre de vue la contraction du sphincter interne en plus du sphincter externe.

Pendant tout l'exercice, le regard est orienté vers Ajna Chakra et le souffle est régulier. L'intériorisation en prânayâma carré se poursuit pendant 1 minute au minimum.

Le simple fait de penser à Muladhara Chakra établit déjà une liaison directe entre les centres de conscience du Sahasrara Chakra, le cerveau, et le Chakra-Racine. Mula Bandha et Asvini Mudra renforcent cette liaison et intensifient ce courant. Les exercices de Kriya Yoga atteignent cet objectif d'une façon très intense. Mais, grâce aux techniques yogiques, un processus très particulier se déroule dans l'organisme de l'adepte.

Vous vous souvenez qu'Apana Vayu est cette forme particularisée du prâna qui se manifeste dans le corps humain en tant qu'énergie d'excrétion. Apana se dirige généralement vers l'extérieur, pour rejeter les impuretés du corps, et pratiquement toujours vers le bas (miction, défécation, éjaculation, menstruation,accouchement). Il y a deux exceptions: la transpiration et l'expiration. L'inspiration est exécutée par Prâna Vayu, l'expiration dépend d'Apana Vayu. En bloquant le souffle, on contrôle à la fois Prâna Vayu et Apana Vayu, à condition de pratiquer en même temps Mula Bandha.

Après un certain temps de pratique de ce prânayâma (rétention du souffle avec Jalandhara et Mula Bandha conjoints). Apana Vayu est stimulé au Muladhara Chakra et y crée un fort courant prânique qui se manifeste parfois sous la forme d'une vibration. Cette vibration devient nettement perceptible pendant les rétentions de souffle un peu prolongées. Le courant énergétique engendré à cet endroit a automatiquement tendance à monter le long de Sushumna en direction de Sahasrara Chakra, rencontrant au passage les divers chakras intermédiaires.

Ce processus doit être guidé consciemment par le yogi et cette ascension facilitée et accélérée par des exercices appropriés. Cette montée du prâna s'appelle "Prânuttana". Les traités traditionnels décrivent les sensations que produit cette ascension. Elle est décrite comme ressemblant à un fourmillement qui se propagerait le long de la colonne vertébrale. Ou à la montée d'une vapeur chaude dans la colonne. Cette sensation est le stade tout-à-fait élémentaire et initial de l'éveil des chakras. Cet éveil se manifeste par la création de véritables centres de conscience tout au long de la colonne vertébrale,notamment par la perception de lumières à certains niveaux.

Prânuttana se poursuit par la concentration mentale sur les chakras successifs, de la façon détaillée ci-après.

SCHEMA DE L'ACTIVATION DES CHAKRAS

CHAKRA ACTIVÉ	BANDHA	TYPE DE PRANAYAMA	ORGANE RESONNATEUR (objet de la concentration mentale)
↑ **POLE DE L'INDIVIDU** SAHASRARA CHAKRA		Pran. carré ↑	Percevoir les pulsations du sang dans le cerveau, vers le sommet du crâne. Y attirer mentalement toutes les énergies du corps. ↑
↑ AJNA CHAKRA		Pran. carré ↑	Dans le cerveau, derrière l'os frontal, sentir les pulsations au milieu du front. ↑
↑ VISHUDDHA CHAKRA		Pran. carré ↑	S'intérioriser dans la gorge (langue, glotte, cordes vocales). Imaginer le OM pendant le prânayâma carré. ↑
↑ ANAHATA ANAHATA CHAKRA	Jalandhara Bandha	Pran. carré ↑	S'intérioriser dans la région du cœur. Percevoir les battements du cœur. Penser à la circulation du sang dans tout le corps. ↑
↑ CHANDRA CHAKRA	Jalandhara Bandha	Pran. carré ↑	S'intérioriser au-dessus et à gauche de l'ombilic (région de la rate et du pancréas). Penser à l'énergie d'assimilation. ↑
↑ SURYA CHAKRA	Jalandhara Bandha	Pran. carré ↑	S'intérioriser au-dessus et à droite de l'ombilic (région du foie). Penser à l'énergie d'assimilation. ↑
↑ NABHI ou MANIPURA CHAKRA	Jalandhara Bandha	Pran. carré ↑	S'intérioriser dans la région ombilicale. Si possible y percevoir les pulsations du sang. Penser à l'énergie d'assimilation. ↑
↑ SVADISTHANA CHAKRA	Jalandhara Bandha + Asvini Mudra	Pran. carré ↑	Pendant la contraction du périnée, s'intérioriser dans les sensations perçues au niveau de la racine du pénis ou du clitoris. Penser au dynamisme sexuel. ↑
↑ MULADHARA CHAKRA **POLE DE L'ESPECE**	Jalandhara Bandha + Mula Bandha	Pran. carré ↑	S'intérioriser dans la zone activée par la contraction des 2 sphincters de l'anus et du périnée. Penser au dynamisme de l'Espèce enclavé en nous. ↑

L'activation se fait donc de bas en haut, à partir du Pôle "Espèce", au sacrum, vers le Pôle "Individu", au cerveau.

Que les concentrations sur les deux chakras de base n'effraie pas ceux (religieux et religieuses) qui ont fait vœu de chasteté. Dans leur cas, cet exercice leur permet une sublimation plus totale et plus facile des énergies de ces centres en le ramenant au centre de l'Individu, dans le Sahasrara Chakra.

SVADISHANA CHAKRA

L'adepte ne modifie rien à sa position ni à son souffle, donc toujours en prânayâma carré. Il cesse Mula Bandha et passe à Asvini Mudra accompagné de la contraction du périnée et de la racine du pénis pour l'homme, du clitoris pour la femme. Il suffit de demeurer parfaitement conscient de ces mouvements pendant une minute environ avant de passer au chakra suivant.

NABHI (ou Manipura Chakra)

Relaxation du sphincter anal. Pendant toute la durée de cette phase, s'intérioriser à l'ombilic, y percevoir les pulsations sanguines (aorte abdominale) avec, éventuellement, une contraction de la sangle abdominale vers la fin de la rétention. Essayez de faire pénétrer la perception mentale, dans la partie de l'abdomen centrée autour de l'ombilic et percevez-y l'énergie d'assimilation qui transforme les aliments en votre propre substance.

SURYA ET CHANDRA CHAKRAS

Même technique et mêmes recommandations que ci-dessus, mais en déplaçant la conscience vers la droite et le haut du nombril, donc vers le foie. Ensuite, idem à gauche, vers le pancréas et la rate.

ANAHATA CHAKRA

L'adepte continue le prânayâma carré. L'essentiel ici est de percevoir les battements du coeur. Ces pulsations doivent être lentes et puissantes. Si les pulsations deviennent superficielles et si le coeur s'emballe, c'est l'indice que les rétentions sont trop longues ou ne conviennent pas à l'adepte. Il faut finalement sentir les pulsations ébranler tout le corps, sans cesser de percevoir le centre des battements, c'est-à-dire la région du coeur.

VISHUDDHA CHAKRA

Prânayâma carré sans Bandhas. Prendre conscience de toute la région de la gorge. Imaginer le OM silencieux, mais sentir les cordes vocales esquisser le mouvement comme si l'on chantait réellement le OM. Respirer lentement et consciemment en s'intériorisant toujours dans la gorge, à la glotte notamment. Prendre aussi conscience de la langue, spécialement de sa racine. de la langue.

AJNA CHAKRA

Prânayâma carré sans bandhas. Les yeux sont orientés durant tout l'exercice vers Ajna, mais la perception de cette convergence était assez confuse pendant la concentration sur les centres inférieurs. Maintenant il s'agit de percevoir les battements, les pulsations derrière l'os frontal, au milieu du front, dans la tête. S'y concentrer le plus longtemps possible.
Etre bien conscient du passage de l'air dans les narines. Imaginer qu'on absorbe de l'énergie dans les narines (Ida et Pingala) et diriger cette énergie vers le centre des battements en Ajna Chakra.

SAHASRARA CHAKRA

Nous voici arrivés au pôle individuel. La technique est la même que pour Ajna Chakra, mais il faut sentir que toutes les énergies du corps aboutissent au lieu de perception des pulsations du sang au milieu de la tête, et sentir que, de là, elles irradient dans tout l'organisme.
Imaginer la tête remplie de lumière et de chaleur. Imaginer aussi le OM, OM, OM, sur le rythme des battements du sang. Sentir l'unité de la conscience et du corps tout entier. Ressentir une joie à cette perception. L'adepte peut alors recommencer l'exercice à partir de Muladhara Chakra ou l'interrompre.

AUTRES INDICATIONS

La condition primordiale de cet exercice est la prise de conscience des diverses parties du corps, l'intériorisation dans les organes qui servent de projection au chakra concerné. Automatiquement le centre ou chakra réel se trouve activé et cela en liaison avec Sahasrara, dans Sushumna. Après une pratique persévérante, les perceptions y deviennent de plus en plus précises et nettes. La réaction sur le centre subtil peut créer des couleurs, sans que cela soit indispensable à la réussite de l'exercice. Il s'agit d'une simple éventualité. Pour éviter tout effet de suggestion, nous ne citons pas la ou les couleurs perçues. Elles n'ont d'ailleurs aucune importance en elles-mêmes. Par cet exercice, Manomaya Kosha et Vijnanamaya Kosha sont contrôlées en même temps que Prânamaya Kosha. C'est ici le point de fusion entre le yoga prétenduement "corporel" et le yoga prétenduement "mental" ou Raja Yoga, les deux étant indissociables. Le prânayâma permet ici d'intégrer 4 plans d'existence. A mesure que l'adepte se perfectionne, cet exercice de méditation sur les chakras et leur éveil (ou prise de conscience) le remplit de joie. Ainsi Anandamaya Kosha pénètre peu à peu toutes les autres koshas. Cette joie est à la fois récompense et la preuve d'une pratique correcte et bénéfique. Elle donne à l'adepte une santé dynamique, une sérénité qui le met à l'abri des turbulences et des inévitables tribulations de la vie.

DUREE DE L'EXERCICE

Un prânayâma carré de durée très moyenne s'étend sur une demi minute au moins. A raison de 9 chakras, cela fait près de 5 minutes. Il faut un minimum de 3 parcours complets, ce qui représente au moins un quart d'heure de pratique. En fait il faudrait doubler ce temps pour un adepte occidental sérieux. En Inde, le même exercice peut occuper jusqu'à deux heures ! ... En-dessous d'une demi-heure, cet exercice peut être pratiqué sans restriction par tout Occidental de bon sens et de santé normale. Il est évident que, pratiqué pendant une heure d'affilée, il peut produire des réactions physiques ou psychiques particulières à chaque adepte. C'est alors que la présence d'un guide qualifié est indispensable. Toutefois, même en Occident, si la pratique est vraiment régulière et quotidienne et la progression lente, l'auto-observation permet à l'adepte de sentir jusqu'où il peut aller.

pranuttana 42
l'ascension du prâna

Il existe une grande variété d'exercices tantriques (et autres) pour l'activation des chakras. Souvent ils sont très complexes, requièrent beaucoup de temps et la surveillance d'un guide qualifié pour les adapter à chaque adepte.
La technique indiquée ci-après a plusieurs mérites :
– d'abord celui d'être dégagé de toute représentation hindouiste ou autre
– ensuite d'être praticable sans danger par l'Occidental
– enfin de ne pas exiger trop de temps.
Elle est cependant authentique et classique.
Tout comme dans le cas des postures, ce ne sont pas nécessairement les poses acrobatiques qui sont les plus efficaces ! Avec des âsanas simples il est possible de se constituer une séance parfaitement équilibrée et adaptée aux besoins de l'Occident. A propos des Kriyas, il est inutile de se lancer dans cette voie si l'on ne pratique pas régulièrement les exercices de prânayâma décrits précédemment et en particulier ceux destiné à purifier les nâdis (respiration alternée et rythmée).
Il est indispensable de pratiquer Pranuttana en Lotus ou en Siddhasana. Les autres positions ne conviennent pas.

PREMIERE PARTIE

Préparation, intériorisation :
Respirer calmement par les deux narines et se concentrer sur le

passage de l'air dans le nez en imaginant qu'une vapeur chaude sort du nez pendant l'expiration prolongée.
Pendant l'inspiration, imaginez que l'air lumineux entre en vous et que cette lumière est du prâna : vous ne serez d'ailleurs pas loin de la vérité scientifique, la lumière étant une des formes d'énergie qui imprègnent l'air.

PRANUTTANA

La montée du prâna s'effectue particulièrement pendant l'expiration. Intériorisez-vous à Muladhara Chakra et imaginez une chaleur au sacrum. Faites Mula Bandha. Pendant l'expiration, imaginez que l'énergie remonte dans votre colonne vertébrale comme une sève chaude, et amenez-la jusqu'à Sahasrara. Pendant toute l'expiration, imaginez le OM (un seul et long OM). Le mental doit s'absorber entièrement dans ce prânayâma. Pendant l'inspiration, concentrez-vous sur le OM. Laissez l'air inspiré pénétrer en vous et guidez d'abord le prâna vers Sahasrara, puis dirigez-le vers Muladhara. Pas de rétention de souffle. Proportion entre l'inspir et l'expir : au choix; équilibrer l'inspir et l'expir ou faire durer l'expiration deux fois le temps de l'inspiration, ce qui est préférable à condition de ne pas causer de fatigue. On peut relâcher Mula Bandha pendant l'inspiration si c'est trop fatigant durant tout l'exercice. Poursuivre la pratique pendant 5 minutes au moins afin que votre mental s'absorbe entièrement dans l'acte respiratoire, et de manière à ce que vous perceviez réellement une chaleur tout au long de la colonne vertébrale.
L'image mentale aide beaucoup à la création réelle de cette chaleur. Les yogis s'imaginent qu'une braise ou un feu couve au bas de la colonne vertébrale, dans le triangle, et est activé comme par un soufflet pendant l'inspiration.
Ainsi le yogi conduit le prâna à travers Sushumna et lui fait traverser tous les chakras. Une pratique longue et persévérante est requise pour parvenir à ces résultats. Le but final est la maîtrise complète du prâna dans le corps, et par l'intermédiaire des chakras, la maîtrise de Manomaya Kosha, l'activité mentale. Alors le but du prânayâma est en vue, puisqu'il constitue l'une des étapes indispensables pour l'accession de l'adepte aux régions les plus subtiles de son être profond. Ainsi le prânayâma

jette les bases solides d'une intégration totale de toutes les Koshas et de leur activité. Quoi qu'il en soit, et même sans l'éveil des chakras, cet exercice donne à l'adepte une vitalité accrue, un dynamisme psychophysique intensifié et utilisable à son gré. Il lui procure un apaisement des nerfs et une sérénité nouvelle. De plus, il contribue à l'acquisition de la concentration.

pratique progressive

Vous voilà nanti d'une ample provision de techniques; en fait, de tout ce qu'il est possible de diffuser par écrit sans vous faire courir de danger.
Comment utiliser ces techniques d'une manière progressive et coordonnée ?
Cela ne présentera pas de problème si vous suivez ces indications :
1) Respectez les règles éthiques et diététiques de la vie saine.
2) Pratiquez avec régularité les autres techniques du hatha-yoga, notamment la séance quotidienne d'âsanas, sans omettre les Salutations au Soleil. Elles constituent la meilleure préparation au prânayâma et votre meilleure sauvegarde contre tous les risques éventuels de cette pratique. Les âsanas rendent le corps perméable aux forces prâniques, favorisent l'absorption et la répartition correcte du prâna dans le corps. Les âsanas rendent l'adepte capable de demeurer immobile, longtemps, sans effort dans une âsana convenant à la séance de prânayâma.
3) Appliquez le contrôle conscient du prâna à la pratique de vos âsanas. Pour cela, respirez toujours en vous intériorisant dans le souffle et dans les parties du corps tout particulièrement intéressées par l'âsana. Equilibrez prâna et apâna pendant toute votre séance d'âsanas en veillant à égaliser rigoureusement la durée de l'inspiration et celle de l'expiration. Faites Ujjayi (blocage partiel de la glotte) pendant toute la durée de votre séance d'âsanas.
4) Lorsque vous éprouverez les merveilleux effets du prânayâma

sur votre corps et dans votre psychisme, vous pourrez être tenté de considérer les âsanas comme accessoires et ne plus les pratiquer que "pour entretenir la souplesse du corps", voire même les négliger complètement. Cela constituerait une erreur grave et indiquerait un manque total de compréhension du prânayâma et de ses applications au yoga à tous ses stades, corporels et psychiques. En Inde, loin d'autoriser leurs élèves à réduire les âsanas lorsqu'ils passent au stade du prânayâma, les Maîtres, au contraire, en font intensifier la pratique.

5) Progressez avec lenteur dans les techniques du prânayâma, notamment dans les exercices comportant des rétentions de souffle. Lorsque vous les aborderez, ayez la sagesse de respecter strictement toutes les indications, notamment la lente gradation des temps de rétention.

6) L'élément ESSENTIEL du prânayâma est la concentration de la pensée dans les exercices. PAS de prânayâma concevable sans CONCENTRATION. Le prânayâma appartient encore au hatha-yoga tout en faisant déjà partie du raja-yoga, le yoga du contrôle mental.

7) Le passage à une étape plus avancée peut s'effectuer lorsque les poumons et le corps se sentent parfaitement à l'aise dans les exercices précédents, et aussi quand le mental accepte de se concentrer sur le souffle avec un minimum de distractions.

8) Acceptez cependant les distractions comme inévitables, mais lorsqu'elles se produisent, ramenez aussitôt la pensée à l'exercice. Seule une longue pratique permet d'absorber entièrement le mental dans le prânayâma autant que dans les âsanas.

9) Etablissez votre programme de pratique progressive (voir ci-dessous quelques suggestions) sans cependant vous fixer de délais pour le passage aux étapes successives.

10) Plus qu'ailleurs, dans le prânayâma c'est la pratique quotidienne qui constitue le gage du succès et la protection contre les éventuels dangers. S'il vous arrive d'être vraiment empêché, ne laissez cependant pas la journée s'écouler sans respirations yogiques complètes et sans prendre conscience de votre souffle de temps à autre.

PROGRAMMES SUGGERES

Les programmes ci-dessous conviennent à la majorité des occidentaux.

Avant chaque session, remplir les conditions suivantes :
– Libérez d'abord la vessie et aussi, si possible, l'intestin.
– Nettoyez le nez par la pratique de neti, en séchant les narines avec soin.
– Si une des narines demeure bouchée malgré neti, appliquez l'un des procédés de "débouchage" décrits dans cet ouvrage (cf. p. 96).
– Pratiquez en plein air si c'est possible, ou au moins dans une pièce bien aérée, chauffée en hiver.
– Sauf lorsqu'il est stipulé le contraire dans la technique de l'exercice (Sitali et Sitkari notamment), respirez toujours par le nez, tant à l'inspiration qu'à l'expiration.
– Immobilisez la langue à la naissance de la gencive des incisives supérieures, ou repliez-la contre le voile du palais. Avalez la salive si c'est nécessaire.
– Pratiquez avec les yeux clos, ou presque clos si votre regard est orienté vers le bout du nez (tratak).
– Prenez votre posture avec soin, veillez à ce que la colonne vertébrale soit correctement placée. Relaxez le visage, les épaules, les bras, les avant-bras, les mains autant que possible pendant la pratique de l'exercice considéré.
– Le nez n'est pas une pompe aspirante. Le seul bruit que l'on peut entendre est celui qui se produit en freinant l'air à la glotte et non la friction de l'air dans le nez. Les ailes du nez doivent être placées de manière à permettre une aspiration correcte.
Ces conditions préalables sont valables pour toutes les étapes du prânayâma.

PREMIER STADE

1) Avant tout prânayâma, l'essentiel est la PRISE DE CONSCIENCE de l'acte respiratoire, accompagné du raccourcissement et du ralentissement du souffle (cf. pp. 80 et suiv.). Pratiquez cette prise de conscience 2 à 5 minutes environ selon le temps disponible. Ne faites pas de trop longues séances au début.
2) Après la prise de conscience vient nécessairement la purification des nâdis par la pratique de NADI SODHANA (pp. 80 et suiv.) qui est donc la respiration alternée sans rétention du souffle. Consacrez le même temps à Nâdi Sodhana qu'à la prise de conscience. Pratiquez toujours avec la sangle contrôlée (pp. 94 et suiv.).

3) Dès le début, si vous disposez d'assez de temps, vous pouvez pratiquer PRANA MUDRA (pp. 134 et suiv.).
4) Dès le début aussi, vous pouvez pratiquer la RECHARGE PRANIQUE (cf. p. 168), soit à vos moments "perdus" (ou gagnés ?). La recharge prânique peut s'effectuer au lit éventuellement, si vous n'avez pas d'autre moment libre.
A la fin de chaque séance de prânayâma, se relaxer de 1 à 3 minutes (ou plus si possible), toujours selon le temps disponible.

DEUXIEME STADE

Dès que les conditions préalables sont remplies, entamez votre séance par une prise de conscience (1° ci-dessus), et par Nâdi Sodhana (2° ci-dessus) pendant deux à cinq minutes au total. Lorsque vous sentez que vous êtes bien concentré, transformez Nâdi Sodhana en Anuloma Viloma, c'est-à-dire en y introduisant une rétention de souffle qu'il n'est pas nécessaire de mesurer. Consacrez au moins 5 minutes à Anuloma Viloma. Pendant ces rétentions (faut-il le dire ?), respectez strictement les règles de Kumbhaka (cf. p. 115). Dès que la rétention dépasse 10 secondes, Jalandhara Bandha est obligatoire (cf. pp. 180 et suiv.). Jalandhara Bandha et Anuloma Viloma vous permettront d'entraîner progressivement vos poumons à la rétention du souffle, et ce en toute sécurité.
Sans modifier votre séance, vous pouvez progressivement introduire le RYTHME dans votre pratique, disons après deux ou trois semaines supplémentaires (cf. p. 122).
Vous pouvez ajouter à votre pratique le PRANAYAMA CARRE.
Faites encore la recharge prânique, éventuellement en dehors de votre séance, ainsi que Prâna Mudra.
Ce programme peut être réparti sur deux séances quotidiennes de 10 à 15 minutes chacune.

TROISIEME STADE

A ce niveau, il faut au moins deux séances de prânayâma par jour. Une séance le matin ou, à défaut, le midi avant le repas et une seconde avant le repas du soir. Maintenant les séances peuvent débuter d'emblée par Anuloma Viloma. Ensuite, le Prânayâma Carré pendant 5 minutes environ.

Il faut maintenant ajouter KAPALABHATI à votre pratique. Lisez attentivement les indications données dans le chapitre consacré à cet exercice (cf. pp. 201 et suiv.). Pratiquez assez lentement au début. Ne visez pas la vitesse dès le départ, laissez celle-ci se développer toute seule avec la pratique. Lorsqu'elle sera acquise, ne laissez cependant pas la vitesse dépasser 120 expulsions/minute. Pratiquez pendant cinq minutes au total, temps de repos inclus. En effet, Kapâlabhâti fatigue assez rapidement les muscles de la sangle abdominale, fatigue qui est d'ailleurs une sauvegarde contre l'excès de zèle des néophytes. Il est entendu qu'il s'agit de Kapâlabhâti formule I, donc sans respiration alternée.
Après une pratique raisonnable de Kapâlabhâti I (deux ou trois semaines), vous pouvez passer à Kapâlabhâti formule II (cf. p. 208) en respiration alternée. PRANA MUDRA clôturera la séance.

QUATRIEME ETAPE

Deux séances par jour.
Elles peuvent être structurées comme l'étape précédente.
Kapâlabhâti sera exécuté pendant deux minutes p. ex., avec les deux narines ouvertes. Après un temps de repos – sans quitter l'âsana – occupé par des respirations yogiques complètes avec sangle contrôlée, faites Kapâlabhâti avec respiration alternée. Nouveau repos, puis exercez-vous à Bhastrika. A part cela conservez les exercices de la 3e étape.

CINQUIEME ETAPE

Trois séances par jour.
Kapâlabhâti pendant deux minutes (en resp. alternée).
Bhastrika pendant trois minutes. Puis Surya Bedha Kumbhaka. Anuloma Viloma avec rétentions prolongées. Pratiquer Asvini Mudra aux moments perdus, Mula Bandha et Ujjayi.

SIXIEME ETAPE

Trois séances par jour.
Les deux premières : programme comme ci-dessus. Puis ajouter

les Bandhas à la pratique du prânayâma et des âsanas.
Pendant la troisième séance, occuper 1/3 du temps disponible aux exercices ci-dessus. Les 2/3 restants seront consacrés à l'activation des chakras, qui couronnent la pratique du prânayama (cf. pp. 296 et suiv.).
Ceci constitue la limite de ce qui peut être pratiqué en Occident (et même ailleurs) sans guide qualifié.
Ces programmes ne sont que des suggestions, non un cadre rigide. La durée de chaque séance et le passage à l'étape suivante sont laissés à l'appréciation de l'adepte. Les réactions de son organisme et de son mental le guideront et avec l'aide de son fidèle guru, le bon sens et la mesure, l'adepte connaîtra le succès dans sa pratique.

NE FAITES PAS ...

Evitez les erreurs suivantes :
1) Ne pratiquez jamais pendant la phase initiale de la digestion. Si les exercices de prânayâma modérés peuvent être exécutés lorsque la digestion est raisonnablement avancée (une ou deux heures après manger), les exercices avec rétentions prolongées peuvent se faire au plus tôt trois heures après un repas.
2) Commencez toujours par nettoyer les narines (neti et Kapalabhâti s'en chargeront).
3) Ne travaillez jamais avec la colonne vertébrale affaissée; elle DOIT être bien verticale.
4) Ne parlez pas à tout venant de votre pratique.
5) Ne modifiez pas constamment votre programme. Adoptez une routine et laissez votre corps et vos poumons s'y adapter.
6) Ne brûlez pas les étapes, la hâte ne paie pas en yoga.
7) Ne pratiquez pas au hasard de votre impulsion quotidienne; respectez votre programme.
8) Ne soyez pas trop timoré; en respectant les règles, les exercices décrits dans ce livre sont sans danger.
9) Si malgré tout il y a eu une interruption dans votre pratique, ne reprenez pas aussitôt l'entraînement où vous l'aviez interrompu. Parcourez à nouveau – plus rapidement bien sûr – les étapes successives.
10) N'allez jamais jusqu'à la fatigue. Dès qu'elle se manifeste, interrompez l'exercice et faites Shavâsana.

TABLE DES MATIERES

Du même auteur, disponible chez Flammarion

"JE PERFECTIONNE MON YOGA..."

Perfectionner le yoga ne consiste pas à le compliquer, mais à le rendre plus efficace. L'ouvrage révèle les techniques secrètes de Kaya Kalpa, la méthode yogique de réjuvénation du corps. Inconnus en Occident, d'une extraordinaire efficacité, ces procédés millénaires sont à la portée de chaque adepte, même débutant : ils ne sont ni difficiles ni dangereux. Le yoga considère le sommeil profond, réparateur, à la fois comme l'indice et comme l'une des bases de la santé parfaite. Le livre expose les procédés éprouvés pour acquérir ce sommeil idéal et pour se libérer des somnifères. De nombreuses âsanas, dont certaines peu connues, sont étudiées en détail avec leurs effets et leurs contre-indications. Elles intéressent tout autant le néophyte que l'adepte plus avancé. Le volume renferme des exercices de concentration mentale et aborde la méditation, source de joie et de sérénité.

Si votre libraire ne l'a pas en magasin, il peut vous le commander: Il est TOUJOURS disponible chez FLAMMARION.

TABLE DES MATIERES *(l'ouvrage comporte 332 pages)*

Techniques de Rajeunissement et de Purification

Respiration et Relaxation

Attention au stress
La respiration relaxante
Relaxation rapide avec prise de conscience
Dormir !
Enfin dormir sans drogues
Se rendormir !

Les Postures

Comment perfectionner vos âsanas.

Trikonâsana – *le Triangle*
Urdhva Paschimottanâsana – *la Pince en équilibre*
Kurmâsana – *la Tortue*
Eka Pada Shirsâsana – *le "Pied solitaire"*
Sarpâsana – *le Serpent*
Bhujangendrâsana – *le Serpent-Roi*
Uttytha Dhanurâsana – *l'Arc en élévation*
Dhrityâsana – *la Fermeté*
Mareechyâsana I et II
Je perfectionne ... Ardha-Matsyendrâsana
Kakâsana – *le Corbeau*
Mayurâsana – *le Paon*
Lolâsana – *le Crabe*

Postures assises

Vajrâsana – *le Diamant*
Sidhâsana – *la posture Parfaite*
Padmâsana – *le Lotus*
Yoga Mudra – *le Sceau du Yoga*

Yoga Mental

Concentration

Introduction au

Raja Yoga, les techniques de la Sérénité

«MA SÉANCE DE YOGA»

Tandis que *J'apprends le Yoga* se borne délibérément à la description détaillée d'un nombre limité d'âsanas, *Ma séance de Yoga* toujours aussi clair, précis et pratique, apporte une variété d'âsanas et de techniques yogiques à l'usage du néophyte ou de l'adepte plus avancé.

L'ouvrage inclut des indications fondamentales pour la pratique du yoga en général.

Le livre comprend aussi des schémas de séances de yoga à l'intention des pratiquants, débutants ou adeptes expérimentés.

«Ma séance de yoga», quatrième livre signé Van Lysebeth, consacré à la pratique posturale, se divise en trois parties bien distinctes :

1) les conditions d'exécution des âsanas

S'il est bien vrai que les postures ne sont pas tout le yoga, elles n'en constituent pas moins une partie importante, originale, et sans les postures, le yoga perdrait une bonne partie de son efficacité. Toutefois, en Occident, leurs dimensions subtiles sont ignorées ou négligées et les âsanas trop souvent ramenées à une exécution assez mécanique. Le premier quart de l'ouvrage est consacré à cette mise au point.

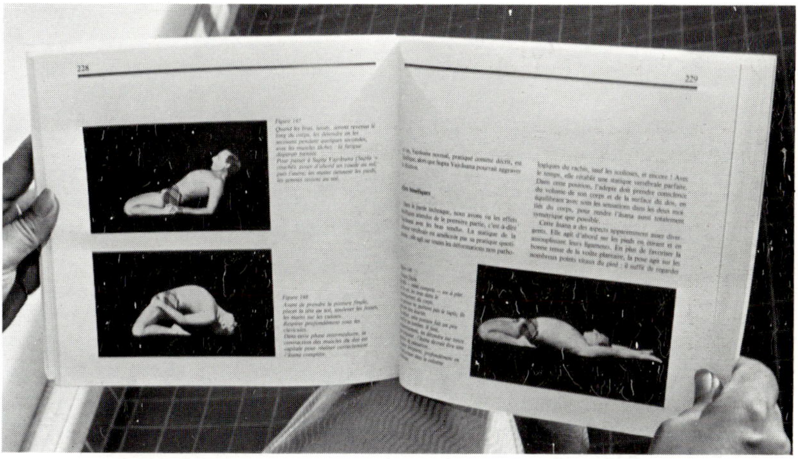

2) la pratique posturale

La partie la plus importante du livre est consacrée à la description détaillée de près de cinquante âsanas et exercices divers, à la fois par le texte et par l'image. L'ouvrage comporte près de 200 photos relatives aux postures ! Il constitue un guide indispensable à tout adepte occidental du yoga.

3) «Composer sa séance»

Après avoir rassemblé cette documentation, l'auteur s'est mis à la place du lecteur : «Fort bien toutes ces techniques, mais me voilà sur mon tapis de yoga, que dois-je pratiquer et dans quel ordre ?». Pour l'y aider, le livre lui propose une série de séances-type : une séance anti-lombalgies, une anti-stress, trois préparations-types. Puis des séries destinées aux adeptes de tous les niveaux : série légère courte, une autre plus complète; une série moyenne équilibrée vers l'avant, la suivante vers l'arrière; puis une séance de perfectionnement vers l'avant, une autre vers l'arrière; puis une séance de perfectionnement général.

Avec la recette pour modifier et compléter ces séries-type afin de se constituer, si on le désire, une séance sur mesure, adaptée au temps dont on dispose, autant qu'à ses possibilités physiques et aux buts poursuivis.

Tel quel, ce livre constitue un bon instrument de travail, tant pour les adeptes isolés que pour ceux qui suivent des cours et même les professeurs y trouveront, du moins nous l'espérons, l'une ou l'autre idée pour leurs cours.

Format du livre : 20,5 x 22,5 cm (fermé),
292 pages abondamment illustrées.

Si votre libraire ne l'a pas en magasin, il peut vous le commander, il est TOUJOURS disponible chez Flammarion.

Par le texte, mais surtout par l'image, la technique des postures est décrite en détail, y compris les erreurs possibles.

Pour pratiquer, il suffit à l'adepte de poser le livre à côté de son tapis de yoga puis de suivre la séance choisie. Les exercices successifs sont représentés par des petits sujets, ce qui est très pratique, avec chaque fois l'indication de la durée moyenne conseillée et la page où l'âsana est décrite, au cas où il y aurait une hésitation.

AVANT DE NOUS QUITTER

Certes, ce livre restera à portée de votre main, toujours prêt à répéter son message. Peut-être souhaiteriez-vous un contact régulier et moins anonyme avec son auteur ? C'est possible grâce à la revue YOGA (bimestrielle) qu'édite André Van Lysebeth depuis 1963. Régulièrement, elle apporte à ses lecteurs — qui deviennent autant d'amis — l'étude complète et minutieuse d'un exercice de yoga et de nombreux articles sur des sujets captivants, tels que le yoga mental (qui donne la sérénité après avoir procuré la concentration, la mémoire et l'efficience mentale), la relaxation, le prânâyâma, la diététique, etc. Elle informe de l'actualité yogique : visite de yogis indiens en Europe, conférences, annonce d'émissions TV consacrées au yoga, par exemple.

Demandez un *spécimen gratuit* en retournant ou en transcrivant le bon ci-dessous à :

Revue YOGA - 118, rue G. Moreau - B-1070 Bruxelles.

Bonne pratique !

Sans frais ni engagement, veuillez m'envoyer un spécimen de la revue YOGA

NOM : ....

ADRESSE : ....

....

....